Paris
1888

Friedrich von Schiller

Le camp de Wallenstein

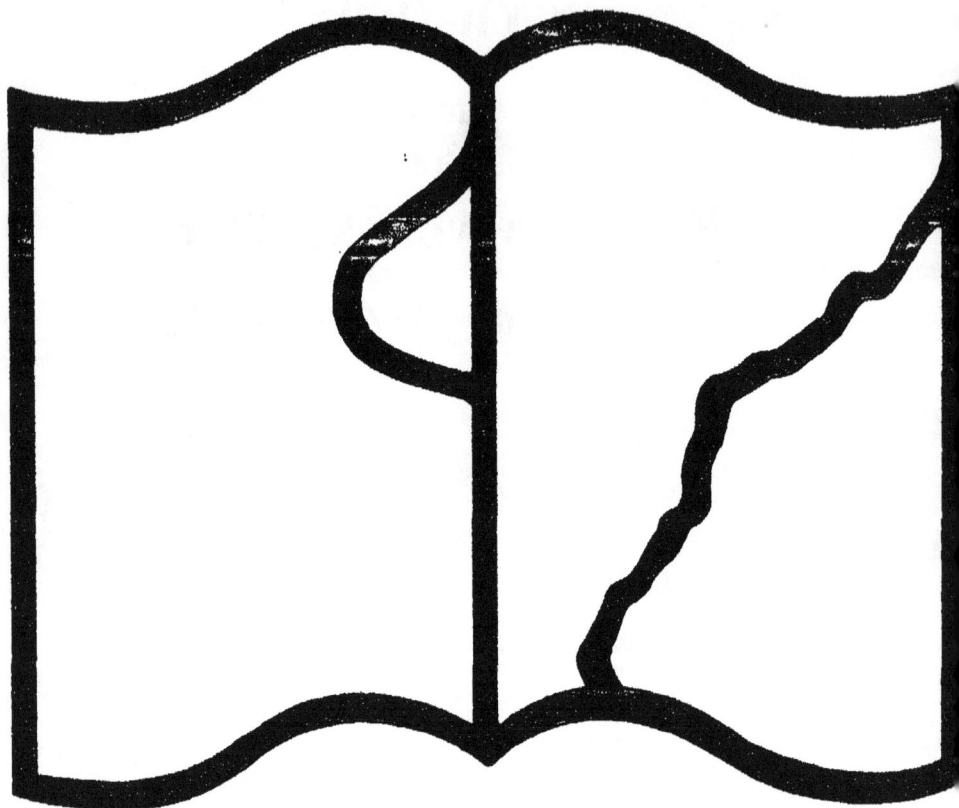

Symbole applicable
pour tout, ou partie
des documents microfilmés

Texte détérioré — reliure défectueuse

NF Z 43-120-11

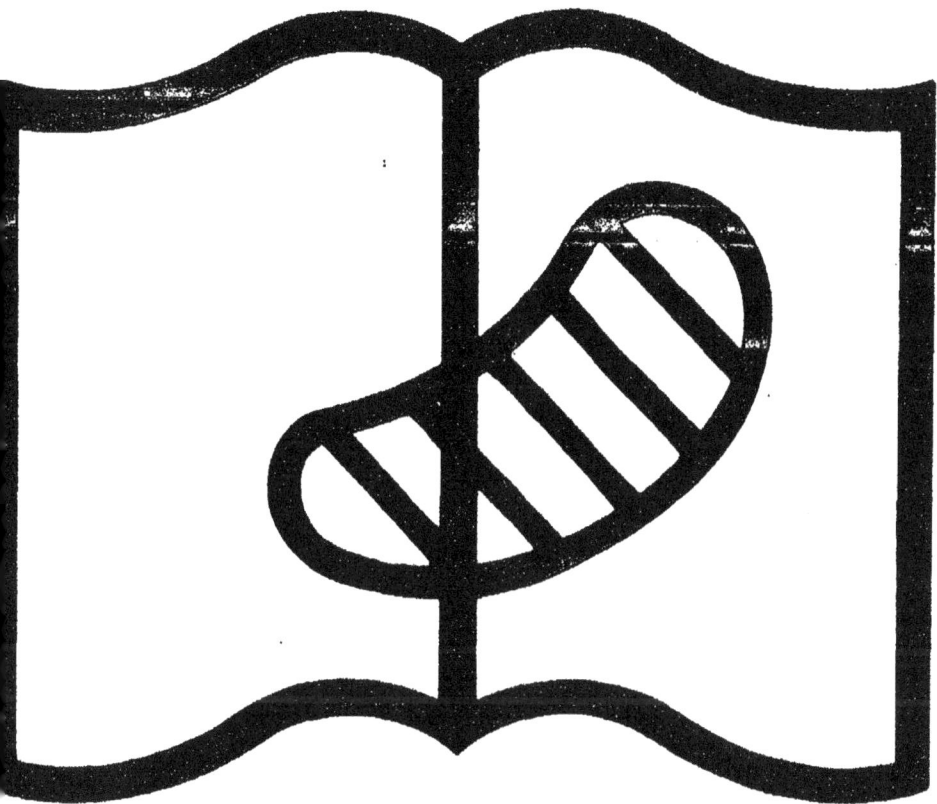

Symbole applicable
pour tout, ou partie
des documents microfilmés

Original illisible

NF Z 43-120-10

SCHILLER

LE CAMP

DE

WALLENSTEIN

ÉDITION NOUVELLE
AVEC INTRODUCTION ET COMMENTAIRE

PAR

A. CHUQUET

Ancien Élève de l'École normale supérieure, Agrégé de l'Université.
Docteur ès lettres.

PARIS
LIBRAIRIE LÉOPOLD CERF
13, RUE DE MÉDICIS, 13

LE CAMP

DE

WALLENSTEIN

DU MÊME AUTEUR

ÉDITIONS DE GŒTHE

La Campagne de France (1884).

Götz de Berlichingen (1885).

Hermann et Dorothée (1886).

OUVRAGES HISTORIQUES

Le général Chanzy (1884), couronné par l'Académie française.

La première Invasion prussienne (1886), couronné par l'Académie française.

Valmy (1887), couronné par l'Académie française.

La Retraite de Brunswick (1887), couronné par l'Académie française.

SCHILLER

LE CAMP

DE

WALLENSTEIN

ÉDITION NOUVELLE
AVEC INTRODUCTION ET COMMENTAIRE

PAR

A. CHUQUET

Ancien Élève de l'École normale supérieure, Agrégé de l'Université,
Docteur ès lettres

PARIS
LIBRAIRIE LÉOPOLD CERF
13, RUE DE MÉDICIS, 13

1888

INTRODUCTION

I. Ce fut au mois de septembre 1798, après de mûres réflexions et de nombreuses conférences avec Gœthe [1], son ami, à la fois complaisant auditeur et critique sévère, que Schiller résolut de détacher le « Prologue » ou *Vorspiel* du reste du drame et de le remanier sous le titre de *Camp de Wallenstein*. Autrement, disait-il, son œuvre, trop étendue et trop considérable, aurait été un véritable monstre, et il eût fallu, pour la jouer sur la scène, lui faire perdre trop de passages impoitants [2]. La tragédie proprement dite formerait deux parties qui s'intituleraient, l'une, *Les Piccolomini*, l'autre, *la Mort de Wallenstein*, et qui furent représentées à Weimar, l'année suivante. Quant au Prologue, Gœthe décida qu'il serait joué dès le commencement du mois d'octobre 1798, qu'il ouvrirait la série des représentations d'hiver et que l'exécution de ce petit chef-d'œuvre inaugurerait dignement le théâtre nouvellement rebâti de Weimar.

Sa résolution prise, Schiller s'était mis aussitôt à l'œuvre Il revit et retoucha son Prologue qui lui sembla encore bien imparfait. Ne devait-il pas faire de ce morceau comme une sorte de tableau de mœurs et de caractères, lui donner, par conséquent, plus de richesse et d'éclat, le rendre plus exact, plus complet ? Oui, écrivait-

---

[1] Nach reifer Ueberlegung und vielen Conferenzen.
[2] Ohne diese Operation wäre der Wallenstein ein Monstrum geworden an Breite und Ausdehnung, und hätte, um für das Theater zu taugen, gar zu viel Bedeutendes verlieren müssen.

il à Gœthe le 21 septembre 1798, « sous la nouvelle forme
qu'il doit recevoir. ce Prologue sera le vivant tableau
d'un moment historique et de l'existence d'une armée ; il
peut exister de son chef et de lui-même. » Mais Schiller
ne savait pas encore quels personnages il fallait admettre,
rejeter ou laisser. Il songeait, par exemple, à un capucin
qui ferait un sermon aux Croates.

Le 29 septembre, le Prologue « augmenté du double » [1]
était terminé ou à peu près. Schiller avait fait une trilogie, et il mandait à Körner que son *Wallenstein* comprenait maintenant trois pièces ; la troisième, disait-il,
Wallenstein, est une véritable et complète tragédie; la
deuxième, *Les Piccolomini,* n'est qu'une simple pièce ; le
Prologue est une comédie.

Restait le sermon du capucin. Gœthe avait entrepris
de le composer. On sait aujourd'hui qu'il emprunta à la
bibliothèque de Weimar un recueil de sermons du prédicateur de la cour de Vienne, l'augustin Abraham à Sancta
Clara [2]. Mais Gœthe manqua de loisirs. Finalement, il
envoya le livre à Schiller, en lui recommandant de le lire
et de s'en inspirer pour composer le discours du capucin.
Pressé par le temps, Schiller n'hésita pas à copier littéra-

---

[1] « Gewiss um die Hälfte vermehrt », écrit Schiller à Körner, le
30 septembre.

[2] « *Reimb dich oder ich liss dich.* Das ist : allerlei Materien. Discurs,
Concept und Predigen, welche bishero in unterschidlichen Tractätlen
gedruckt worden, nunmehr in ein Werck zusammen gereimbt, und
zusammen geraumt » (Lucerne, 1687). Boxberger a prouvé, dans
l'*Archiv* de Gosche, II, p. 406 et suiv., que ce fut cette édition de
1687 qui fut prêtée à Gœthe par la bibliothèque de Weimar. Quant à
Abraham de Sancta Clara, de son vrai nom Hans Ulrich Megerle, né
à Krähenheimstetten, près de Möskirch, en Souabe, il avait fait ses
études chez les jésuites d'Ingolstadt et au gymnase de Salzbourg ; puis
il était entré comme novice, au couvent de Maria Brunn, près de
Vienne. Après avoir terminé son cours de théologie et obtenu le grade
de docteur, il alla prêcher au couvent de Maria Stern, à Taxa, en
Bavière, à Vienne, à Gratz (1682-1689) et de nouveau à Vienne où il
mourut en 1709. Successivement prieur provincial, « definitor » de
son ordre, il fut sans contestation le premier prédicateur de son temps.
C'est le Rabelais de la chaire allemande ; humoristique, bouffon,
manquant de goût, semant à pleines mains les jeux de mots et les
calembours, néanmoins original et spirituel.

lement des tirades entières du discours d'Abraham, *auf,
auf, ihr, Christen ;* mais il les inséra fort adroitement dans
l'allocution qu'il prête au capucin, et prenant avec har-
diesse ici et là, tantôt au début, tantôt au milieu de l'écrit
de Sancta Clara, amalgamant et fondant avec art ces divers
passages, mélant, non sans une singulière habileté, le latin
et l'allemand, les jeux de mots et les virulentes apostrophes, les citations bibliques et les burlesques invectives,
il réussit à faire un des meilleurs pastiches que cite l'histoire littéraire.

La répétition générale du *Camp de Wallenstein* eut lieu
le 11 octobre 1798 à Weimar. Le lendemain, après qu'on
eut joué les *Corses* de Kotzebue, le *Camp* fut représenté
devant un nombreux auditoire. La pièce de Kotzebue dura
trop longtemps au gré du public ; mais le prologue que
Schiller avait spécialement composé, et le *Camp* recueil-
lirent les applaudissements les plus vifs. La représentation du jour suivant eut le même succès, et Schiller écrivait à Iffland que le *Wallensteins Lager* était décidément un
tableau de guerre qui formait un tout, qu'il offrait l'image
de l'Allemagne au temps de la guerre de Trente-Ans,
qu'il montrait les dispositions des régiments pour et
contre le général, qu'il était destiné à dessiner le terrain
sur lequel aurait lieu la grande entreprise de Wallenstein [1]. Le 19 octobre, Gœthe envoyait à l'*Allgemeine
Zeitung* un article sur les deux représentations du
Camp. Ce compte rendu ne fut publié que dans le numéro
du 7 novembre. Gœthe rendait hommage aux interprètes:
« quant à la masse des soldats, ajoutait-il, elle n'a pu se
produire sur notre théâtre que symboliquement et par un
petit nombre de représentants. Mais tout a marché vite et
bien ; la gaucherie de quelques figurants témoignait seule
du peu de temps qu'on avait dû consacrer aux répétitions.

[1] « Es ist ein Kriegs —und Lagergemälde und macht ein Ganzes
für sich aus... es gibt ein Bild von Deutschlands Zuständen im
dreissigjährigen Kriege, zeigt die Dispositionen der Regimenter für
und gegen den Feldherrn, und ist bestimmt, den Grund zu zeichnen,
auf welchem die wallensteinische Unternehmung vorgeht. »

Les costumes avaient été faits d'après des gravures du temps. »

II. Dès la première scène, lorsque le rideau se lève, apparaît un coin du camp de Wallenstein : une boutique de mercerie et de friperie, des tentes de vivandières, des soldats de toute couleur et de tout uniforme, les uns buvant, chantant, poussant des cris de joie, les autres faisant la cuisine, à un feu de charbon, des enfants de troupe jouant aux dés sur un tambour. Surviennent un paysan et son fils ; le rustre qui ne manque pas de finesse, a sur lui des dés pipés ; il s'attable avec les soldats, avec ceux qui ont belle mine, jouent volontiers et font sonner leurs écus ; il reprend par la ruse ce qu'il a perdu par la guerre. Puis un maréchal des logis s'entretient de la situation avec un trompette ; nous apprenons que la femme et la fille de Wallenstein arrivent dans la journée ; qu'un commissaire impérial se promène depuis la veille à travers le camp ; que de nouvelles troupes, venues de tous côtés, se rassemblent devant Pilsen ; que la plupart des chefs de corps se sont donné rendez-vous au quartier général du duc de Friedland. D'autres soldats se joignent au maréchal des logis et au trompette : un Croate qui a volé un collier de perles et qui le donne contre une paire de pistolets, un bonnet bleu et un bidon ; un tirailleur qui fait avec le Croate cet échange à la Glaucus ; un canonnier ou *constabler* qui annonce la prise de Ratisbonne ; deux chasseurs dont l'un — celui que Schiller nomme le premier chasseur — est, avec le maréchal des logis et le premier cuirassier, le principal personnage de ce petit drame ; enfin, une vivandière. Cette vivandière renoue connaissance avec le premier chasseur qu'elle avait autrefois rencontré, et lui conte ses aventures. A son tour, le premier chasseur narre à ses compagnons ce qu'il a fait et vu, depuis qu'il a quitté la plume pour la pique et le mousquet, les partis qu'il a successivement servis, l'existence qu'il a menée et qui variait suivant l'armée et le général. A cet instant se présente un fils de famille qui

s'est engagé dans les troupes de Wallenstein ; un bourgeois le suit et tente de le ramener à la ville ; mais le
conscrit lui répond en chantant ; le trompette et les deux
chasseurs font l'éloge du métier militaire, et, dans un discours pompeux et emphatique, le maréchal des logis déclare que le soldat peut aspirer à tout, que, dès qu'il est
caporal, il a, pour ainsi parler, le pied à l'étrier, et,
comme nous disons en France, qu'il porte dans sa giberne
le bâton de maréchal. Pendant ce temps une accorte servante, nièce de la vivandière, verse à boire aux soldats ;
le second chasseur la lutine ; un dragon, jaloux, querelle
le chasseur, et les coups vont pleuvoir lorsqu'arrivent les
musiciens de Prague. Les soldats se mettent à danser, le
premier chasseur avec la servante et le conscrit avec la
vivandière ; la servante se sauve, le chasseur la poursuit,
la rattrape, étend la main et... saisit un capucin qui fait
son entrée au même moment. Le capucin reproche aux
soldats leur vie de débauches et de blasphèmes ; ils le laissent dire, mais, lorsqu'il attaque Wallenstein, lorsqu'il
traite le général de païen et d'incrédule, d'Achab et de
Jéroboam, lorsqu'il rappelle l'échec de Friedland devant
Stralsund, lorsqu'il l'accuse de renier son maitre, comme a
fait saint Pierre, et le nomme un Hérode et un Nabuchodonosor, les soldats, exaspérés, veulent se saisir du moine
et ils lui feraient un mauvais parti, si les Croates ne le
couvraient de leurs corps. Cette échauffourée est suivie
d'un grand tumulte ; on entend des cris et de furieuses invectives ; un attroupement se forme. Le paysan que nous
connaissons, a été surpris en flagrant délit de tricherie.
Des soldats veulent le mener au prévôt et le pendre ;
d'autres prennent sa défense ; enfin, un cuirassier de
Pappenheim le fait évader. Le cuirassier qui, par cet acte
de vigueur, produit sur les assistants une impression de
respect, annonce que huit régiments de cavalerie doivent,
sur l'ordre de la cour, quitter l'armée de Wallenstein pour
se joindre aux troupes du cardinal-infant et aller guerroyer dans les Pays-Bas. Un cri d'indignation s'élève.
Servir l'Espagnol ! Abandonner Wallenstein ! Évidem-

b

ment, la cour de Vienne à le dessein secret de ruiner l'autorité du généralissime et d'affaiblir son armée. Mais en a-t-elle le droit? Non; les soldats ne se laisseront pas ainsi mener et transplanter dans le monde, au gré de l'empereur et de sa camarilla; Wallenstein seul commande l'armée; Wallenstein seul nomme les généraux et les officiers. Deux arquebusiers se retirent en protestant. Mais ceux qui restent, — tous cavaliers — décident que les régiments enverront à Wallenstein une adresse qui l'assurera de leur fidélité; puis formant un chœur, ils célèbrent le courage et la fierté du soldat, son amour de la liberté, son mépris de la mort, et les jouissances du métier de la guerre.

III. Le *Camp de Wallenstein* est une admirable évocation du passé. Le poëte, disait Schiller dans le prologue qui précéda la représentation de la pièce, « le poëte vous transporte au milieu de la guerre... seize ans de ravages, de pillages et de misères sont passés, le monde fermente encore en masses troubles et de loin ne rayonne aucune espérance de paix. L'empire est un champ de bataille; les villes sont désolées; Magdebourg n'est que ruines; le commerce, l'industrie languissent et succombent; le bourgeois n'est plus rien, et le soldat est tout; l'audace impunie brave les mœurs, et des hordes grossières, assauvagies par une longue guerre, campent sur le sol dévasté. » On trouve épars dans le *Camp de Wallenstein* les traits de ce tableau, à la fois exact et saisissant, de l'Allemagne en proie à la lutte trentenaire. Voilà seize ans, dit le premier arquebusier, que dure la guerre, — et il ne semble pas qu'elle doive se terminer bientôt. Le soldat sait bien que l'empereur Ferdinand, que la chancellerie de l'empire, que les bureaux de la guerre, *Sie, eux,* comme il nomme la cour de Vienne, n'ont pas de plus ardent désir que de faire la paix. Mais *lui,* le *señor soldado,* il veut la guerre; la fortune lui sourit, et il la saisit des deux mains; cette agréable vie de rapines et d'expéditions fructueuses, il sent qu'il ne la mènera pas toujours; qu'un

beau matin il devra débrider et que le paysan attellera de
nouveau ses chevaux à la charrue ; qu'il viendra un moment où l'existence paisible du bourgeois et du manant
reprendra son cours interrompu : *es wird wieder das Alte
sein*. Mais, à cette heure, il est maître ; il a, comme il dit,
la poignée dans la main, et il ne souffre pas qu'on lui
rogne les morceaux.

Presque tous ces *Wallensteiner* que nous présente le
poète, n'ont d'autre pensée que la guerre. Ils sont aise de
se chauffer un instant les mains et de boire au camp de Pilsen, entre camarades, un bon verre de Melnik. Mais tous,
ou à peu près, entreront joyeusement en campagne pour
conquérir une paire de pistolets ou un bonnet bleu, un
collier de perles et de beaux grenats qui étincelle au soleil,
des dentelles ou un chapeau à plumes. Ils iront comme les
chasseurs de Holk, « à travers le grain et les moissons do-
rées », ravageant tout sur leur passage, vivant à discré-
t'on en pays ami comme en terre ennemie, intrépides dans
un jour de bataille, se lançant avec bravoure au milieu du
feu, s'exposant aux périls sans regimber ni faire de façons,
et après la victoire couchant dans le lit de l'habitant, ne
laissant ni plume ni poil à plusieurs lieues à la ronde, ré-
duisant le bourgeois à la misère. La vie aventureuse du
soldat fascine alors toutes les imaginations. Le conscrit
que Schiller met en scène, rabroue l ami qui l'accompagne
et qui tente de le ramener au foyer paternel. Il est de
bonne famille ; il a du bien et porte un sarrau de fine
étoffe ; il héritera d'une fabrique de bonnets, et d'une
boutique, et d'une cave que lui donne sa marraine ; il
laisse une fiancée dans les larmes et une grand'mère
qui mourra de chagrin. Mais il veut être soldat et,
l'épée au flanc, courir le monde, galoper à travers
champs comme le pinson vole dans l'air. Du côté du sabre,
dit le premier chasseur, est la toute-puissance, et le maréchal des logis félicite solennellement le nouveau venu
d'entrer dans l'armée de Wallenstein, dans la glorieuse
soldatesca.

Ils sont venus de tous les points du monde et campent

aujourd'hui ici, demain là, selon que le « rude balai de la guerre » les pousse et les lance d'un endroit à l'autre. Le premier chasseur est né à Itzehoe, dans le Holstein, et le second chasseur, près de Wismar ; le premier arquebusier à Buchau, dans le Wurtemberg, et le second en Suisse. Le premier cuirassier n'a jamais connu ses parents, car on l'a volé dans son enfance, et il sait seulement qu'il est Wallon ; le second cuirassier est un *Welche*, un Lombard qui a conservé l'accent de sa province. Le premier dragon vient de loin, de bien loin, de l'Irlande, comme Buttler, le chef de son régiment. Le maréchal des logis et le trompette sont tous deux d'Egra, en Bohême.

Mais tous ces hommes venus des quatre points cardinaux et poussés par le vent, amassés comme la neige, qui du nord et qui du sud, ont l'air d'être « taillés dans le même bois ». On croirait, à les voir, mêlés dans le même rang, se touchant les coudes, se serrant en masse épaisse et compacte contre l'ennemi, qu'ils sont « collés et fondus ensemble ». Tous s'engrènent vivement comme les rouages d'un moulin, au premier mot et au moindre signe. Ils sont si bien « forgés ensemble » que nul ne peut les distinguer les uns des autres. Pourquoi ? Parce que tous obéissent à Wallenstein. Ils sont tous accourus à son appel ; comme le conscrit qui ne rêve plus que tambours, fifres et bruits belliqueux, ils « suivent la bannière » de Wallenstein. C'est Wallenstein qui les a réunis et les entraîne à sa suite. Wallenstein les anime tous du même esprit, de cet esprit qui, pour citer un des plus beaux vers du *Camp*, « vivifie tout le corps et emporte, comme un souffle puissant, jusqu'au dernier cavalier » [1]. Wallenstein leur communique sa froide résolution ; il leur inspire une obéissance aveugle et le même respect de la discipline ; il les

---

[1] Comp. ce que dit de la grande armée Jean de Rocca, le mari de Mᵐᵉ de Staël, lieutenant au 2ᵉ hussards. (*Mémoires de la guerre des Français en Espagne*, 2ᵉ édition, 1887, p. 12.) « Nos troupes se composaient, outre les Français, d'Allemands, d'Italiens, de Polonais, de Suisses, de Hollandais et même d'Irlandais et de Mamelucks. Ces étrangers étaient vêtus de leurs uniformes nationaux, conservaient leurs

plie sous la même règle inflexible ; tous ceux qui combattent sous ses enseignes, tous ceux qui se nomment soldats de Friedland, se croient invincibles, se regardent comme les maîtres et seigneurs du pays, ordonnent au bourgeois de leur donner logement et soupe chaude, au paysan d'atteler à leur chariot son cheval et son bœuf. Que, dans un village, on flaire seulement de loin un caporal de Friedland et les sept hommes qui forment son détachement ; ce caporal devient l'autorité suprême, commande, règne à son gré dans la bourgade, et quoique les *Bauern* soient supérieurs en nombre et sachent manier le gourdin, quoiqu'ils détestent le soldat et craignent son collet jaune plus encore que le visage de Satan, ils n'osent broncher ni souffler mot. Les plus hardis recourent à la ruse, et l'on voit un paysan futé se glisser dans le camp pour jouer avec des tirailleurs ; ses dés sont pipés ; il reprend par cuillerées ce que les soldats lui ont ravi par boisseaux.

Aussi le général est-il le dieu ou, comme dit Schiller dans le prologue du *Camp*, l'idole de ses soldats. Ils vantent son bonheur à la guerre et assurent sérieusement qu'il ensorcelle la fortune. Ces âmes grossières et superstitieuses s'imaginent même que Wallenstein a conclu quelque pacte avec une puissance surnaturelle. Selon le second chasseur, il a un diable de l'enfer à sa solde ; selon le maréchal des logis, il est préservé de toute blessure par un onguent infernal, un onguent de circée ou d'herbe merveilleuse cuite et bouillie avec des paroles et incantations magiques. Voilà pourquoi, à la sanglante bataille de Lützen, il allait et venait sur son cheval, au milieu des balles et des boulets, le chapeau troué, les bottes et le pourpoint traversés, les traces des coups parfaitement visibles sur son habit, mais toujours calme, plein d'un

---

mœurs et parlaient leurs propres langues ; mais malgré ces dissemblances de mœurs qui élèvent des barrières entre les nations, la discipline militaire parvenait facilement à tout réunir sous la main puissante d'un seul ; tous ces hommes portaient la même cocarde, ils n'avaient qu'un seul cri de guerre et de ralliement. »

sang-froid imperturbable, intact, invulnérable, *fest*, comme
on dit en allemand, *dur*, comme on disait dans notre
XVIᵉ siècle.

Quoiqu'il ne paraisse pas sur la scène, Wallenstein,
à la fois invisible et présent, s'impose à tous les esprits
et son nom revient à chaque instant dans les entretiens
des soldats. On se conte des traits de sa jeunesse et de
son caractère. On narre des anecdotes de sa joyeuse vie
d'étudiant, comment dans sa gaillarde humeur il rossa
son famulus à l'université d'Altdorf, comment, lorsqu'on
le menait au cachot, il fit passer son caniche devant lui
et donner ainsi le nom du chien à la prison. On se répète
que ce simple gentilhomme de Bohême est devenu le premier après l'empereur et que, maître absolu de l'armée,
il peut tout entreprendre et tout oser. Comme l'a dit
Schiller, la silhouette seule du général se montre dans le
Wallensteins Lager, et ce grand assembleur d'armées ne
se produit pas devant nous sous sa forme vivante; mais,
en écoutant parler les « bandes hardies que dirigent ses
ordres », nous comprenons que tant de puissance séduise
le cœur de Wallenstein. Son camp seul peut expliquer son
crime.

> Denn seine Macht ist's, die sein Herz verführt,
> Sein Lager nur erkläret sein Verbrechen.

IV. Mais le petit drame de Schiller n'est pas seulement
un merveilleux tableau d'histoire qui fait pressentir la
trahison de Wallenstein et représente avec un relief saisissant cette singulière « armada » d'hommes de toute venue
et de toute race, heureux de perpétuer la guerre et la
regardant comme le seul « mot d'ordre en ce monde »,
die Losung auf Erden. C'est encore une œuvre littéraire,
remarquable au plus haut degré par le dessin vigoureux
et précis des caractères. Quoique coulés, pour ainsi dire,
dans le même moule, quoique animés du même goût de la
guerre, du même amour du pillage, de la même passion
des aventures, les soldats que Schiller fait parler, ont

chacun leur physionomie propre; l'opinion qu'ils ont de
leur général et de la profession des armes, leur conduite
envers les paysans et les bourgeois, divers traits particu-
liers les distinguent les uns des autres.

Le Croate, grossier et crédule, rapace et nullement
délicat sur le point d'honneur, se laisse duper tout en
craignant d'être dupe, écoute dévotement le capucin, ne
voit dans la guerre qu'une occasion de rapine et de bri-
gandage, et se laisse stupidement égorger sur le champ
de bataille, *er lässt sich schlachten*. Un vers suffit au
poëte pour le caractériser. « Croate, où as-tu volé ce
collier ? » lui dit un tirailleur en l'abordant. Il n'en faut
pas davantage pour être édifié sur le compte du personnage.

Le premier tirailleur qui berne le Croate est un Lor-
rain ; il suit le courant; il ne connaît d'autre parti que le
parti de la gaieté et de l'humeur légère, du *leichter Sinn* et
du *lustiger Muth*.

Le premier chasseur a la même légèreté d'humeur, la
même insouciance superbe. Il était, ce semble, étudiant
et destiné à devenir homme de plume ; mais il a pris en
horreur ce qu'on nommait au temps de Simplicissimus le
Blackscheisserei. Il a fui l'école, et, comme il dit, la salle
d'études et ses murs étroits, après avoir gaspillé en
une nuit d'orgie les ducats paternels. Coquet, pimpant,
tout couvert de tresses d'argent, portant au collet une
jolie dentelle, faisant montre des belles nippes qu'il n'a
pas achetées à la foire de Leipzig, excitant par ses
chausses, par son linge, par son chapeau à plumes, la
surprise et l'envie du trompette, il ne veut pas retrouver
au camp la corvée et la galère. *Flott und müssig*, telle
est sa devise ; faire chère lie, voir tous les jours quelque
chose de nouveau, se confier avec gaieté au moment
présent, ne regarder ni en avant, ni en arrière, tel
est son programme. S'il a vendu sa peau à l'empereur,
c'est pour être quitte de tout souci. Avec quelle verve et
sur quel ton de joyeux compagnon il raconte sa vie passée ! On l'a vu combattre tour à tour sous les drapeaux de

Gustave-Adolphe, de Tilly et de l'électeur de Saxe. Mais
Gustave était le bourreau de ses soldats : il avait trans-
formé son camp en église, sermonnait ses gens du haut de
son cheval, et faisait dire la prière matin et soir. Notre
chasseur n'y put tenir : un temps de galop, et il entrait
dans le camp de la Ligue catholique. Là, au moins, plus
de règlements sévères, plus de prières, plus de prêches.
Du vin, le jeu, des filles à foison ! Tilly, dur pour lui-même,
passait tout au soldat. Mais la fortune l'abandonna, et le
chasseur passa chez les Saxons. Pourquoi serait-il resté
plus longtemps dans les rangs d'une armée défaite et à
jamais humiliée ? Fallait-il suivre dans leur désastre les
bandes de Tilly et se traîner de porte en porte avec ces
vaincus qui avaient perdu tout prestige et n'essuyaient
plus que des rebuffades ? Mais quelle guerre étrange me-
naient les Saxons ! Ils faisaient mille compliments à leurs
amis les ennemis et leur tiraient des coups de chapeau au
lieu de coups de carabine [1]. De dépit, le chasseur courut au
camp de Wallenstein, et il est là dans son élément, il ne
pense plus à déserter ; là, tout est taillé en grand ; là il
marche hardiment et d'un pas assuré, piétine le bourgeois
comme son général piétine les princes. Wallenstein, dit-
il, « veut fonder un empire de soldats, combattre et incendier le monde », et ce dessein n'a rien qui lui déplaise [2].

Les deux arquebusiers, l'un de la petite ville impériale
de Buchau, l'autre, de la Suisse, forment avec les deux
chasseurs un frappant contraste. Ils appartiennent tous
deux au régiment de Tiefenbach et ont vécu à Brieg, en
Silésie, de la vie calme et pacifique de garnison. Aussi
les *Wallensteiner* les regardent-ils comme des cour-
tauds de boutique ; le premier chasseur les nomme avec

---

[1] Le mot est du prince de Ligne, parlant de la guerre de Sept-
Ans. « Les vedettes fumaient ensemble, les troupes légères pillaient
de concert, et c'était une plaisanterie d'être prisonnier de guerre ; etc. »
Cp. A. Chuquet, *La première Invasion prussienne*, p. 111-112.
[2] Tomaschek (*Schiller's Wallenstein*, 1886, 2e édit., p. 25), remarque
justement que le premier chasseur « gewissermassen das Heer reprä-
sentirt, wie er auch der Hauptsänger des Reiterliedes ist. »

mépris des compagnons tailleurs et gantiers, leur reproche
d'ignorer les usages de la guerre et de penser comme des
savonniers. Ils sont soldats malgré eux et ne prennent part
à la lutte qu'à contre-cœur, avec le désir qu'elle soit ter-
minée au plus vite dans l'intérêt de l'empire et de l'empereur.

Le premier arquebusier trouve la vie de soldat miséra-
ble et attribue aux gens de guerre la ruine du pays : il ne
voit dans la guerre qui pour d'autres est « le jour brillant
de la vie » que misère et fléau. *Der leidige Kreig !* Ne croit-
on pas entendre un bourgeois qui soupire après la paix ? Il
reconnaît que Wallenstein est un puissant et fort habile
homme, mais le duc, dit-il, est bel et bien, comme nous
tous, un sujet de l'empereur. Il défend avec obstination
l'autorité de l'empereur ; il déclare à ses compagnons qu'ils
sont au service de l'empereur et non de Wallenstein, que
l'empereur est celui qui les paie, et si on lui objecte que
l'empereur ne paie pas, il réplique que la solde, si arriérée
qu'elle soit, se trouve en bonnes mains. Enfin, lorsque ses
camarades déclarent qu'ils s'uniront comme un seul homme
pour s'opposer à la volonté impériale, il s'éloigne sans mot
dire. Les deux arquebusiers de Tiefenbach, écrivait Gœthe
dans le compte rendu de la *Gazette générale*, contrastent
avec les chasseurs de Holk : ceux-ci courent après la fortune et ne sentent leur existence que dans l'affranchisse-
ment de toutes les règles ; ceux-là sont les représentants
de cette partie de l'armée qui est honnête et aime le devoir.

Le maréchal des logis devine tout, comprend tout, et
sait tout ; il voit, dit-il, plus loin que les autres. Que l'on
donne aux troupes double paie ; il assure qu'on veut, non
pas célébrer l'arrivée de la duchesse de Friedland, mais
gagner par des largesses les nouveaux régiments. Que les
généraux se rassemblent en grand nombre, et qu'un commissaire rôde dans le camp ; il prétend que la camarilla
impériale veut « faire descendre Wallenstein qui est monté
trop haut ». Qu'un canonnier demande si la campagne
s'ouvrira bientôt ; il déclare que les chemins ne sont pas

encore praticables. Qu'on annonce la prise de Ratisbonne ;
il affirme à l'avance que l'armée ne s'échauffera guère, à
cause de l'inimitié de Wallenstein et de l'électeur de Bavière. Il appartient au régiment de Friedland et, comme
un grognard de la garde impériale, comme un autre Coi-
gnet, il regarde du haut de sa grandeur le reste de l'armée.
Nous, dit-il, on doit nous honorer et nous respecter ; mais
les autres, les chasseurs, par exemple, appartiennent à la
masse ; ils vivent dehors, chez les paysans, ils n'ont
pas les manières du beau monde de l'armée, cette
finesse du tact et ce bon ton qu'on n'apprend et ne prend
qu'au contact du général en chef. Les chasseurs se vantent de leurs exploits et rappellent les moissons foulées
aux pieds, le cor de leur troupe sonnant la charge, les
villes prises d'assaut. Le maréchal des logis réplique que
le *Saus und Braus* est indigne de l'homme de guerre, et,
opposant l'ordre et la discipline des régiments de Wallenstein à la vie tapageuse des chasseurs de Holk, qui ne
sont à ses yeux que des irréguliers, accumulant les mots
abstraits pour éblouir son auditoire, il déclare que le *Tempo*,
le sens, l'aptitude, l'idée, l'intelligence, le coup d'œil font
le véritable soldat. Nul d'ailleurs ne connait mieux Wallenstein que le maréchal des logis. Il était à Brandeis et
montait la garde lorsqu'il vit le généralissime se couvrir
devant l'empereur. Il était à Lützen, lorsque Wallenstein
parcourait les rangs de son armée sous une pluie de balles,
et il a vu sur les habits de l'invulnérable la trace des pro-
jectiles. Il était près de Wallenstein lorsque fut prononcé
le fameux mot « la parole est libre », et ce mot, il l'a entendu plus d'une fois ; il en établit le texte véritable et
authentique. *Ich stand dabei*, « j'y étais », *ich weiss aber
besser wie's damit ist*, « je sais mieux ce qu'il en est », sont
des expressions favorites du maréchal des logis. Il sait
qu'un petit homme gris a coutume d'entrer chez Wallenstein, la nuit, à travers les portes closes ; que les sentinelles lui ont souvent crié *qui vive ;* et que, chaque fois
que ce petit homme gris a paru, il s'est produit un grand
événement. Il sait que Wallenstein a l'oreille chatouil-

leuse et ne peut entendre le miaulement du chat et le chant
du coq. Voyez-le, lorsque survient le conscrit, s'approcher
gravement et mettre sa main sur le casque de la recrue,
de même que Wallenstein frappait sur l'épaule du brave.
Écoutez-le prendre un langage solennel, parler du vaisseau de la fortune et du globe du monde, affirmer super-
bement qu'il porte le bâton de l'empereur, que le soldat
une fois caporal, a le pied sur l'échelle du pouvoir, que
Buttler qui servait avec lui, il y a trente ans, comme simple dragon, est maintenant général-major et remplit le
monde de sa renommée guerrière, que Wallenstein a
construit l'édifice de sa grandeur en s'abandonnant à la
déesse de la guerre, que lui-même enfin... mais ses services sont restés ignorés. Il est l'oracle de ceux qui l'entourent, ou. comme ils disent, leur livre d'ordre. C'est lui
qui montre aux soldats ce qui fait leur force et leur puissance : « nous formons une masse redoutable ».

Le premier cuirassier est le héros du *Camp de Wallenstein*.
Il ne paraît que dans la dernière scène du poème, mais il
joue le rôle principal. Il s'est fait soldat, non point pour
vivre joyeux et désœuvré, comme le premier chasseur,
mais par amour du métier. Il a couru le monde et servi
différents maîtres ; mais le seul habit qui lui plaise, est sa
cuirasse de fer. Il sait que le soldat erre en fugitif
dans le monde, qu'il n'a ni feu ni lieu, qu'il passe en étranger devant les villes éclatantes et les riantes prairies,
qu'il ne se mêle jamais aux fêtes de la vendange et de la
moisson : mais soldat il est, et soldat il reste. Que les uns
peinent et suent pour s'élever aux honneurs ; que les autres
se confinent dans une honnête profession et goûtent en
paix les joies de la famille. Lui, veut vivre et mourir libre,
et du haut de son cheval regarde le reste des humains avec
une pitié dédaigneuse. Il n'a pas de désir, et ne songe à
dépouiller personne, à hériter de personne. La guerre est
cruelle ; mais qu'y faire ? Il se conduit humainement, tout
comme son jeune et loyal colonel Max Piccolomini ; il a
compassion du bourgeois et du paysan ; il n'est ni meurtrier ni incendiaire. Mais doit-il laisser prendre sa peau

pour un tambour? Un sentiment généreux l'anime, le soutient au milieu de son inquiète existence, lui donne quelque chose d'imposant et d'héroïque : l'honneur. On a dit de lui qu'au milieu de ses compagnons, il ressemble à un idéaliste parmi des réalistes, et Caroline de Wolzogen écrit que ce Wallon lui apparaissait comme une figure presque homérique qui représentait plastiquement ce que la vie guerrière a de noble et de chevaleresque [1].

Cette revue des personnages du *Camp de Wallenstein* serait incomplète si l'on ne disait quelques mots de la vivandière et du capucin. La vivandière, que Schiller a nommée Gustine de Blasewitz [2], a eu des malheurs. Elle courait le pays en compagnie d'un Ecossais, et un beau jour le coquin l'a plantée là, emportant toutes ses économies et lui laissant un enfant sur les bras. Mais elle raconte ses aventures avec bonne humeur. Elle est allée de Temeswar à Stralsund, de Stralsund à Mantoue, de Mantoue à Gand, de Gand à Pilsen, ruinée quelquefois, mais riant toujours et ne désespérant jamais, sachant rétablir ses affaires, prêtant de l'argent aux officiers, voire aux généraux, encaissant de vieilles créances sur la terre de Bohême. Un mot du chasseur nous apprend que ces messieurs du régiment se l'arrachaient autrefois et se disputaient son « joli petit masque ».

La présence du capucin au camp de Wallenstein n'a rien qui surprenne ; dans l'armée de Friedland, dit le premier chasseur, personne ne vous demande quelle est votre croyance. Le discours qu'il prononce n'est, comme on l'a vu [3], qu'un pur pastiche. Mais il est impossible de prôner la vertu et de déblatérer contre les vices en un langage plus grotesque, d'accumuler davantage en un sermon les traits bizarres, les calembours et les jeux de mots, d'entremêler plus étrangement les pieuses invectives et les ci-

---

[1] « Der Wallone erschien uns wie eine beinah homerische Gestalt, die das Edle des neuern Kriegslebens plastisch darstellte. »
[2] Voir la note de notre édition, p. 29.
[3] Voir plus haut page vii.

tations de la Bible, en un mot de porter dans la prédica-
tion une verve plus triviale et d'unir à ce point le solennel
et le plaisant. « Qui ne reconnaît, dit Gœthe, dans cette
rhétorique l'école où s'était formé le père Abraham à
Sancta Clara? Qui ne rit de l'apparition de cet ecclésiastique barbare? Cependant le poète atteint un but sérieux ;
nous voyons déjà se former une opposition vive et puissante contre le généralissime. Ce moine ne parlerait pas
de la sorte, s'il n'avait pas un appui et comme une ré-
serve, si le moment n'était pas venu de sonder l'armée
et de produire un mouvement contre Wallenstein. »

Ajoutons enfin que les caractères de soldats, si vigou-
reusement tracés par Schiller dans le *Camp de Wallenstein*,
sont aussi des types et qu'ils ont une signification générale. Ils correspondent aux types mêmes des généraux qui
les commandent et qui paraîtront plus tard dans les cinq
actes des *Piccolomini* et dans la tragédie finale de la *Mort
de Wallenstein*. Le premier cuirassier a la même franchise
de langage et la même noblesse de sentiments que son colonel Max. L'arquebusier reste obstinément fidèle à l'empereur et prendra parti contre le duc de Friedland, tout
comme son chef Tiefenbach. Le maréchal des logis
rappelle à quelques égards le généralissime dont il cite et
commente les paroles ; c'est un Wallenstein au petit pied.
Le trompette approuve docilement le maréchal des logis ;
on peut dire qu'il est le Terzky de ce Wallenstein. Le
poète a su façonner les soldats à la ressemblance des généraux.

V. Le Schiller du *Camp de Wallenstein* n'est plus le
Schiller des *Brigands* et de *Fiesco*. Il s'efforce de sonder
les cœurs des hommes et de les mettre à nu dans la vérité
et la variété de leurs mouvements. Il ne transporte pas ceux
qui le lisent ou l'écoutent dans un monde que forge son imagination ; il ressuscite une des époques les plus importantes
de l'histoire et nous fait pénétrer dans les âmes avides et
batailleuses des condottieri de la guerre de Trente-Ans. Il
déploie devant nous un vaste et vivant tableau, où tout,

personnages et épisodes, produit l'effet de la réalité. Jamais, dans ses œuvres précédentes, Schiller n'avait plus heureusement choisi ces détails saillants et trouvé ces expressions frappantes qui mettent sous les yeux les hommes et les choses. Il avait été à l'école de Gœthe, et ses entretiens avec son ami de Weimar avaient rendu son observation plus profonde, son coup d'œil plus pénétrant. On crut même tout d'abord que Gœthe avait entièrement collaboré au *Camp de Wallenstein* ; lui-même nous apprend qu'il n'ajouta que deux vers. Mais Schiller se servit de l'iambique rimé qu'avait employé Gœthe dans le *Jahrmarktsfest* et dans le *Faust*. Quelques-uns de ses vers sont lourds, disgracieux et inexactement rimés [1]. On sent, en certains endroits, que le poète n'a pas eu le temps de polir et de limer son œuvre. Néanmoins, la plupart des vers ont l'allure aisée et rapide. La langue est du meilleur aloi, ferme et nerveuse, franche et naturelle, pleine de mouvement et de saveur, *voll Saft und Kraft*. Schiller a su très souvent attraper le ton populaire, et les mots étrangers qu'il emprunte aux sources du temps, les expressions tirées du langage journalier, les formes et les libres tournures de la conversation familière, comme la suppression du pronom personnel et les nombreuses élisions, rappellent la *Sprachmengerei* du XVIIe siècle et conviennent tout à fait à ce petit drame où ne paraissent que des paysans et des gens de guerre, brusques, rudes et fort peu raffinés.

De tous les livres qu'on met entre les mains de nos élèves, le *Camp de Wallenstein* est, avec *Gœtz de Berlichingen*, celui qu'ils expliquent avec le plus d'ardeur et le plus d'entrain. Qu'ils ne cessent pas de l'expliquer et que nul ne sorte du lycée sans avoir lu dans l'original ce chef-d'œuvre de la littérature allemande. Tous seront soldats et combattront, non pour un Ferdinand ou un Wallenstein, mais pour la patrie. Sans doute, le nom de patrie n'est

---

[1] Voir les exemples cités par Düntzer.

nulle part prononcé dans le drame de Schiller; mais nos jeunes lecteurs ne liront pas sans plaisir une œuvre qui retrace les beaux côtés de la vie guerrière. Ils traduiront avec une émotion généreuse le chant des cavaliers et les martiales apostrophes du premier cuirassier. Ils se souviendront plus tard dans la vie de garnison et en campagne que « l'honneur passe encore avant la vie »

> aber's Leben noch geht die Ehr'!

et que « quiconque ne pratique pas le métier des armes avec noblesse et fierté, doit rester plutôt en dehors »

> Wer's nicht edel und nobel treibt,
> Lieber weit von dem Handwerk bleibt.

Avant Alfred de Vigny, Schiller a mis dans la bouche de ses soldats ce nom d'Honneur qui rend grave quiconque le prononce, et il leur a prêté cette religion, cette foi puissante qui, selon le mot de l'écrivain français, règne en souveraine dans les armées et se tient debout au milieu de tous nos rangs.

Rendre ce texte, s'il est possible, plus intéressant encore par un commentaire détaillé et l'accompagner de remarques et de réflexions sur une foule de menues questions de tout genre qu'il soulève à chaque instant, tel a été notre but. Puisse cette édition recevoir le même accueil que ses devancières !

A. C.

Wallensteins Lager

Prolog

Gesprochen bei Wiedereröffnung der Schaubühne in Weimar im October 1798 [1]

Der scherzenden, der ernsten Maske Spiel [2],
Dem ihr so oft ein willig [3] Ohr und Auge
Geliehn, die weiche [4] Seele hingegeben,
Vereinigt uns aufs neu [5] in diesem Saal —
Und sieh! er hat sich neu verjüngt, ihn hat
Die Kunst zum heitern Tempel ausgeschmückt,
Und ein harmonisch hoher Geist spricht uns
Aus dieser edeln Säulenordnung an
Und regt den Sinn zu festlichen Gefühlen [6].

[1] L'acteur, chargé de débiter ce prologue, parut, à la première représentation, dans le costume de Max Piccolomini. On remarquera qu'il parle d'abord au nom de la troupe du nouveau théâtre de Weimar.

[2] Le jeu du masque plaisant et du masque sérieux, c'est à dire les jeux de la comédie et de la tragédie.

[3] Willig, qui met de la bonne volonté, docile.

[4] Livré, abandonné votre âme sensible (comp. la dédicace de Faust, 4, v. 6, das... Herz es fühlt sich mild und weich).

[5] Le théâtre de Weimar, dont la construction avait commencé en 1779 et qui avait été ouvert en 1780, était alors dirigé par Goethe et venait d'être restauré par les soins d'un peintre et architecte de Stuttgart, Nic.-Fréd. Thouret. Caroline Schlegel qui assista à la présentation du *Camp de Wallenstein*, écrit à Louise Gotter le 24 octobre 1798 (*Caroline*, p.p. Waitz 1871. I, 225) · Es ist excellent gespielt worden, und war so merkwürdig, als das neu eingerichtete Schauspielhaus freundlich und glänzend. ·

[6] Et à la vue de cette imposante architecture (Säulenordnung, ordre d'architecture) un esprit de noble harmonie parle à notre âme (spricht uns an) et dispose l'esprit à de solennelles émotions.

1

Und doch ist dies der alte Schauplatz noch,
Die Wiege mancher jugendlichen Kräfte,
Die Laufbahn manches wachsenden Talents.
Wir sind die Alten noch, die sich vor euch
Mit warmem Trieb und Eifer ausgebildet.
Ein edler Meister [1] stand auf diesem Platz,
Euch in die heitern Höhen seiner Kunst
Durch seinen Schöpfergenius entzückend [2].
O! möge dieses Raumes neue Würde
Die Würdigsten in unsre Mitte ziehn
Und eine Hoffnung, die wir lang gehegt,
Sich uns in glänzender Erfüllung zeigen [3].
Ein großes Muster weckt Nacheiferung
Und gibt dem Urtheil höhere Gesetze [4].
So stehe dieser Kreis, [5] die neue Bühne
Als Zeugen des vollendeten Talents.
Wo möcht' es [6] auch die Kräfte lieber prüfen,
Den alten Ruhm erfrischen und verjüngen,
Als hier vor einem auserles'nen Kreis,
Der, rührbar jedem Zauberschlag der Kunst, [7]
Mit leisbeweglichem Gefühl den Geist
In seiner flüchtigsten Erscheinung hascht? [8]

Denn schnell und spurlos geht des Mimen Kunst,
Die wunderbare, an dem Sinn vorüber, [9]
Wenn das Gebild des Meißels, [10] der Gesang

---

[1] Il s'agit d'Iffland qui avait à plusieurs reprises joué, et, comme on dit, gastiert à Weimar (en 1796 et en 1798).

[2] Entzückend, qui vous ravissait; entzücken paraît avoir ici son sens propre « entraîner ».

[3] Allusion à un autre acteur, Schröder, qui avait désiré jouer Wallenstein à Weimar avant même que Schiller eût terminé sa trilogie.

[4] Et donne à la critique de plus hautes lois.

[5] Que ce cercle (c'est-à-dire l'auditoire, le cercle des auditeurs) que cette scène nouvelle deviennent donc les témoins...

[6] Wo möcht' es.... ; es, le talent.

[7] Un cercle choisi, qui s'émeut chaque fois que l'art le touche de sa baguette magique...

[8] Et qui suit, avec un délicat sentiment, saisir le génie dans ses traits les plus fugitifs.

[9] Car, rapide et sans laisser de trace, passe devant nos sens l'art du comédien, cet art merveilleux.

[10] Tandis que la création, l'œuvre

Des Dichters nach Jahrtausenden[1] noch leben.
Hier stirbt der Zauber mit dem Künstler ab,[2]
Und wie der Klang verhallet[3] in dem Ohr,
Verrauscht[4] des Augenblicks geschwinde Schöpfung,
Und ihren Ruhm bewahrt kein dauernd Werk[5].
Schwer ist die Kunst,[6] vergänglich ist ihr Preis,
Dem Mimen flicht die Nachwelt keine Kränze;[7]
Drum muß er geizen mit der Gegenwart,[8]
Den Augenblick, der sein ist, ganz erfüllen,
Muß seiner Mitwelt mächtig sich versichern

---

du ciseau (der Meißel, de l'ancien *meizen* qui avait le sens de hauen, schneiden.)

[1] Das Jahrtausend, l'espace de mille ans, le millénaire, « après des milliers d'années ».

Trois mille ans ont passé sur la cendre d'Homère
Et depuis trois mille ans Homère respecté
Est jeune encor de gloire et d'immortalité.

[2] Stirbt... ab, s'éteint et finit (avec l'artiste).

[3] Et comme le son expire dans l'oreille; verhallen, se perdre, expirer, cesser peu à peu de « hallen ».

[4] Verrauscht, s'évanouit; verrauschen, cesser peu à peu de « rauschen ».

[5] Comp. ces vers de Musset *à la Malibran* :

O Maria Félicia! Le peintre et le poète
Laissent, en expirant, d'immortels héritiers;
Jamais l'affreuse nuit ne les prend tout entiers.
Celui-là sur l'airain a gravé sa pensée;
Dans un rythme doré l'autre l'a cadencée;
Sur sa toile en mourant Raphaël l'a laissée;
Et de toi morte hier, de toi pauvre Mario,
Au fond d'une chapelle il nous reste une croix!

et ces mots de Théophile Gautier : « Aucun artiste n'a certainement les jouissances d'amour-propre de l'acteur ; sa gloire lui est escomptée sur-le-champ, et il n'a pas besoin d'attendre d'être un buste de marbre, pour se voir triomphalement couronné de lauriers. Mais s'il a cette douce satisfaction d'être applaudi tout vif et de toucher sa renommée du doigt, il a aussi ce malheur de ne rien laisser de lui et d'être oublié ou contesté après sa mort. La toile survit au peintre... Il n'en est pas ainsi du comédien. Le comédien est à la fois le peintre et la toile. Sa figure est le champ où il dessine ; il réalise sa création sur lui-même, il esquisse avec un geste et n'a au lieu d'une touche qui reste, qu'une intention qui s'en va. Ainsi Hamlet, Oreste, Othello descendent avec lui, dans la tombe. Il n'y a pas hélas! de galeries où l'on puisse aller admirer son œuvre après sa mort. » Rapprocher également les expressions d'Aper mettant la gloire de l'orateur au-dessus de celle du poète. (Tacite, *Dialogue des orateurs*, IX) « omnis illa laus velut in herba vel flore praecepta, ad nullam certam et solidam pervenit frugem ;.... refert clamorem vagum, et voces inanes, et gaudium voluere ».

[6] Die Kunst, cet art, l'art du comédien.

[7] Ce vers est devenu proverbe et appartient aux geflügelte Worte.

[8] Etre avare du présent, ne pas gaspiller les instants, profiter du moindre moment.

Und im Gefühl der Würdigsten und Besten [1]
Ein lebend Denkmal sich erbau'n — So nimmt er
Sich seines Namens Ewigkeit voraus; [2]
Denn wer den Besten seiner Zeit genug
Gethan, der hat gelebt für alle Zeiten [3].

Die neue Aera, die der Kunst Thaliens
Auf dieser Bühne heut beginnt, macht auch
Den Dichter kühn, die alte Bahn verlassend, [4]
Euch aus des Bürgerslebens engem Kreis
Auf einen höhern Schauplatz zu versetzen,
Nicht unwerth des erhabenen Moments
Der Zeit, in dem wir strebend uns bewegen [5].
Denn nur der große Gegenstand vermag
Den tiefen Grund der Menschheit aufzuregen,
Im engen Kreis verengert sich der Sinn,
Es wächst der Mensch mit seinen größern Zwecken [6],

Und jetzt an des Jahrhunderts ernstem Ende,
Wo selbst die Wirklichkeit zur Dichtung wird, [7]
Wo wir den Kampf gewaltiger Naturen
Um ein bedeutend Ziel vor Augen sehn,
Und um der Menschheit große Gegenstände,
Um Herrschaft und um Freiheit, wird gerungen, [8]

---

[1] Die Würdigsten und Besten, deux vers plus loin encore, den Besten seiner Zeit, ce sont ceux que Klopstock nommait quarante ans auparavant die Edlen.

[2] En plaisant aux meilleurs de son temps, il jouit par avance (sich vorausnehmen) de l'éternité, de l'immortalité de son nom ; comme dit Théophile Gautier (voir page 3, la note 5), il escompte sur-le-champ sa gloire.

[3] Büchmann rappelle à ce propos ce passage de la vie de Thucydide de Marcellinus : ὁ γὰρ τοῖς ἀρίστοις ἐπαινούμενος καὶ κεκριμένην δόξαν λαβὼν ἀνάγραπτον εἰς τὸν ἔπειτα χρόνον κέκτηται τὴν τιμήν.

[4] Enhardit le poète, quittant les sentiers battus.

[5] Où s'agitent nos efforts.

[6] C'est le mot de Sénèque (Natur. quæst. III, préf.) « crescit animus, quoties cœpti magnitudinem attendit ».

[7] Allusion à l'expédition d'Egypte, à la guerre transportée en Orient.

[8] Comp. les vers de Schiller dans la poésie intitulée Der Antritt des neuen Jahrhunderts.

Jetzt darf die Kunst auf ihrer Schattenbühne [1]
Auch höhern Flug versuchen, ja sie muß,
Soll nicht des Lebens Bühne sie beschämen [2].

Zerfallen sehen wir in diesen Tagen [3]
Die alte feste Form, [4] die einst vor hundert
Und fünfzig Jahren ein willkommner Friede [5]
Europens Reichen gab, die theure Frucht [6]
Von dreißig jammervollen Kriegesjahren.
Noch einmal laßt [7] des Dichters Phantasie
Die düstre Zeit an euch vorüberführen,
Und blicket froher in die Gegenwart
Und in der Zukunft hoffnungsreiche Ferne [8].

Nicht das Weltmeer hemmt des Krie-
[ges Toben.
Nicht der Nilgott und der alte Rhein.
Zwo gewalt'ge Nationen ringen
Um der Welt alleinigen Besitz;
Aller Länder Freiheit zu verschlingen
Schwingen sie den Dreizack und den
[Blitz.

C'est ainsi que Lucrèce (*De natura rerum*, III, 848—851) retrace le duel de Rome et de Carthage auquel assistait le monde

Omnia cum belli trepido concussa tumultu
Horrida contremuere sub altis aetheris au i,
In dubioque fuit sub utrorum regna cadendum
Omnibus humanis esset, terraque marique.

[1] Sur la scène où il évoque des ombres.

[2] Il le doit (tenter un vol plus haut, un essor plus élevé), si le théâtre de la vie ne doit pas le couvrir de honte, sous peine d'être humilié, confondu, surpassé par le théâtre de la vie.

[3] Allusion au traité de Campo-Formio qui fut, comme on l'a dit le traité de Westphalie de la Révolution française (17 octobre 1797); l'empereur reconnaissait à la France la possession de la rive gauche du Rhin; il était évident que le saint empire romain touchoit à sa dissolution • Die Auflösung des deutschen Reiches lag, obgleich nicht ausgesprochen, thatsächlich vor • (Düntzer).

[4] Comp. dans la poésie citée plus haut (*der Antritt des neuen Jahrhunderts*) le vers :

Und die alten Formen stürzen ein.

[5] La paix de Westphalie conclue il y a cent cinquante ans, en 1648; elle fut la bienvenue, willkommen, après trente années d'efforts et de souffrances, nach dreißigjährigen Anstrengungen und Leiden, comme dit Schiller (*Hist. de la guerre de Trente-Ans*) et ce fut pour nous servir encore des mots de l'historien, ein mühsames, theures und dauerndes Werk der Staatskunst... Das Gebet um Frieden, dit-il dans le même ouvrage (II, 5) ertönte von tausendmaltausend Zungen, und auch der nachtheiligste galt noch immer für eine Wohlthat des Himmels.

[6] Le fruit chèrement acheté de... voir dans la note précédente le mot theuer employé dans le même sens et à propos du même objet.

[7] Laissez l'imagination du poète faire passer devant vous...

[8] Et dans le lointain, riche d'es-

In jenes Krieges Mitte stellt euch jetzt
Der Dichter. Sechzehn Jahre [1] der Verwüstung,
Des Raubs, des Elends sind dahin geflohn,
In trüben Massen gähret noch die Welt, [2]
Und keine Friedenshoffnung strahlt von fern.
Ein Tummelplatz [3] von Waffen ist das Reich,
Verödet [4] sind die Städte, Magdeburg
Ist Schutt, [5] Gewerb und Kunstfleiß [6] liegen nieder,
Der Bürger gilt nichts mehr, der Krieger alles, [7]
Straflose Frechheit spricht den Sitten Hohn,
Und rohe Horden [8] lagern sich, verwildert [9]

---

pérances, de l'avenir; « contemplez avec plus de joie le présent et jetez au loin vos regards, sur un avenir plein d'espérances »... der Zukunft hoffnungsreiche Ferne, comp. *Hermann et Dorothée*, VI, 32, « denn die Hoffnung umschwebte vor unsern Augen die Ferne ».

[1] Seize années... l'action se passe en effet, au commencement de 1634, et la guerre a commencé en 1618 (défenestration de Prague).

[2] On peut reprendre ce beau vers et dire du *Camp de Wallenstein* qu'on y verra die Soldatenwelt in trüben Massen gähren.

[3] L'arène des armes; le Tummelplatz est proprement l'endroit où l'on exerce et travaille un cheval (tummeln), la lice, la carrière, le manège; par extension, le mot a signifié champ de bataille, arène, rendez-vous, etc. Remarquons en passant, que tummeln et taumeln, proprement se tourner, et par suite, chanceler, vaciller, sont les deux formes d'un même mot. — Le discours du capucin qu'on lira plus loin renferme, comme on sait, de nombreuses imitations d'un chapitre de l'écrit d'Abraham à Sancta Clara *Auf, auf, ihr Christen* (édit. Sauer, p. 27-35). Peut-être Schiller s'est-il, en ce passage, rappelé les mots de Megerle « unter der Regierung Königs Roberti war

Frankreich ein stäter *Streitplatz* von innhaimbischen Aufruhren... »

[4] Verödet... comp. *Guerre de Trente-Ans*, II, 5. « pestartige Seuchen, die mehr als Schwert und Feuer die Länder veröbeten. »

[5] Der Schutt, amas de décombres.

[6] Kunstfleiß, industrie, mot à mot application aux arts. Comp. cette phrase de Hettner (*Hist. de la littérature allemande au* XVIII° siècle, I, 16): « Der Glanz jener freien und mächtigen Städte, welche einst der Sitz blühenden Kunstfleißes und Welthandels gewesen, war erloschen. »

[7] Der Soldat, dit Schiller dans sa *Guerre de Trente-Ans* (II, 5), — um das Elend jener Zeit in ein einziges Wort zu pressen — der Soldat herrschte, der brutalste der Despoten.

[8] Horde est un mot paru au milieu du XVII° siècle et venu de notre *horde* qui lui-même serait d'origine mongole et aurait désigné chez les Tartares le camp et la cour du roi; il fut importé en France au XV° siècle; c'est un des rares mots (*hussard, dolman, shako,*) que nous aient fournis les langues ouraliennes.

[9] Verwildert, mot à mot assauvagi; comp. *Guerre de Trente-Ans* (devant Nuremberg) « desto mehr verwilderte der Soldat »; l'as-

Im langen Krieg, auf dem verheerten [1] Boden.

Auf diesem finstern Zeitgrund malet sich
Ein Unternehmen kühnen Uebermuths
Und ein verwegener Charakter ab [2].
Ihr kennet ihn — den Schöpfer kühner Heere,
Des Lagers Abgott [3] und der Länder Geißel, [4]
Die Stütze und den Schrecken seines Kaisers,
Des Glückes abenteuerlichen Sohn, [5]
Der, von der Zeiten Gunst emporgetragen, [6]
Der Ehre höchste Staffeln [7] rasch erstieg
Und, ungesättigt immer weiter strebend, [8]

---

prit de Pappenheim, poli et cultivé, « verwilderte unter den Waffen »; et encore (II, 5) « die Felder lagen ungebaut und verwildert »; ...die Menschen verwilderten mit den Ländern » et dans Gœthe, Camp. de France, 155 « in der verwilderten Stadt »(Verdun le 10 octobre 1792); Dichtung und Wahrheit, édit. Lœper, II, 44 (il s'agit précisément de la guerre de Trente-Ans) « Der Deutsche, seit beinahe zwei Jahrhunderten in einem unglücklichen tumultuarischen Zustande verwildert » Hettner dit également de la lutte trentenaire « der lange verwildernde Krieg ».

[1] Sur le sol ravagé, dévasté; verheeren, de Heer, armée.

[2] Malet sich... ab, se point, et se détache.

[3] L'idole du camp; à plusieurs reprises Schiller écrit dans sa Guerre de Trente-Ans que Wallenstein était « adoré » de son armée (« sein Heer betete ihn an »). Prusias dit de Nicomède (voir la pièce de Corneille, II, 1):

Il est le Dieu du peuple et celui des soldats.

[4] Die Geißel, proprement le fouet, synonyme de Peitsche (d'où geißeln, fouetter, flageller; die

Geißelbrüder, les flagellants); comp. Lessing, Fatime, II, où l'esclave dit d'Abdallah « das Schrecken des Meeres! die Geißel der Ungläubigen! » Nous dirions ici, par une image semblable, le fléau, mot qui, comme l'allemand Flegel, vient du latin flagellum.

[5] Comp. le mot que s'applique Horace qu'on voit assister au spectacle en compagnie de Mécène et faire sa partie au Champ de Mars; tout le monde s'écrie « Fortunæ filius! » (Satires. II, 6, v. 49.) En revanche le mélancolique Ewald de Kleist se nomme (édit. Sauer, I, p. 36, v. 21) des Unglücks Sohn.

[6] Dans la Guerre de Trente-Ans Schiller dit de Wallenstein qu'il fut « durch Ehrgeiz emporgehoben, durch Ehrsucht gestürzt ».

[7] Die Staffel, ou encore Sprosse, c'est l'échelon de l'échelle (die Leiter); le mot s'emploie très bien au figuré, et on dit en allemand er stieg von Staffel zu Staffel comme on dit en français « il monta d'échelon en échelon ».

[8] Se rappeler ces mots de Ranke (Geschichte Wallensteins, p. 239) « In ihm lebte ein feuriger Impuls zu unaufhörlicher Bewegung, Unternehmung, Erwerbung, der ehrgeizige Trieb sich nach allen Seiten geltend

Der unbezähmten Ehrsucht Opfer fiel [1].
Von der Parteien Gunst und Haß verwirrt
Schwankt sein Charakterbild in der Geschichte; [2]
Doch euren Augen soll ihn jetzt die Kunst,
Auch eurem Herzen menschlich näher bringen [3].
Denn jedes Aeußerste führt sie, die alles
Begrenzt und bindet, zur Natur zurück, [4]
Sie sieht den Menschen in des Lebens Drang [5]

---

zu machen, seine Macht und die Bedeutung seines Hauses zu gründen, und die alten Feinde zu seinen Füßen zu sehen. »

[1] Ces vers peuvent s'appliquer à Napoléon qui alors perçait déjà sous Bonaparte.

[2] Vers qui sont devenus proverbe et qu'on cite fréquemment ; Ranke semble s'être inspiré des mots de Schiller lorsqu'il dit de Wallenstein (p. 239) « sein Ruf schwankte zwischen zwei Extremen: daß er das wildeste Untvier sei, welches Böhmen hervorgebracht habe ; oder der größte Kriegskapitän, dessen gleichen die Welt noch nicht gesehen. »

[3] « L'art le rapprochera de votre cœur et lui donnera des traits plus humains. » Aussi le Wallenstein du drame diffère beaucoup du Wallenstein que Schiller nous avait représenté dans la *Guerre de Trente-Ans*. L'historien avait dit : es fehlten ihm die sanfteren Tugenden des Menschen, die den Helden zieren und dem Herrscher Liebe erwerken, et à l'entendre, Wallenstein ressemblait au Condé de La Bruyère « à qui il n'a manqué que les moindres vertus. » Ces *moindres vertus*, le Wallenstein du drame les aura ; il aimera la patrie et l'humanité ; ce sera un bon père, un tendre ami, un maître généreux ; évidemment le poète a voulu nous rendre Wallenstein très sympathique en lui donnant avec le génie du commandement, les qualités de l'homme privé.

[4] « Car l'art limite et enchaîne toute chose, il ramène à la nature tous les extrêmes. » Schiller veut donc adoucir ce que le caractère de Wallenstein avait, pour ainsi dire, de surhumain et de démesuré, ce qui, pour parler comme lui (*Guerre de Trente-Ans*) in seinem Charakter kolossalisch hervorragte. Il avait montré dans Wallenstein un général cruel et presque féroce qui dominait son armée par la crainte, son seul « talisman » ; il avait raconté de lui quelques traits de barbarie et l'appelait der Unmenschliche, ausschweifend im Strafen, le représentait bizarre, tyrannique, tracassant ses troupes « durch eigensinnige Verordnungen », ne gagnant des partisans qu'à force de largesses. Le Wallenstein du drame est tout différent ; il a moins de rudesse, mais aussi moins d'énergie, il est comme ennobli et idéalisé, veredelt und verklärt. Ce n'est plus le Wallenstein réel et historique, c'est un Wallenstein poétique. Qu'on se rappelle ce que Schiller écrivait à Körtiger « Was an ihm groß erscheinen, aber nur scheinen konnte, war das Rohe und Ungeheure, also gerade das, was ihn zum tragischen Helden schlecht qualifizirte. Dieses mußte ich ihm nehmen und durch den Ideenschwung, den ich ihm dafür gab, hoffe ich ihn entschädigt zu haben » (1er mars 1799).

[5] Dans sa vie même qui le presse et le serre de près, dans sa vie qui l'entraîne comme un tor-

Und wälzt die größre Hälfte seiner Schuld
Den unglückseligen Gestirnen zu [1].

Nicht er ist's, der auf dieser Bühne heut
Erscheinen wird. Doch in den kühnen Schaaren,
Die sein Befehl gewaltig lenkt, sein Geist
Beseelt, wird euch sein Schattenbild [2] begegnen,
Bis ihn die scheue Muse selbst vor euch
Zu stellen wagt in lebender Gestalt, [3]
Denn seine Macht ist's, die sein Herz verführt,
Sein Lager nur erkläret sein Verbrechen [4].

Darum verzeiht dem Dichter, wenn er euch

---

rent, dans les circonstances — *cir-constances atténuantes* — qui l'en-touraient et déterminaient sa conduite.

[1] On sait qu'à cette époque, Schiller voyait dans la fatalité un des grands ressorts que le drame pouvait faire jouer ; sous l'impression de la lecture de l'*Œdipe roi*, il croyait que l'antique idée du destin, considéré comme un aveugle *fatum*, devait avoir le principal rôle dans une tragédie et conduire les personnages par sa force invisible. N'écrivait-il pas à Gœthe (28 novembre 1796) « das eigentliche Schicksal thut noch zu wenig und der eigene Fehler des Helden noch zu viel zu seinem Unglücke »? Le Wallenstein qu'il met sur la scène croira donc qu'il est le favori de la fortune, qu'un destin spécial lui fraie le chemin du pouvoir suprême et que de mystérieuses puissances le seconderont lorsque le moment sera venu. Il aura pleine confiance en son étoile, et sachant qu'il est né sous la constellation de Jupiter, il attendra que cet astre ait détruit les malfaisantes influences qui s'opposent à sa grandeur, et vainement Illo lui dira que « c'est dans son âme que sont les astres de sa destinée ». Schiller oubliait le mot de Shakespeare (*Jules César*, I, 2) :

Men at some time are masters of their fates;
The fault, dear Brutus, is not in our stars,
But in ourselves, that we are under lings;

que W. Schlegel traduit ainsi :

Der Mensch ist manchmal seines
            [Schicksals Meister.
Nicht durch die Schuld der Sterne,
            [lieber Brutus,
Durch eigne Schuld nur sind wir
            [Schwächlinge.

[2] Das Schattenbild, (comme Schattenriß¹, la silhouette, *littér.* l'image tracée autour d'une ombre. On ne verra Wallenstein, pour ainsi dire, que de profil et dans le lointain ; il ne paraîtra que dans les conversations de ses soldats.

[3] Sous sa forme vivante, wie er leibt und lebt; in Leibes und Lebensgröße.

[4] Son camp seul explique son crime. Il faut donc, avant de montrer le général, montrer les troupes dont il dispose, l'instrument qu'il croit docile à ses vues ; c'est cette armée, c'est la puissance qu'il croit avoir, qui a séduit son cœur ; « diu meditatum scelus non ultra distulit, vetustate imperii coalita audacia » (Tacite, *Ann.* XIV, 1).

Nicht raschen Schritts mit einemmal ans Ziel
Der Handlung reißt¹, den großen Gegenstand
In einer Reihe von Gemälden nur
Vor euren Augen abzurollen² wagt.
Das heut'ge Spiel gewinne euer Ohr
Und euer Herz den ungewohnten Tönen³;
In jenen Zeitraum führ' es euch zurück,
Auf jene fremde kriegerische Bühne, ⁴
Die unser Held mit seinen Thaten bald
Erfüllen wird.

     Und wenn die Muse heut,
Des Tanzes freie Göttin und Gesangs,
Ihr altes deutsches Recht, des Reimes Spiel⁵,
Bescheiden wieder fordert — tadelt's nicht!
Ja, danket ihr's, daß sie das düstre Bild
Der Wahrheit in das heitre Reich der Kunst
Hinüberspielt, ⁶ die Täuschung, die sie schafft,
Aufrichtig selbst zerstört⁷ und ihren Schein
Der Wahrheit nicht betrüglich unterschiebt⁸;
Ernst ist das Leben, heiter ist die Kunst⁹.

---

1 « S'il ne vous entraîne point d'un pas rapide, et tout d'une fois, au but, au dénoûment de l'action ». On serait bien fâché de n'avoir pas le *Camp de Wallenstein;* mais il faut avouer que la division du drame en trois parties n'est ni un avantage ni une qualité; Schiller avait conscience de ce défaut; de là, son préambule et cette excuse, d'ailleurs fort bien exprimée, que le sujet est très vaste et ne peut être déroulé que peu à peu, dans une suite de tableaux.

2 La même expression est employée par l'Art dramatique dans le poème *die Huldigung der Künste:* Mit allen seinen Tiefen, seinen Höhen, Roll' ich das Leben ab vor deinem Blick.

3 Ungewohnt, parce que l'on voit sur la scène, pour la première fois depuis longtemps, non pas un drame bourgeois, mais un grand drame historique.

4 Thécla dira de même dans les *Piccolomini* (III, 4) qu'elle voit avec plaisir die bunte kriegerische Bühne.

5 Son vieux privilège allemand, le jeu de la rime... Le *Camp de Wallenstein* est écrit en vers rimés; voir l'introduction.

6 (Remerciez la) de transporter en se jouant la sombre image de la réalité dans le domaine serein de l'art.

7 De détruire elle-même sincèrement, de bonne foi (aufrichtig), l'illusion qu'elle produit.

8 De ne pas substituer (unterschieben) trompeusement ses apparences à la vérité; il est regrettable que Wahrheit soit répété une seconde fois dans la même phrase, à deux vers de distance.

9 Encore un vers-proverbe; l'art est riant, si la vie est sérieuse.

Erste Scene.

Marketenderzelte, davor eine Kram- und Trödelbude[1]. Soldaten von allen Farben und Feldzeichen[2] drängen sich durcheinander, alle Tische sind besetzt. Croaten und Uhlanen an einem Kohlfeuer kochen, Marketenderin schenkt Wein, Soldatenjungen würfeln auf einer Trommel, im Zelt wird gesungen.

Ein Bauer und sein Sohn.

Bauerknabe. Vater, es wird nicht gut ablaufen[3],
  Bleiben wir von dem Soldatenhaufen[4].
  Sind[5] euch gar trotzige Kameraden;
  Wenn sie uns nur nichts am Leibe schaden!
Bauer. Ei was! Sie werden uns ja nicht fressen,
  Treiben sie's[6] auch ein wenig vermessen.
  Siehst du? sind neue Völker[7] herein,

---

[1] Une boutique de mercerie et de friperie : die Bude, boutique, échoppe, baraque ; der Kram, petit commerce de détaillant, menues marchandises et objets de mercerie ; der Trödel, friperie.

[2] Feldzeichen, signal ou signe militaire, *signum militare*, et, par suite, écharpe, Kennbinde, Feldbinde, Binde (comp. *Guerre de Trente-Ans*, « eine grüne Binde, die Farbe der Kaiserlichen... », « keine andere als Feldbinden ») Grimmelshausen dit dans la *Vie de Courage* (VI) « Scharpen oder Feldzeichen ». On sait que l'uniforme n'est que de date assez récente ; il n'étoit même pas encore de règle en 1672 dans l'armée française. L'écharpe distinguait donc les partis ; les Armagnacs, puis les réformés, puis les partisans du Béarnais portèrent l'écharpe blanche comme signe distinctif ; sous la Fronde, les *Mazarins* avaient l'écharpe verte ; les soldats de Condé, l'écharpe isabelle ; ceux de Gaston d'Orléans, l'écharpe bleue.

[3] Ablaufen, s'écouler et, par suite, se terminer, finir ; cela ne se terminera pas bien. Comp. Lessing (*die alte Jungfer* II,1, « Ich glaube gewiß daß unsre List gut ablaufen wird ».

[4] Bleiben wir von... restons loin de...

[5] Sind pour 'sind ou es sind ; ce vous sont de très arrogants camarades (trotzig, fier, arrogant, insolent).

[6] Treiben's ; es treiben comme es machen, tout simplement agir ; « bien qu'ils agissent un peu orgueilleusement, bien qu'il y ait un peu d'orgueil dans leur fait ». Vermessen, participe passé du verbe vermessen, orgueilleux, présomptueux, téméraire, répond à trotzig qu'on trouve trois vers plus haut.

[7] Il est entré de nouvelles troupes dans le camp ; Völker comme Kriegsvölker, troupes, pluriel fréquemment employé en ce sens par Schiller dans la *Guerre de Trente-Ans*. C'est un mot du temps : das Volk, signifiait l'armée ; un général, parlant de ses troupes, disait « mein Volk » ; deux soldats se rencontrant, se demandaient weß Volks bist du? ou

Kommen frisch¹ von der Saal' und dem Main²,
Bringen Beut' mit, die rarsten³ Sachen!
Unser ist's, wenn wir's nur listig machen⁴.
Ein Hauptmann, den ein andrer erstach⁵,
Ließ mir ein Paar glückliche Würfel nach⁶.

tout simplement was Volk? Wallenstein se plaint d'envoyer « so viel Volks » en Italie et demande qu'on rappelle das Volk aus Jtalien ». Comp. Fußvolk, infanterie et Hilfsvölker, troupes auxiliaires. Simplicissimus, dévoré des poux, voit jeter au feu ses habits par son hôtesse; elle craignait, dit-il (p. 181) daß ich sie und ihr ganzes Haus mit meinen Völkern besetzte (avec mes troupes).

¹ Frisch n'a pas ici le sens qu'il a d'ordinaire : activement, promptement, *alacriter*; il signifie « à l'instant, tout fraichement ».

² De la Saale et du Main. Nous n'insistons pas sur le Main. Il y a trois Saale en Allemagne, la Saale de Salzbourg ou Saalach, la Saale franconienne ou Saal qui est un affluent du Main, enfin la Saale saxonne ou thuringienne dont il est question ici et qui passe à Saalfeld, Rudolstadt, Iéna, Naumbourg. Weissenfels, Mersebourg et Bernbourg.

³ Rar, on dit plus souvent selten; le mot qu'on trouve déjà dans Simplicissimus et l'*Ollapatrida* de Stranitzky, avait été employé par Lessing (*Fables, Damon et Théodore*), zwei Freunde, die der Welt ein rares Beispiel würden gegeben haben; das Muster der Ehen, ein rares Beispiel will ich singen; der Tanzbär « sie sei so rar sie sei »; Giangir, v. 41, « der rare Held », etc.; par Bürger (*Lenardo und Blandine*, « ein Aepfelchen rar, v. 21); par Gœthe (*Egmont*, II, 1, « er hielt auf die rarsten Bücher »); par Schiler lui-même (*Pegase au joug*), « die Race, sagen sie, sei rar »; *la femme célèbre* « das rare Glück », etc.

⁴ Es machen, comme machen, agir, faire.

⁵ Ces deux vers (11-12) sont de Gœthe qui les écrivit de sa main sur le manuscrit. Il trouvait que Schiller aurait dû indiquer l'origine des dés. Da ich gerne motivirt wissen wollte wie der Bauer zu den falschen Würfeln gekommen, so schrieb ich diese Verse eigenhändig in das Mannskript hinein. Schiller hatte daran nicht gedacht, sondern in seiner kühnen Art dem Bauer gerade zu die Würfel gegeben, ohne viel zu fragen wie er dazu gekommen sei. Ein sorgfältiges Motiviren war nicht seine Sache » (*Conversations de Gœthe avec Eckermann*, II, 233-234. 25 mai 1831).

⁶ Glücklich, qui donne, qui force la fortune (ce sont des dés pipés ou falsche Würfel. Remarquer que der Würfel, dérivé de Wurf (werfen, jeter) répond à notre mot dé, venu du latin datum (dare, jeter au jeu) et signifie, comme dé, « ce qu'on jette sur la table ». Simplicissimus (p. 150-151) nous donne les détails les plus précis sur les jeux qu'on jouait dans le camp. On les avait réglementés. Une place spéciale (Spielplatz) était réservée aux joueurs. On se servait de trois dés carrés ou « os de canaille », Schelmenbeiner, comme on les nommait par plaisanterie. Mais, dit Simplex, si les uns avaient des dés « honnêtes » (redliche Würfel), d'autres avaient ces dés pipés. Ces dés pipés étaient de plusieurs sortes; on appelait les uns « pay-bas » (niederländisch)

Die will ich heut einmal probieren[1],
Ob sie die alte Kraft noch führen[2].
Mußt dich nur recht erbärmlich stellen[3],
Sind dir gar lockere, leichte Gesellen[4].
Lassen sich gerne schön thun[5] und loben,
So wie gewonnen, so ist's zerstoben[6],

---

parce qu'il fallait les faire glisser sur la table: les autres avaient nom « pays-hauts » (oberländisch) parce qu'il fallait les jeter de haut; d'autres étaient en corne de cerf, ou remplis de mercure, de plomb, etc.; tous « auf Betrug verfertigt », et c'est avec ces *Schelmenbeiner* que les soldats se volaient leur argent les uns aux autres.

[1] Probieren, les éprouver, les essayer.

[2] Ob, pour voir si...; die Kraft, vertu, efficacité; führen, avoir en soi, avec soi, porter... « pour voir s'ils ont encore leur ancienne vertu ». On remarquera que probieren, rime avec führen; comp. 33-34 kaiserliche et Küche, 43-44 Schützen et sitzen, 70-71 Geschicke et Perrücke, 113-114 aufsitzen et schützen, 195-197 respectieren et führen, 263-264, passieren et führen, 267-268, Liguisten et rüsten, 355-356 Lützen et Blitzen, 361-362 ritzen et schützen, etc., etc. L'ü et l'i se confondent dans la prononciation en Souabe et en d'autres parties de l'Allemagne. Moritz, dans son roman d'*Anton Reiser*, en donne un amusant exemple: il raconte qu'il entendait chanter Hylo schöne Sonne et qu'il prenait ce Hylo pour une expression orientale et sublime; mais le texte imprimé lui étant tombé sous les yeux, il lut Hüll' o schöne Sonne; le chanteur prononçait le mot comme dans son dialecte de Thuringe (édit. Geiger, p. 169). Mais Gœthe ne fait-il pas rimer Blick et zurück (*an die Entfernte*), Geschicke et Glücke (*Lebendiges Andenken*), genieße et Küsse (*Glück*

und Traum) Hütte et Schritte (*die schöne Nacht*), zieht et blüht (*Faust*, I, 30-32, Bühnen et Maschinen (*id.* 199-202), Gothimmel et Himmel (*id.* 584-585) etc., etc. Ne dit-on pas dans la langue ordinaire Hülfe et Hilfe?

[3] Mußt pour du mußt; dich...stellen, te présenter (de telle ou telle façon), te donner l'air...; recht erbärmlich, bien piteux, bien lamentable.

[4] Sind dir..., tu trouveras en eux des compagnons très joyeux (locker, lâche, relâché, dissolu), très légers. Lockere Gesellen est une expression qu'on retrouve dans une de ces pièces de vers que faisaient Gœthe et ses amis de Weimar et qu'ils nommaient *matinées;* Einsiedel, parlant de Charles-Auguste et de ses joyeux compagnons, dit:

Der so vergißt Geburt und Thron,
Und lebt mit solchen lockern Gesellen.

[5] Schön thun, faire beau, par suite caresser, cajoler. « Ils aiment qu'on les cajole et qu'on les loue ». *Simplicissimus*, au temps où il est premier soldat (édit. Kögel, p. 238) avoue que le peuple le loue, il dresse l'oreille, so spitzte ich die Ohren gewaltig und ließ mir's so sanft thun.

[6] Aussitôt gagné, aussitôt dissipé (littér. comme gagné, ainsi dissipé). C'est un proverbe allemand; il est plus expressif encore et plus bref sous sa forme ordinaire « wie gewonnen, so zerronnen ». Gœthe dit même (*Reineke Fuchs*, I, 160-161) zerronnen wie gewonnen » et Scherenberg, dans une de ses plus

Nehmen sie uns das Unsre in Scheffeln,
Müssen wir 's wieder bekommen in Löffeln[1];
Schlagen sie grob mit dem Schwerte drein[2],
So sind wir pfiffig[3] und treiben's fein[4].

(Im Zelt wird gesungen und gejubelt.)

Wie sie juchzen[5] — daß Gott erbarm![6]

---

belles poésies, *Der verlorene Sohn*, représente le joueur dans les vers suivants :

Gewagt, gewonnen,
Es steht,
La bête !
Vorbei !
Gewonnen, zerronnen.

Schiller a remplacé zerronnen, participe passé de zerrinnen, s'écouler entièrement, par zerstoben, participe passé de zerstieben, s'en aller en poussière. (Da fand er... Diener und Habe zerstoben, dit Gœthe, *Hochzeitlied*, et Heine a parlé du zerstiebender Sand). Nous avons un proverbe français qui rend cette idée, que le bien acquis promptement se dissipe de même : « *Ce qui vient de la flûte, retourne au tambour* », et *Simplicissimus* (édit. Kögel, p. 264) le traduit ainsi : « Was mit Trommeln gewonnen wird, gehet mit Pfeifen wieder heim ». Comp. également cette autre forme française du même proverbe « ce qui vient du diable retourne au diable ».

[1] Ravoir par cuillerées ce qu'ils ont pris par boisseaux, reprendre en détail ce qu'ils ont pris en gros. L'expression rappelle ce qu'on dit à un sot en certains endroits de la Saxe « Du hast die Weisheit mit Löffeln gefressen und die Dummheit mit Scheffeln gemessen » et les vers que cite Wackernagel (*kleine Schriften*, I, 65, note)

Wo die reichen Bauern fitzen
Mit den langen Zipfelmützen,
Die das Gold mit Scheffeln messen
Und das Fleisch mit Löffeln fressen.

[1] S'ils frappent rudement, s'ils tapent dur avec l'épée; grob est opposé à fein, du vers suivant. L'expression rappelle le mot des apôtres à Jésus dans le jardin des Oliviers: « Herr, sollen wir mit dem Schwerte drein schlagen ». « Luc, XXII, 49). On sait que la Pucelle d'Orléans commandait à ses soldats de *férir dedans ;* voilà la traduction littérale de drein schlagen.

[3] Pfiffig, rusé, de der Pfiff, ruse, rouerie (er versteht den Pfiff, il connaît la pratique, c'est un fin matois). Pfiff, vient de pfeifen, siffler ; de même que notre verbe *piper* a signifié d'abord « siffler », puis prendre les oiseaux en sifflant, et enfin « tromper », de même Pfiff, coup de sifflet, a pris le sens de « tour d'adresse, finesse, etc. ».

[4] Regnier a bien traduit ce vers « c'est à nous de ruser et de jouer au plus fin ».

[5] juchzen, pousser des cris de joie, des *jū* ou *juch* (interjections qui, dès le moyen âge, expriment l'allégresse), comme ächzen, pousser des ach. On dit plus souvent jauchzen que juchzen. — Comp. cette première scène avec la première scène de *Napoleon oder die hundert Tage* de Grabbe où l'on voit Vitry et Chassecœur, deux vieux soldats du « Père la Violette » écouter les joueurs du Palais-Royal « dort oben wird entsetzlich gelärmt... wie rollt das Geld! Wie zanken sie sich »!

[6] Daß Gott erbarm'! ou daß Gott sich erbarme, (littér. que Dieu aie pitié], miséricorde divine !

Alles das geht von des Bauern Felle[1].
Schon acht Monate legt sich der Schwarm[2]
Uns in die Betten und in die Ställe[3],
Weit herum ist in der ganzen Aue[4]
Keine Feder mehr, keine Klaue[5],
Daß wir für[6] Hunger und Elend schier[7]
Nagen müssen die eigenen Knochen[8].

---

[1] Das Fell, signifie la peau des animaux, et, dans le langage familier et populaire, celle de l'homme. « Tout cela aux frais du paysan, qu'on écorche », dem man die Haut über die Ohren zieht, pour nous servir d'une expression du Götz (I, 1). Comp. cette chanson de soldat rapportée par Moscherosch dans la sixième vision de *Philander de Sittewald* :

Die Bauern da trifft es jetzt an,
Die müssen den Balg strecken dran,
Sich schinden lahn. .

« Voilà le tour des paysans, il leur faut y passer et donner leur peau, se laisser écorcher ». Dans le *Rathstübel Plutonis* de Grimmelshausen (IX, 116), le paysan dit également « ein Jeder rupft an uns..; es ist ja des Schindens und Schabens kein Ort und kein Ende ».

[2] Voilà déjà huit mois que cet essaim (der Schwarm) se couche (legt sich...)

[3] Dans nos lits et nos écuries. Comp. dans l'*Egmont* de Gœthe, I, 1, les mots de Soest à Jetter « Sie (les Espagnols) hatten scharfe Einquartierung bei dir... Sie hatten ihn vertrieben aus der Küche, dem Keller, der Stube, dem Bette ».

[4] Die Aue ou Au, au moyen âge *ouwe* et plus anciennement *ouwa*, a d'abord signifié « eau courante », puis « île, presqu'île, campagne arrosée par une rivière » ; le vrai sens de Aue est « prairie où il y a beaucoup d'eau, où coulent des ruisseaux, prairie humide » ; traduisez ici par « dans toute la campagne ».

[5] Il n'y a plus ni plume ni griffe ; tout a été « rein ausgeplündert » ; Gœthe parle dans sa *Campagne de France* (p. 141) des pillards qui suivent l'armée et qui « sich die letzte Klaue zueignen », s'approprient jusqu'à la dernière griffe, la dernière patte (unser Vieh soll mit uns gehen und nicht eine Klaue dahinten bleiben, dit Moïse à Pharaon, 2. *Moïse* X, 26). On lit dans la chanson de l'*ordre des lansquenets* :

In Hungers Not schlag' Hennen todt,
Und laß kein Gans mehr leben,
Trag's ins Wirthshaus, rauf' ihr
[die Federn aus!

[6] Für, on dirait aujourd'hui vor; mais le mot est courant dans tout le xviii° siècle, où l'on trouve à chaque instant dans les textes imprimés für, fürnehm, fürtrefflich, etc.

[7] Schier, presque, peu s'en faut. Ce mot, autrefois adjectif, n'est plus employé que comme adverbe. Comp. bald, vaillant qui ne signifie plus que « bientôt » ; kühn, faible, qui n'a plus d'autre sens que « à peine » ; sehr, blessé, qui n'est plus usité que dans l'adverbe sehr, très (lequel signifiait d'abord douloureusement, vivement). Schier n'est d'ailleurs usité qu'en poésie ; on le trouve assez souvent chez Uhland « Manches wär' ihm schier geglückt » (*Unstern*, v. 4) ; « Vom Rosse zieht ihn schier der Speer » (*Roland Schildträger*, 10.)

[8] Schiller avait déjà employé la même expression « ronger ses propres os » dans les *Brigands*, IV

War's doch nicht ärger und krauser[1] hier,
Als der Sachs[2] noch im Lande thät[3] pochen.[4]
Und die nennen sich Kaiserliche![5]
Bauerknabe. Vater, da kommen ein Paar aus der Küche,
   Sehen nicht aus, als wär' viel zu nehmen.
Bauer. Sind einheimische, geborne Böhmen,
   Von des Terschkas Carabinieren[6],

---

2 et 3 (Franz de Moor menace le vieux Daniel de le jeter dans une prison « wo der Hunger dich zwingen wird, deine eigenen Knochen abzunagen » et Daniel dit plus loin « ich will lieber meine alten Knochen abnagen vor Hunger »). Comp. encore dans *Fiesco*, II. 8 « biß und nagte die Knochen seines Volks ». D'Aubray, dans le fameux discours de la *Satire Ménippée*, dit : « Et n'a pas tenu à M. le légat et à l'ambassadeur Mendosse que n'ayons mangé les os de nos pères ».

[1] Ärger und krauser, vraiment ce n'était pas pis et le désordre n'était pas plus grand... Kraus est ici le synonyme de bunt et indique le désordre, le sens-dessus-dessous, le chaos de l'invasion ; on dit es zu kraus machen comme on dit es zu bunt machen; on trouve même les deux mots réunis dans l'expression es zu bunt und zu kraus machen.

[2] L'électeur de Saxe Jean-Georges avait signé le 5 septembre 1631 un traité d'alliance avec le roi de Suède Gustave-Adolphe. Il envahit la Bohême, après la bataille de Leipzig (septembre) et entra dans Prague sans rencontrer de résistance (11 novembre). Les Saxons restèrent dans le pays jusqu'à l'été de l'année suivante. Le 23 mai 1632, Wallenstein, qui avait repris le commandement de l'armée impériale, s'emparait de Prague, et le général saxon Arnim, pressé de tous côtés par l'ennemi, se retirait sur Dresde

[3] Thät pochen pour pochte. On sait que la langue populaire se sert fréquemment de thun comme auxiliaire. Nous trouverons plus loin, à l'indicatif présent, thut walten pour waltet, thut plagen pour plaget, etc., et à l'imparfait thät erleben pour erlebte, thät füllen pour füllte, etc., etc. Les poètes, Gœthe, Bürger, Uhland et d'autres encore, surtout dans le *Volkslied*, les ballades, les romances, emploient cet auxiliaire (citons entre autres exemples innombrables, *Faust*, I, 1792 « und thät erbärmlich schnaufen » ; 2427, « die Augen thäten ihm sinken ». Il faut remarquer la forme thät, bien plus fréquente que thut dans cette périphrase; ce thät n'est pas comme on le croirait l'imparfait du subjonctif; c'est le vieil imparfait de l'indicatif qui se conjuguait au moyen âge ich tete et er tete ou tet.

[4] Pochen, ordinairement frapper (an die Thüre pochen, frapper à la porte), signifie ici se prévaloir, se targuer, se pavaner, parader.

[5] Et ceux-ci se nomment des Impériaux; il veut ajouter sans doute que c'est là toute la différence; quoique Impériaux, quoique venus en amis et en libérateurs, les soldats de Wallenstein font autant de mal que les Saxons; le pays ne gagne rien au change.

[6] Carabinier ou Karabinier, carabinier, cavalier armé de la carabine (der Karabiner). Terschka est le confident et le beau-frère de Wallenstein; il avait épousé Maximiliane, comtesse de Harrach, et de-

Liegen schon lang in diesen Quartieren.
Unter allen die schlimmsten just [1],
Spreizen sich [2], werfen sich in die Brust [3],
Thun, als wenn sie zu fürnehm [4] wären,
Mit dem Bauer ein Glas zu leeren.
Aber dort seh' ich dir [5] drei scharfe Schützen [6]

---

puis 1630 il est mêlé à toutes les négociations de Friedland. Ses prénoms étaient Adam Erdmann et il appartenait à une riche famille de Bohême, les Trzka de Lipa, à qui la couronne comtale avait été donnée en 1630. Sa femme, la comtesse Terzki des *Piccolomini* et de *La mort de Wallenstein*, n'a pas joué le rôle prépondérant que lui prête Schiller; elle fut même la seule, selon tous les documents, que sa famille n'initia pas à ses plans ambitieux. C'est la mère du comte Adam Erdmann Trzka, la vieille comtesse Marie-Madeleine Trzka, née Lobkowitz, qui dirigeait et menait tout; Wallenstein disait qu'il donnerait beaucoup, si elle était homme ou si son mari avait autant d'esprit qu'elle, et Sesima Raschin (Rasin), l'émissaire qui révéla dans son fameux *Gründlicher und wahrhaftiger Bericht* les relations de Wallenstein avec les Suédois, dit de la comtesse Trzka « Die alte Frau sei auch ein verständiges Weib und ihresgleichen nit und eine gewaltige Praktikantin ». (Comp. A. Gædeke, *Wallensteins Verhandlungen mit den Schweden und Sachsen* 1885, p. 9-10).

[1] Just, de notre mot français *juste*, juste, justement. Schiller avait déjà employé ce mot dans *Fiesco*, I, 3, dans *Don Carlos*, I, 2; cp. le *Gœtz* de Gœthe, III, 4 ; *Faust*, I, 2013, 2762, 6925, etc., etc.

[2] Ils font la roue, se pavanent; spreizen et quelquefois spreiten, écarter largement, écarquiller; sich spreizen, se gonfler (comme le coq d'Inde) ou étaler sa queue (comme le paon),

And like a peacock sweep along his tail,

ainsi que dit la Pucelle à propos de Talbot dans la première partie de l'*Henry VI*, de Shakespeare (III, 3). Comp. *Simplicissimus*, p. 284 « Wenn ich einen Pfau oder welschen Hahn sehe, der sich ausspreitet... »

[3] Sich in die Brust werfen, (mot à mot, se jeter dans la poitrine) ou sich brüsten, se rengorger; comp. les expressions semblables sich dick, groß, breit machen; voir dans le *Nabab* d'Alphonse Daudet le portrait de Monpavon « étalant un large plastron de linge immaculé qui craquait sous l'effort continu de la poitrine à se cambrer en avant et se bombait chaque fois avec le bruit d'un dindon blanc qui se gonfle ou d'un paon qui fait la roue. »

[4] Fürnehm, forme vieillie et dialectale pour vornehm; distingué, noble, aristocratique; « comme s'ils étaient de trop grands seigneurs, de trop nobles personnages... »

[5] Il faut évidemment écrire dir au lieu de die qui n'offre aucun sens; ce dir est explétif, comme euch plus haut. « Sind euch gar trotzige Kameraden » et comme dir dans le vers « sind dir gar lockere Gesellen ».

[6] Scharfe Schützen ou comme on pourrait dire aussi, Scharfschützen, tirailleurs. Der Scharfschütz, le tireur exercé au tir de précision et en Autriche, le tirailleur tyrolien (comp. v. 45 « wie Tiroler »).

2

Linker Hand um ein Feuer sitzen,
Sehen mir aus wie Tiroler schier[1].
Emmerich[2], komm! an die wollen wir[3],
Lustige Vögel[4], die gerne schwatzen,
Tragen sich[5] sauber[6] und führen[7] Batzen[8]. (Sehen nach den
    Zelten.)

---

[1] Schier, voir la note du vers 29.

[2] Emmerich, nom du fils du paysan. Regnier le traduit par Emery. C'est notre vieux français Aimeri (*Aymerillot* de la *Légende des siècles* se traduirait très bien par Jung Emmerich).

[3] C'est à eux que nous voulons (nous attaquer, nous en prendre). Comp. dans un conte de Grimm, *das Lumpengesindel*, le mot de l'hôtelier « heute will mir alles an den Kopf », tout en veut à ma tête.

[4] Lustige Vögel, boas vivants; on dit aussi loser Vögel; cp. lockerer Zeisig.

[5] Sich tragen, même sens que sich kleiden (comp. die Tracht, ce qu'on porte, costume) ; c'est ainsi que Gœthe dit de Klinger « er trug sich nett » (*Poésie et vérité*, XIV, p. 148) et *Simplicissimus* (p. 270) de sa future femme « die sich ganz adelich trug ».

[6] Sauber, proprement ; même sens que rein, mais sauber implique en outre une nuance d'élégance ; cp. dans le portrait de Dorothée « Sauber hat sie den Saum des Kleides zur Krause gefaltet » *H. u. D.* V, v. 171.

[7] Führen a souvent le sens d'avoir avec soi, de porter sur soi (par exemple de l'argent).

[8] Der Batzen ou Batze ou Batz (latin du moyen âge *bacio, bacius*), pièce de monnaie qui valait quatre kreuzer, puis tout simplement pièce de monnaie : er hat Batzen, il a de l'argent ; er weiß was die Batzen gelten, il sait ce que vaut l'argent (Grimmelshausen, *das Rathstübel*, 11) ; wir trugen manchen Batzen hin (Gœthe, *Poésie et Vérité*, édit. Lœper, I, 14). Cette pièce fut d'abord fabriquée à Berne ; elle portait les armoiries de la ville, c'est-à-dire un ours ; de là son nom (Bätz, Batz signifie ours ; comp. la fable de Gellert, *der Tanzbär*, v. 6 « Petz ist wieder da »), nom qu'elle conserva plus tard, même lorsque l'ours bernois n'y figurait plus. Elle existait encore au XVIIIe siècle, et à Clarens, « Julie donne toutes les semaines vingt batz au plus diligent » (*Nouvelle Héloïse*, IV, 10 ; « batz, ajoute en note J.-J. Rousseau, petite monnaie du pays »). D'autres noms de monnaie ont la même origine : le *kreuzer* portait primitivement une croix, Kreuz ; le *rappen*, une tête de corbeau (*Rappe*), armoiries de Fribourg en Brisgau ; le *Laubthaler* ou écu de six livres, une couronne de feuilles (*Laub*) ; le *florino* de Florence ou « florin », une fleur de lis (*fiore*), etc. Comp. les noms de nos anciennes monnaies françaises : l'*aguel* ou le *mouton* qui représentait un agneau pascal, l'*angelot* qui tirait son nom de l'archange saint Michel, la *couronne* qui portait une couronne dans un champ semé de fleurs de lis, la *florette* sur laquelle étaient empreintes des fleurs de lis, le *salut* d'or qui représentait la salutation angélique, le *teston* ainsi nommé de l'effigie ou de la tête du roi.

Zweite Scene.

Vorige. Wachtmeister¹. Trompeter. Uhlan.

Trompeter. Was will der Bauer da? Fort, Halunk!²
Bauer. Gnädige Herren, einen Bissen³ und Trunk!
Haben⁴ heut noch nichts Warmes gegessen.
Trompeter. Ei, das muß immer saufen und fressen⁵.
Uhlan. (mit einem Glase.)
Nichts gefrühstückt? Da, trink, du Hund!⁶
(Führt den Bauer nach dem Zelte, jene⁷ kommen vorwärts.)
Wachtmeister (zum Trompeter.)
Meinst du, man hab' uns ohne Grund
Heute die doppelte Löhnung⁸ gegeben,

---

¹ Der Wachtmeister, (*littér.* maître de garde, chef de poste), maréchal des logis : grade de la cavalerie qui correspond à celui de Feldwebel ou de Sergeant dans l'infanterie.

² Halunk, Halunke et aussi Hallunke (au xviᵉ et au xviiᵉ siècle Holunke), coquin. Le mot n'est pas germanique; on a voulu le dériver de l'islandais et même du français *haillon;* il est plus probable qu'il vient du slave. — Le trompette traite le paysan avec insolence et *Simplicissimus* qui nous offre un échantillon du langage des soldats pendant la guerre de Trente Ans, raconte en effet qu'ils ne cessaient d'appeler les paysans Schelmen.

³ Einen Bissen, une bouchée de pain; der Bissen et autrefois Bisse, bouchée, mot à mot soviel auf einmal gebissen wird.

⁴ Haben pour wir haben.

⁵ Il ne faut pas croire que le trompette dit saufen und fressen (au lieu de trinken und essen) parce qu'il traite les paysans comme du vil bétail. Ces deux verbes appar-tiennent à la langue populaire et on les trouve, par exemple, dans la Bible (die Priester fraßen und soffen alles was da war) et à tout instant dans le *Simplicissimus* et autres écrits du xviiᵉ siècle.

⁶ « Tiens, bois, chien! » Il a bon cœur, sous sa rude écorce et ressemble à ces hussards bruns ou hussards de Wolfradt que nous décrit Minutoli dans ses *Souvenirs* (p. 49) « so roh und ungehobelt auch der gemeine braune Husar im Aeußeren erschien, so gut schien doch fernungeachtet sein Kern zu sein, denn er verläugnete selbst während des Gefechts die Menschlichkeit nicht », et l'officier prussien raconte qu'au combat de Fontoy il vit un de ces hussards donner à manger et à boire à un de nos chasseurs blessé « ihn durch eine Scheibe seines Commißbrotes und mit einem Schluck seiner Branntweinflasche erquicken ».

⁷ Jene, ceux-là, c'est-à-dire le maréchal des logis et le trompette.

⁸ Die Löhnung, la paie, le prêt (cp. Löhnungstag, jour de prêt). Mais il est impossible que les soldats aient reçu double paie, et

Nur daß wir flott[1] und luſtig leben?

Trompeter. Die Herzogin kommt ja heute herein[2]
Mit dem fürſtlichen Fräulein —

Wachtmeiſter.   Das iſt nur der Schein.

Die Truppen, die aus fremden Landen
Sich hier vor Pilſen[3] zuſammen fanden,
Die ſollen wir gleich an uns locken
Mit gutem Schluck und guten Brocken,
Damit ſie ſich gleich zufrieden finden
Und feſter ſich mit uns verbinden.

Trompeter. Ja, es iſt wieder was im Werke.

Wachtmeiſter. Die Herren Generäle und Commendanten[4] —

Trompeter. Es iſt gar nicht geheuer[5], wie ich merke.

Schiller se contredit lui-même, puisqu'il fait dire plus loin (scène xi) au trompette, qu'on n'a pas donné la solde depuis quarante semaines ſeit vierzig Wochen, et dans les Piccolomini (II, 7) à Butter que la paie manque déjà depuis un an, ein Jahr ſchon fehlt die Löhnung.

[1] L'adjectif flott signifie proprement à flot, qui flotte sur l'eau (flott werden, flotter; flott machen, mettre à flot), et au figuré, et dans la langue familière, libre, relâché, los. On dit d'un bon vivant ou d'un joyeux compagnon ein flotter Burſche et flott leben signifiera vivre gaiement (in dulci jubilo), faire bonne chère, mener grand train; comp. flott ſchimpfen, déblatérer librement; flott ſprechen, parler couramment; eine flotte Melodie, etc.

[2] Arrive aujourd'hui dans le camp. Il s'agit de la duchesse de Friedland, la seconde femme de Wallenstein, Isabelle — Catherine de Harrach, et de sa fille Thécla.

[3] Pilsen (en tchèque Plzeu) est la ville la plus importante de la Bohême, après Prague, et compte environ 47,000 habitants, dont les quatre cinquièmes de nationalité tchèque. Elle a soutenu des sièges au temps des Hussites et fut prise en 1618 par Mansfeld. Vingt-quatre partisans de Wallenstein furent exécutés sur la place du marché en 1634.

[4] Commendanten, forme usitée au XVIIe siècle (elle se trouve très souvent dans le Philander de Moscherosch) et empruntée par Schiller aux Annales de Khevenhiller, XI!, p 1135 (Dieſes alles nun in das Werk zu ſetzen, hat der Herzog alle Commendanten zu ſich nach Pilſen beſchrieben) et à l'Ausführlicher Bericht qui écrit toujours Commendanten ou Commendanten und Obriſten. On disait et écrivait de même recommentiren, recommendirt, etc. Laukhard, dans ses mémoires publiés à la fin du XVIIIe siècle, écrit toujours Commendant.

[5] Geheuer qui signifiait doux, agréable (cp. ungeheuer, à la fois adjectif et substantif neutre, monstrueux et monstre) n'est guère usité que dans cette expression impersonnelle et négative « es iſt hier nicht geheuer », il se passe ici quelque chose d'étrange. On n'est pas bien

Wachtmeiſter. Die ſich ſo dick [1] hier zuſammenfanden —
Trompeter. Sind nicht für die Langweil herbemüht [2].
Wachtmeiſter. Und das Gemunkel [3] und das Geſchicke [4] —
Trompeter. Ja, ja!
Wachtmeiſter.　　　Und von Wien die alte Perrücke,
　Die man ſeit geſtern herumgehn ſieht,
　Mit der gülbenen Gnadenkette [5],

---

hors de chez soi, dit Serlo dans les *Lehrjahre* (V, 5), dans les auberges et lieux étrangers « wo es nicht ganz geheuer iſt ». Gœthe raconte que dans son enfance, il passa un jour en un endroit nommé *schlimme Mauer* « brün es iſt dort niemals ganz geheuer » (*Poésie et vérité*, I, 48); Thibaut parlant dans *Jeanne d'Arc* de l'arbre des fées au pied duquel s'assied la jeune fille (prologue, II). remarque « brün nicht geheuer iſt's hier ». Comp. Scheffel, *die Schweden in Rippoldsau*, on dîne en paix lorsque tonne le canon.

　　. . . . . o bitires Deſſert!
　. . . . .'s iſt nimmer geheuer;
　O Gott, Geſchütz = und Musketenfeuer!

On remarquera que *ungeheuer* signifie *ungeheuer* nicht geheuer, c'est-à-dire peu rassurant, suspect; mon lieutenant, dit *Simplicissimus* (p. 235), m'envoyait toujours wo es am ungeheurſten war; et lorsqu'il entre dans un caveau où son cheval s'effraie, il se demande daher es ſo ungeheuer ſein möcte; il est dans un « ungeheuren Wunderort » (p. 240-241). On lit encore dans cet ouvrage de Grimmelshausen qu'une maison, une fois débarrassée des esprits, redevint geheuer (p. 540 « wollten ſie nun daß es zur Ruhe komme, und das Haus hinfort geheuer ſey ».

[1] So dick, si drus, si serrés (cp. dicht), c'est-à-dire si nombreux; zahlreich, dit le dictionnaire de Grimm qui cite ce vers.

[2] On n'a pas pris la peine de les mander pour qu'ils s'ennuient. ſind nicht herbemüht... man hat ſie ſich nicht hierher bemühen laſſen, damit ſie ſich langweilen.

[3] Et toutes ces rumeurs; das Gemunkel signifie un bruit sourd et répété qui court de bouche en bouche; de munkeln, parler sourdement, se parler à l'oreille (man munkelt davon, on se le dit tout bas).

[4] Et tous ces envois (das Geſchicke de ſchicken), toutes ces allées et venues d'émissaires. Remarquer l'allitération de ces deux mots et comp. *Simplicissimus*, p. 89, « ein ſolch Getrippel und Geſtöhl », *Schelmuffsky*, p. 48 (édit. complète de Schullerus) « ein Gekrübele und Gewübele auf dem Schiffe »; *Faust*, I, 3207 « ein Gekös' und ein Geſchled, « Grimm (conte des *Sept corbeaux*) « ein Geſchwirr und ein Geweh », etc.

[5] Die alte Perrücke... mit der gülbenen Gnadenkette... il parle du conseiller impérial avec autant de mépris et dans les mêmes termes que Götz de Berlichingen parle du bourgmestre de Nuremberg (der Burgemeiſter von Nürnberg mit der gülbenen Kett' um den Hals... I', 2) ou que Sickingen, des conseillers de Heilbronn (kommt zu den Perrücken. IV, 2). Gœthe, croyant que la perruque n'était pas alors en usage, avait proposé de supprimer ce vers et de le remplacer, ainsi que le précédent; le maréchal des logis aurait dit:

Das hat was zu bedeuten, ich wette[1].

Trompeter. Wieder so ein Spürhund[2], gebt nur Acht,
Der die Jagd auf den Herzog macht.

Wachtmeister. Merkst du wohl? Sie[3] trauen uns nicht,
Fürchten des Friedländers[4] heimlich[5] Gesicht.
Er ist ihnen zu hoch gestiegen,

Und das Gemunkel und das Gespräch-
[nire
Und das Heimlichthun und die vielen
[Kuriere.

le trompette aurait répondu :

Ja, ja, das hat sicher was zu sagen,

à quoi le *Wachtmeister* eût répli-
qué :

Und der spanische steife Kragen,
Den man, u. s. w.

Remarquer que gulden, et quelquefois gülden est aujourd'hui
moins usité que golden.

[1] Il s'agit de ce Gerhard baron
de Questenberg qu'on nommait
« l'oreille de l'empereur », das
Ohr des Kaisers, et qui, quoi qu'ait
dit Schiller, était grand ami de
Wallenstein qu'il soutint de toutes
ses forces. Ce ne fut pas d'ailleurs
Questenberg qui se rendit au camp
de Pilsen ; ce fut le Père Quiroga.

[2] Encore un de ces limiers ; der
Spürhund, chien de quête; Schiller
emploie le même mot dans *Fiesco*
I, 9 où le Maure dit à l'ambitieux
gentilhomme « Braucht mich wozu
ihr wollt, zu eurem Spürhund, et
dans l'*Hist. du soulèvement des
Pays-Bas* (entrée d'Albe à Bruxelles : « Seine Begleiter, gleich los-
gelassenen Spürhunden »).

[3] Sie, ils, c'est-à-dire les gens
de Vienne, les courtisans, les
agents de la chancellerie impériale,
tous ceux qui entourent l'empereur
et calomnient Wallenstein ; ce sie
désignant les *bureaux* et l'admi-
nistration si odieuse aux gens de
guerre, reviendra souvent dans ce
prologue. Ranke dit fort justement,

à ce propos « die allgemeine Meinung war, es gebe dort (à la cour)
eine Faction von Beamten und Geist-
lichen, welche der Armee was ihr
Gebühre entziehen und den General
stürzen wolle. » (*Hist. de Wallenstein.* p. 258).

[4] Der Friedländer, le Friedland
ou Wallenstein, pour der von
Friedland ; comparer de même der
Mansfelder pour der von Mansfeld;
der Braunschweiger pour der von
Braunschweig; Questenberger pour
von Questenberg; Aldringer pour
von Aldringen, etc. Ce duché de
Friedland constitué en 1623 par
l'empereur Ferdinand II en faveur
de son généralissime qui fut en
même temps nommé prince de
l'empire, se composait de domaines
que Wallenstein avait acquis soit
par le testament d'un oncle, soit
par l'achat de biens confisqués.
Il comprenait neuf villes : Friedland (qui compte aujourd'hui 4320
habitants), Reichenberg, Arnau,
Weisswasser, Münchengrätz, Boh-
misch-Leipa, Turnau, Gitschin,
Aicha, et cinquante-sept châteaux
et villages.

[5] Ils craignent ce Wallenstein
aux airs mystérieux et au visage
impénétrable, comme Marguerite
de Parme craint Orange (*Egmont*,
I « Ich fürchte Oranien... Oranien
sinnt nichts Gutes, seine Gedanken reichen in die Ferne, er ist heimlich). Se rappeler que Schiller
parle dans la *Guerre de Trente-
Ans* du caractère renfermé et mé-
fiant du généralissime (verschlossene und misstrauische Gemüthsart) :
Wallenstein, écrit-il, était grand

Möchten ihn gern herunterkriegen [1].

Trompeter. Aber wir halten ihn aufrecht [2], wir;
    Dächten doch alle, wie ich und Ihr!

Wachtmeister. Unser Regiment und die andern vier [3],
    Die der Terschka anführt, des Herzogs Schwager,
    Das resoluteste [4] Corps im Lager,
    Sind ihm ergeben und gewogen [5],
    Hat er uns selbst doch herangezogen [6].
    Alle Hauptleute setzt' er ein [7],
    Sind alle mit Leib und Leben sein.

---

et maigre, ein furchtbarer zurück=
schreckender Ernst saß auf seiner
Stirne. C'est ce que dit Khevenhiller
« ein nach= und tiefsinniger Herr ».

[1] Ils voudraient bien le faire
tomber, le jeter à bas. Gœthe a
dit de même (*das Neueste aus
Plundersweilern* v. 198)
Und möchten ihn gerne herunter haben.
On sait que kriegen est synonyme
de bekommen et signifie « obtenir,
avoir. »

[2] Mais nous, nous le maintenons
debout.

[3] Ce sont les cinq régiments de
cuirassiers qu'avait alors Terzka
au témoignage du *Perduellionis
chaos*, outre deux régiments à pied
et un régiment de dragons. Das
Ansehen Terzka's, a dit Ranke (*Hist.
de Wallenstein*, p. 234), beruhte
auf dem Erfolg, den er darin zu ha=
ben pflegte: vermöge des persönli=
chen Credits, den er genoß, hat er eine
ganze Anzahl von Regimentern ins
Feld gestellt. Sur Terzka, voir la
note du vers 37.

[4] Le mot resolut existait déjà au
temps de la guerre de Trente-Ans,
comme le prouve *Simplicissimus*
(p. 238 « ein resoluter Jüngling »
et 258 « einen resoluten Kerl »),
ainsi que ce calembour de Logau :

Der beste Soldat

Ich halte nicht dafür, daß der Soldat
        [sei gut,

Der nicht ein Sänger ist und kau das
        [Re=sol=ut.

et de Moscherosch :

    Der Soldat ist nicht gut,
    Der nicht fest trawt auff Gott,
    Der nicht mannfest in Noth
    Und singt das Re sol ut.

(*Ré-sol-ut*, pour *ut-ré-sol*, notes
qui formaient le commencement
de la gamme au moyen âge). On
trouvera resolut plus loin, scène XI.
Gœthe emploie également ce mot,
qui ne nous semble pas inutile et
exprime quelque chose de plus que
entschlossen : plein de vigueur et
de décision dans toute circonstance. Cp. *Camp. de France*, p. 46,
et 149 « resolute Mädchen warteten
auf », des jeunes filles aux mouvements prompts et assurés; mein
sonst so resoluter Diener (il s'agit de
Paul Götze, le domestique de Gœthe); cp. encore dans le petit
poème *Generalbeichte* resolut zu leben, et dans *Faust*, II, 3123-3124
« ganz resolut und wacker ».

[5] Gewogen, affectionné, favorable; c'est le participe passé d'un
verbe aujourd'hui inusité gewägen,
qui signifiait pencher vers..., aider; comp. geneigt.

[6] N'est-ce pas lui-même qui nous
a amenés, attirés à lui?

[7] Il a installé tous les chefs;
einsetzen est l'expression consacrée,
qu'il s'agisse d'installer un fonc-
tionnaire ou d'introniser un évêque.

Dritte Scene.

Croat¹ mit einem Halsschmuck. Scharfschütze folgt. Vorige.

Scharfschütz. Croat, wo hast du das Halsband gestohlen?
Handle dir's ab! Dir ist's doch nichts nütz.
Geb' dir dafür das Paar Terzerolen².
Croat. Nix, nix! Du willst mich betrügen, Schütz.
Scharfschütz. Nun! geb' dir auch noch die blaue Mütz,
Hab sie soeben im Glücksrad³ gewonnen.
Siehst du? Sie ist zum höchsten Staat⁴.

---

¹ Les Croates formaient un corps de cavalerie légère. Ce mot étranger était prononcé au xvi° et au xvii° siècle *cravate* ; on disait les *Cravates* au lieu de « Croates » ; on écrivait qu'ils venaient *acravater* le pays. Il y avait un régiment de *Royal-Cravate*. De là le nom de *cravate*, pièce d'étoffe légère que portaient au cou les premiers Cravates ou Croates qui vinrent en France ; « ce fut, dit Ménage, en 1636 que nous prismes cette sorte de collet des Cravates, par le commerce que nous usmes en ce temps-là en Allemagne au sujet de la guerre que nous avions avec l'Empereur. » Les Croates qui servaient dans l'armée impériale, étaient a'ors armés d'une carabine et d'une petite hache suspendue au pommeau de la selle.

² Terzerolen, pluriel de das Terzerol (Schiller avait déjà employé ce pluriel dans les *Brigands*, II, 3). Terzerol signifie « pistolet de poche » et vient de l'italien *terzeuolo* diminutif de *terzuolo* qui dérive lui-même du latin *tertiolus* et signifie comme lui « faucon mâle dressé à la chasse ». (*Tertiolus*, ancien français *tiercelet*, ancien allemand, terzel ou terze, vient de *tertius*, troisième, parce qu'on croyait que le troisième du nid était toujours un mâle). Comment Terzerol a-t-il passé du sens de « faucon » à celui de « pistolet » ? De la même façon, évidemment, que notre mot *fauconneau* et que l'allemand Falkaune ou Falkonet (canon de quatre ou de six) Comp. *mousquet* qui est le même mot qu'*émouchet* (épervier) ; *couleuvrine* (pièce plus longue que les pièces ordinaires et qui a la forme d'une couleuvre) ; *basilic* (gros canons portant 160 livres de balles), et en allemand, Schlange, espèce de gros canon, et les machines de siège qui portaient les noms de Widder (bélier), de Mäuschen, de Kater, de Katze, de Sau, de Fuchs, de Maulwurf, etc.

³ Im Glücksrad, à la roue de fortune ; (sorte de tambour en forme de roue où l'on enferme les billets pour tirer une loterie) ; Schiller a repris cette expression, mais dans un sens différent (la roue de la Fortune) dans la *Mort de Wallenstein* (IV, 7) bedenkt wie schnell des Glückes Rad sich dreht.

⁴ Pour la parade, pour la grande tenue, du kannst sie aufsetzen, wenn du dich recht herausputzen willst.

Croat. (Läßt das Halsband in der Sonne spielen[1].)

S' ist aber von Perlen und edelm Granat.

Schau, wie das flinkert[2] in der Sonnen![3]

Scharfschütz. (nimmt das Halsband.)

Die Feldflasche[4] noch geb' ich drein[5], (besieht[6] es.)

Es ist mir nur um den schönen Schein.

Trompeter. Seht nur, wie der den Croaten prellt[7]!

Halbpart,[8] Schütze, so will ich schweigen.

Croat. (hat die Mütze aufgesetzt) Deine Mütze mir wohl gefällt[9].

Scharfschütz. (winkt dem Trompeter.)

Wir tauschen hier! Die Herren sind Zeugen!

---

[1] Spielen, même sens que schillern, scintiller, chatoyer, miroiter, jeter des reflets variés; notre verbe *jouer* a le même sens, et A. Barbier dit :

> Qu'il est beau le soleil
> Quand son reflet vermeil
> Vient jouer sur des armes !

[2] Flinkern, étinceler, *micare*, se rapporte à flinken comme blinkern à blinken, comme flimmern à flimmen.

[3] In der Sonnen pour in der Sonne; cette terminaison en en qu'un grand nombre de substantifs féminins prenaient aux cas obliques du singulier dans la langue du moyen âge, est restée dans certaines expressions où n'entre pas l'article : auf Erden, sur cette terre, ici-bas (voir v. 427); inmitten (in Mitten), au milieu de; von Seiten, de la part de..; 2º dans les composés : Frauenkirche, Lindenblüthe, Rosenblatt, Sonnenschein, etc.; 3º en poésie, le plus souvent à cause de la rime, et c'est ainsi que nous trouvons dans le *Camp de Wallenstein* auf der Messen (v. 122), vor der Stuben (v. 162), aus seiner Kassen (v. 276), in der Wüsten (v. 544), bei Goethe, auf der Heiden (*Heiderröslein*, der Frauen (au génitif *Herm. et Dorothée*, IX, 123), der Erden (au datif, *Faust*, I, 1021); dans les *Chants populaires* de Herder, nach der Nonnen (XVe vol. p. p. Suphan, 134); aus der Taschen (*id.*, 147); dans Ewald de Kleist, von der Erden, zur Hütten, et les génitifs singuliers der Seelen, der Nasen, der Eichen (*E. de Kleist*, p. p. Sauer, I, p. 174, note).

[4] Die Feldflasche (flacon ou bouteille de campagne), bidon.

[5] Noch drein (ou darein) comme oben darein, par dessus le marché.

[6] Besehen, examiner, considérer avec soin.

[7] Prellen est le factitif de prallen, bondir, et signifie conséquemment faire bondir, berner, par suite, duper; la journée des Dupes (11 novembre 1630, der Tag der Geprellten).

[8] Halbpart (ou, comme dit le peuple, halppart', part à deux. C'est proprement un substantif masculin, der Halbpart, la moitié; mais on emploie habituellement ce mot sans article et sous forme d'interjection (comp. dans les *Juifs* de Lessing, 1 « aber halbpart! halbpart! »). Toutefois on le trouve aussi dans des expressions comme halbpart machen, halbpart spielen, être de moitié dans le jeu. On disait au XVIIe siècle Part haben, pour « avoir part », et parten pour « partager » (le butin).

[9] Pour deine Mütze gefällt mir wohl; cette inversion n'est pas rare dans le *Camp de Wallenstein*. C'est ce qu'Opitz appelle dans son

Vierte Scene.

Vorige. Conftabler[1].

Conftabler. (tritt zum Wachtmeister.) Wie ift's, Bruder Carabinier?
Werden wir uns lang noch die Hände wärmen,
Da die Feinde schon frisch im Feld herum schwärmen?[2]
Wachtmeister. Thut's Ihm so eilig, Herr Conftabel?
Die Wege sind noch nicht praktikabel[3].
Conftabler. Mir nicht. Ich sitze gemächlich[4] hier;

Buch von der deutschen Poeterei (édit. Braune, 1876, p. 31) une ἀναστροφή ober verkehrung der worte; so offte, ajoute Opitz, bergleichen gefunden wird, ift es eine gewiffe anzeigung, daß die worte in den verß gezwungen und gedrungen fein. Mais Opitz est un représentant de l'école savante; il combat la langue populaire et la poésie naïve. Le changement de construction qu'il désapprouve, n'a pas toujours lieu à cause du rhythme et de la rime; cette *Wortstellung* est naturelle à la langue poétique depuis les *Nibelungen* (diu edele künneginne vil sêre weinen began) jusqu'à nos jours, et elle se trouve dans toutes les pièces de vers où Gœthe imite le ton et le coloris de Hans Sachs. Schiller reprend, dans le *Camp de Wallenstein*, à l'exemple de Gœthe, cette construction d'autrefois, non seulement pour se rendre le vers et la rime plus faciles, mais pour donner à son œuvre quelque chose de plus familier et de plus populaire.

[1] Conftabel ou Conftabler, canonnier. C'est le même mot que le français *connétable* et que l'anglais *constable*; il vient du latin *comes stabuli* ou *comestabulus* devenu dès le VIIIe siècle *conestabulus*. Mais les mots ont, comme les livres, leur destin; le français *connétable* garda la noblesse de son origine et,

de même que *comes stabuli* avait signifié « préfet des écuries », il fut le titre du maître de la cavalerie et du commandant général des armées. L'anglais *constable*, au contraire, a le sens d' « agent de police ». Quant à l'allemand « Conftabler », il signifia comme ici, « canonnier ». Le père du poète et dramaturge Klinger était *Conftabler* ou attaché à l'artillerie de la ville de Francfort. (Rieger, Klinger, I, 1-3); Simplicissimus, prisonnier et menant la vie douce, apprend l'armurerie, et le commandant de la place lui prête einen von seinem Conftablen (p. 260). Ajoutons pourtant que Conftabler a, à Francfort, le même sens que Schutzmann, et qu'on nomme ainsi aujourd'hui dans la patrie de Gœthe les agents de police.

[2] Im Feld herumschwärmen, courent déjà, se répandent déjà dans la campagne. Il s'agit des partis de cavalerie qui vont *piroxer*; les Pandours, écrit Ewald de Kleist, die hier beständig herumschwärmten. (*Kleist*, p. p. Sauer. II, 5).

[3] Praktikabel, synon. gangbar, fahrbar.

[4] Gemächlich, commodément; de l'adj. gemach, commode, qui est surtout usité comme adverbe dans le sens de « doucement » (fachte). Ce Gemach est aussi substantif neutre et signifie « repos, commo-

Aber ein Eilbot'[1] ist angekommen,
Melbet, Regensburg sei genommen[2].
Trompeter. Ei, da werden wir bald auffitzen[3].
Wachtmeister. Wohl gar, um dem Bayer[4] sein Land zu schützen,
Der dem Fürsten so unfreund[5] ist?
Werden uns eben nicht sehr erhitzen.
Conftabler. Meint Ihr? -- Was Ihr nicht alles wißt![6]

---

dité » (comp. Ungemach, incommo-
dités, adversités) et, par su te,
« lieu où l'on se met commodément, appartement, chambre, cabinet de toilette ».

[1] Au lieu de ein Eilbot, l'artil-
leur devait d'abord dire das Prager Blatt et tenir en main un
journal qui annonçait la prise de
Ratisbonne.

[2] Regensburg, Ratisbonne qui
compte aujourd'hui 35.000 habitants, fut pris par Bernard de
Saxe Weimar, le 14 novembre
1633, c'est-à-dire près de deux
mois avant le moment où se passe
l'action, et Schiller commet ici un
anachronisme. C'était alors la
place la plus forte du Danube; elle
n'avait résisté que sept jours;
mais Bernard poussa le siège avec
une extrême vigueur; il prit en
quatre jours tous les ouvrages
extérieurs, ouvrit le 13 nov. le
feu contre le corps de la place et
pratiqua à huit heures du soir,
une large brèche près de la porte
des Fontaines. Le lendemain il se
prépara à donner l'assaut; mais la
ville capitula; la garnison sortit
avec armes et bagages, drapeaux
pliés; le pillage fut interdit, sauf
dans les églises. On sait que Ratisbonne, bâti par les Romains et
nommé Reginum, est situé sur la
rive droite du Danube, au con-
fluent de ce fleuve et de la Regen,
rivière qui donne son nom à la
ville et qui prend sa source dans
le Böhmerwald.

[3] Auffitzen, monter à cheval, se
mettre en selle; comp. l'expression
suivante zum Auffitzen blasen, sonner le boute-selle, et le participe
passé aufgesessen, qui signifie « à
cheval ! en selle ! ».

[4] L'électeur Maximilien de Bavière qui avait été, à la diète de
Ratisbonne, le principal promoteur
de la déposition de Walenstein;
aussi la conduite de ce dernier à
l'égard du Bavarois, dit Schiller
dans la Guerre de Trente-Ans, té-
moigne von einer unedeln Rachsucht
und einem unversöhnlichen Geiste.

[5] Unfreund, substantif employé
adjectivement, de même que Feind,
dont il est synonyme. On dit plutôt
unfreundlich.

[6] Que ne savez-vous pas! On
dit de même « Was Sie nicht alles
fagen », que de choses vous ne di-
tes pas! « Was man nicht alles
hört! » Que d choses n'entend-on
pas! Voir la note du vers 173.

Fünfte Scene.

Vorige. Zwei Jäger¹. Dann Marketenderin². Soldatenjungen. Schulmeister. Aufwärterin.

Erster Jäger. Sieh, sieh!
Da treffen wir lustige Compagnie.
Trompeter. Was für Grünröck mögen das sein?
Treten ganz schmuck und stattlich³ ein.

---

¹ Ces deux chasseurs sont des chasseurs à cheval. Ils étaient coiffés d'un casque de fer. Ils portaient une demi-cuirasse qui leur couvrait la poitrine et que des lanières retenaient derrière le dos. Ils avaient pour armes une épée, deux pistolets et une carabine, longue de trois pieds, qui se chargeait avec des balles du calibre vingt-quatre.

² Die Marketenderin, cantinière, vivandière; der Marketender, le cantinier, de l'italien *mercatante*, marchand (comp. le latin *mercari*); mais en prenant le mot, on s'est souvenu de l'allemand Markt, marché, auquel on l'a pour ainsi dire, et selon l'expression allemande, « appuyé ». Je ne serais pas étonné que le personnage de cette vivandière ait été inspiré par Gœthe qui avait vu de très près le monde des camps. L'auteur de la *Campagne de France* a fait le portrait de plusieurs vivandières; « zwei alte Marketenderinnen hatten mehrere seidene Weiberröcke buntscheckig um Hüfte und Brust über einander gebunden, den obersten aber um den Hals und eben darüber noch ein Mäntelchen. In diesem Ornat stolzirten sie gar komisch einher und behaupteten durch Kauf und Tausch sich diese Maskarade gewonnen zu haben » (p. 125-126). Voir aussi la vieille cantinière qui soigne l'accouchée et qui s'entend si bien aux réquisitions (p. 143) et dans le *Faust* (II, 5917-5923) celle qui s'attache aux pas du soldat décoré du nom expressif d'Eilebeute:

Für uns ist solch ein Herbst gereift
Die Frau ist grimmig wenn sie greift,
Ist ohne Schonung wenn sie raubt.

Une des œuvres de Grimmelshausen, la *Vie de Courage* que nous citons quelquefois, raconte les aventures d'une femme de mœurs légères qui finit après avoir perdu plusieurs maris officiers, par se faire vivandière et, comme elle dit, devient de Rittmeisterin et de Hauptmännin une Marketenderin; elle a « gleichsam alle Winkel Europa durchstrichen. »

³ Schmuck, élégant, coquet, pimpant; mot qu'on trouve dans Gœthe, *Faust*, I, 596-598 « schmuck war er angezogen »; *Camp. de France*, (novembre) « unsere Reiter trabten wieder ganz schmuck einher »; *Le citoyen général*, 6 « ein schmuckes Kleid », dans Uhland, *comte Eberhard*, 73 « ein schmucker Edelknecht », etc., etc. On dit bien « eine schmucke Ausgabe », « eine schmucke Frau », « ein schmucker Reiter », « ein schmucker Bursch. » Stattlich, superbe (se rapporte à der Staat, état, état de maison, luxe).

Wachtmeister. Sind Holkische Jäger[1]; die silbernen Tressen[2]
Holten sie sich nicht auf der Leipziger Messen[3].
Marketenderin. (kommt und bringt Wein.)
   Glück zur Ankunft, ihr Herrn!
Erster Jäger.   Was? der Blitz! [4]
   Das ist ja die Gustel aus Blasewitz[5].

---

[1] Ce sont des chasseurs de Holk. Le comte Henri Holk ou Holck, d'origine danoise, est un des lieutenants les plus connus de Wallenstein; mais, ainsi que Merode et Montecuculli, et dans le même été de 1633, il fut enlevé par la mort (nuit du 29 août; lettre de l'électeur de Saxe reproduite par Gædeke, *Wallensteins Verhandlungen*, p. 188) Hallwich qui doit lui consacrer une biographie, le nomme vielgewandt et genial (*Merode*, p. 98). Dans la plupart des documents il a le titre de feldmaréchal.

[2] Die Tresse, le galon (synonyme die Borte), de notre français *tresse* qui signifie toute sorte de tissu plat, fait avec des matières entrelacées en forme de cordons.

[3] A la foire de Leipzig... Ils ne les ont pas achetées au marché, ils les ont erbeutet, enlevées par droit de vainqueurs. — Auf der Messen pour auf der Messe, comp. la note du vers 98. On sait que la foire ou Jahrmarkt porte aussi le nom de Messe, parce qu'elle avait lieu ordinairement aux grandes fêtes des saints « ob populi frequentiam ». Messe en effet, lat. du moyen-âge *missa*, signifie non seulement l'office divin, mais la fête d'un saint. Notre mot *foire* vient pareillement du bas-latin *feria*, jour férié, jour de fête où se tiennent les grands marchés.

[4] Der Blitz, *littér.* « l'éclair! », juron qu'on ne peut guère traduire que par « tonnerre! » et qui a le même sens que Donner! ou que Donnerwetter!, Wetter und Hagel!.

On dit aussi Blitzelement ou tout simplement Blitz.

[5] Schiller donne à la vivandière le nom de Gustel de Blasewitz qui était celui d'une personne réellement vivante à son époque. Cette Gustel s'appelait de son vrai nom Jeanne-Justine Segedin. On nous dit qu'elle était née à Dresde le 5 janvier 1763; son père, portier-consigne à la porte de Strehlen, mourut la même année; sa mère alla s'établir près de Dresde à Blasewitz en juillet 1764 et y épousa, deux mois plus tard, un laquais courlandais, Jean-Frédéric Fleischer. Elle tenait le *Schenkgut* de Blasewitz et vendait à boire. Pendant son séjour à Dresde et à Loschwitz, Schiller allait parfois à Blasewitz, avec son intime ami Körner, rendre visite au maître de chapelle Naumann qui habitait ce village en automne. Ce fut là qu'il connut Justine ou Gustel Segedin, — qui d'ailleurs, le 30 janvier 1787, épousa l'avocat et notaire de Dresde, Christian-Frédéric Renner, depuis sénateur (1798). On ignore pourquoi Schiller s'est souvenu de Mᵐᵉ Renner et l'a citée en ce passage de son *Camp de Wallenstein*. Ce qu'on sait, c'est que la bonne dame qui n'est morte que le 24 février 1856, en voulut à Schiller de l'avoir immortalisée. Notre poète, il est vrai, avait introduit de même dans *les Brigands* le pasteur Moser et il introduira pareillement dans *Guillaume Tell* l'historien Jean de Müller. C'est ainsi que, dans *Götz de Berlichin-*

Marketenderin Je![1] freilich! Und Er[2] ist wohl gar, Mußjö,[3]
Der lange Peter[4] aus Itzehö?[5]
Der seines Vaters goldene Füchse[6]
Mit unserm Regiment hat durchgebracht[7]

---

gen, Gœthe donne au loyal et vaillant compagnon du chevalier le nom de Lerse. Mais on comprend que Gustel de Blasewitz ait été fâchée de passer à la postérité sous les traits d'une vivandière de mœurs très soldatesques.

[1] Ce Je est mis pour l'adverbe je et donne plus de vigueur à l'affirmation; voir les nombreux exemples que cite le dictionnaire de Grimm.

[2] Elle lui parle à la troisième personne du singulier, comme lui-même le fera plus loin (will's Ihr glauben; da trifft Sie).

[3] Mußjö, c'est notre mot *Monsieur*; Schiller avait déjà écrit Mußje dans *Cabale et amour* (I, 1 et 2) et mis ce mot dans la bouche du musicien Miller. On voit, par l'orthographe du mot et par la rime donnée par « Itzehoe » comment le peuple prononçait *Monsieur*. Bürger (*Hist. de la princesse Europe*, v. 145) écrit Monsieur et fait rimer ce mot avec ABC.

Doch hört nur! Mein Monsieur
Verstand die flitterwolle
Vorherstudirte Rolle
Wie ich mein ABC.

Comp. dans *le Chat botté* de Tieck, 1; par deux fois le bottier dit à Hinze « Mußje ». Dans ses *Drei ärgsten Erznarren*, Weise fait conseiller à un personnage qui ne peut prononcer la lettre *r*, de dire toujours *Monsieur* et non « Mein Herr »: Sprecht zu Niemanden, mein Herr, sondern Monsieur, weil solches Wort der französischen Sprache und ihrer Pronunciation nach Moffie heißt.

[4] Le long Pierre... On dit que Schiller donna cette taille élevée au premier chasseur, parce que ce rôle devait être représenté par l'acteur Auguste Leissring qui était de haute stature.

[5] Itzehö, pour la rime, à cause de Mußjö. La ville s'appelle en réalité Itzehoe (Itzehoe) et appartient aujourd'hui à la province prussienne de Schleswig-Holstein (10,000 habitants). C'était depuis le XIIe siècle la résidence des comtes de Holstein, et jusqu'à 1864 le siège des états provinciaux. Elle fut plusieurs fois pillée pendant la guerre de Trente-Ans par les Suédois et brûlée en grande partie en 1657.

[6] Les jaunets. On nommait Fuchs une monnaie de cuivre de Westphalie et de la région rhénane qui valait la deux cent quarantième partie d'un thaler. Mais le mot signifiait aussi — même sans l'épithète *golden* — une pièce d'or (comp. le hollandais *vos*). Ce sens est venu sans doute de la comparaison naturelle qu'on faisait entre l'or et la couleur jaune, tirant sur le roux, de la peau du renard. Stieler traduit « er hat Füchse bei sich » par « scutatis aureis instructus est ».

[7] Durchgebracht, de durchbringen qui signifie ici verschwenden, verthun; Gœthe emploie fréquemment ce mot en ce sens « bis morgen ist's alles durchgebracht » (*Faust*, II, 2498); comp. dans le *Faust* de Widmann. édit. Keller, p. 146 « wenn bei manchem das Gütlein durch Spielen, Fressen und Saufen und tägliches Wolleben ist durchgebracht worden » et dans la fa-

Zu Glückstadt¹, in einer lustigen Nacht. —
Erster Jäger. Und die Feder vertauscht mit der Kugelbüchse².
Marketenderin. Ei, da sind wir alte Bekannte!
Erster Jäger. Und treffen uns hier im böhmischen Lande.
Marketenderin. Heute da, Herr Vetter³, und morgen dort—
   Wie einen der rauhe Kriegesbesen⁴
   Fegt und schüttelt von Ort zu Ort⁵;
   Bin indeß weit herum gewesen.
Erster Jäger. Will's Ihr glauben! Das stellt sich dar⁶.
Marketenderin. Bin hinauf bis nach Temeswar⁷
   Gekommen mit den Bagagewagen⁸,

---

ble de Gellert, *le testament* (Philémon, pour se venger de ses deux voisins, leur laisse son bien) :

Drum hat er uns sein Gut vermacht.
Du hungerst karg; ich hab' es durch-
                    [gebracht.

1 Glückstadt, ville de 5,600 habitants, appartient depuis 1863 à la province prussienne de Schleswig-Holstein. Fondée en 1616 par Christian IV, elle fut assiégée vainement en 1628 par les Impériaux; Rantzau la défendait et l'assaillant fut repoussé devant Glückstadt comme devant Stralsund.

2 Und die Feder vertauscht mit der Kugelbüchse (ou, comme on aurait dit encore au xvii° siècle, den Gänsekiel mit dem Schwert); expression devenue familière aux écrivains allemands et que je trouve, par exemple, dans les *Mémoires* de Rist (I, 170) « er vertauschte erst die Feder mit der Kugelbüchse. »

3 Monsieur mon cousin.

4 Le rude balai de la guerre. Ce mot Kriegsbesen a été employé également par Gœthe (lettres à Zelter, n° 311 « durch den Kriegsbesen hin und wieder gepeitscht »); cp. dans le dictionnaire de Grimm l'art. de R. Hildebrand.

5 Selon que le rude balai de la guerre vous pousse (fegen, balayer) et vous lance (schütteln, secouer) d'un endroit à un autre.

6 Cela se comprend (se présente); forme populaire pour es zeigt sich, man versteht es (comp. Samuel, I, xvii, 16 « der Philister stellete sich dar,... »).

7 Temeswar est, comme on sait, une ville du banat de Temes dans la Hongrie méridionale. Mais, en réalité, Wallenstein, en poursuivant Mansfeld, ne remonta pas si haut; à moins, comme le veut Heisler, que le poète n'ait pensé à un autre Temeswar, près de Gran, lequel fut pris à cette époque par le bassa d'Ofen. Il est plus simple de croire que Schiller, peu soucieux de la vérité historique sur un point aussi insignifiant, aura mis Temeswar à cause de la rime.

8 Avec les chariots de bagages; die Bagage (remarquer que les noms étrangers terminés en age, prennent le genre féminin : die Blamage, die Bocage (en Vendée), die Courage, die Equipage, die Gage, die Massage, die Menage, die Passage, die Plantage), n'a pas d'autre sens que « bagages de l'armée » et ne s'emploie qu'au singulier en ce sens.

Als wir den Mansfelder[1] thäten jagen[2].
Lag mit dem Friedländer vor Stralsund[3],
Ging mir dorten die Wirthschaft zu Grund[4].
Zog mit dem Succurs vor Mantua[5],

---

[1] Mansfeld, un des derniers et des plus célèbres condottieri, né en 1580, entra successivement au service de l'électeur palatin Frédéric V qui le nomma feld-maréchal de la couronne de Bohême et du roi de Danemark; battu par Wallenstein au pont de Dessau, il se jeta en Silésie, de là en Moravie pour rejoindre Bethlen Gabor à Kaschau; mais, abandonné par Bethlen, il lui céda ses troupes pour mille ducats, et prit la route de Venise; il mourut en chemin, de la phtisie, à Ratona, bourg de Bosnie, situé près de Bosna-Seraï (29 novembre 1626); il fut enterré à Spalatro, en Dalmatie.— Wallenstein rappelle ainsi la poursuite de Mansfeld (*Mort de Wallenstein*, III, 15) :

Wir folgten jenem Mansfeld unver-
[drossen
Durch alle Schlangenkrümmen sei-
[ner Flucht.

[2] Thäten jagen, pour jagten. Jagen signifie, comme notre mot *chasser*, poursuivre un ennemi fugitif. Le mot est déjà employé en ce sens dans la Bible. Schiller, parlant du meurtrier que poursuivent les Furies, dit, dans un chœur de la *Fiancée de Messine* (III, 5) :

die furchtbaren Jungfraun,
Die den Mörder ergreifend fassen.
Die von Meer zu Meer ihn ruhelos
[jagen

Comp. *Pucelle d'Orléans*, prologue, III,
Und diese frechen Inselwohner alle
Wie eine Herde Lämmer vor sich
[jagen
et II, 1,

Die Sieger bei Poitiers, Crecy
Und Azincourt gejagt von einem
[Weibe!
et encore IV, 9,
Ich kann nicht bleiben... Geister ja-
[gen mich.

Wallenstein dira qu'il espère chasser le Suédois (*Mort de Wallenstein*, III, 15)
Bald über seine Glätte heimzujagen.
« Bis wir den Braunschweiger über den Main jagten », dit Grimmelshausen: (*Vie de Courage*, VIII).

[3] Après avoir vaincu Mansfeld et traité avec Bethlen, Wallenstein avait ramené son armée dans le nord et assiégé Stralsund. Cette ville hanséatique, et soumise au duc de Poméranie, Bogislas XIV, refusait de recevoir une garnison impériale. Elle recourut aux rois de Danemark et de Suède, et Wallenstein échoua (juillet 1628).

[4] Pour die Wirthschaft ging mir dorten zu Grund. Voilà, pour elle, le fait le plus important du siège de Stralsund; son commerce s'y est ruiné; c'est le cas de dire avec Gœthe qui entendait en 1792 une vivandière faire l'éloge du grand Frédéric, man konnte sich an ihrer Art die Sachen zu betrachten, gar wohl erlustigen (*Camp. de France*, 122).

[5] Charles de Gonzague, duc de Nevers, était devenu duc de Mantoue à la mort de Vincent II (26 déc. 1627). L'Espagne, l'Empereur, le duc de Savoie se tournèrent contre lui. Au mois d'octobre 1629 Collalto envahit le Mantouan avec vingt-cinq mille hommes et assiégea Mantoue; il tomba malade; Gallas et Aldringen lui suc-

Kam wieder heraus mit dem Feria [1],
Und mit einem spanischen Regiment
Hab' ich einen Abstecher [2] gemacht nach Gent [3].
Jetzt will ich's im böhmischen Land probieren,
Alte Schulden eincassieren [4] —
Ob mir der Fürst hilft zu meinem Geld [5].
Und das dort ist mein Marketenderzelt.

Erster Jäger. Nun, da trifft Sie alles beisammen an!
Doch wo hat Sie den Schottländer hingethan [6],
Mit dem Sie damals herumgezogen?

---

cédèrent; la place ne fut prise que dans la nuit du 17 au 18 juillet 1630. Un mois auparavant Wallenstein avait envoyé un secours, un *Succurs*, de six mille hommes. Ce mot *Succurs* était souvent employé au XVIIe siècle. C'était le mot consacré pour désigner le corps ou l'armée qui allait dégager une place assiégée, et il revient à tout instant dans les documents de l'époque. L'armée que Wallenstein eut ordre de réunir en 1625 était nommée der Succurs ins Reich; l'armée dont il est question dans le vers suivant et que commandait Feria, s'appelait der spanische Succurs, et Gustave-Adolphe appelait son armée, courant au secours de la Saxe envahie par Wallenstein, den royalen Succurs. Schiller emploie le mot dans la *Guerre de Trente-Ans* (arrivée de Götz et de Tiefenbach en Bohême, des renforts suédois devant Nuremberg, de Condé au secours de Turenne). On disait aussi succurriren et Succurrirung.

[1] Alvarez de Figuera, duc de Feria, était le gouverneur espagnol du Milanais. Il fut chargé de conduire une armée espagnole en Alsace par la Valteline et le Tyrol. Il se réunit près de Ravensbourg (29 septembre 1633) à Aldringer, et tous deux, rejoints par Gallas, reprirent les villes forestières, dégagèrent Brisach assiégé par les Suédois, reconquirent la haute Alsace; mais les Espagnols manquèrent bientôt de vivres et ne surent pas résister aux rigueurs de l'hiver; Feria mourut de la fièvre le 24 février 1634.

[2] der Abstecher, *excursus*, excursion, petite course; einen Abstecher machen, pousser une pointe, faire un crochet.

[3] Gent, Gand, alors au pouvoir de l'Espagne.

[4] Encaisser mes vieilles créances; Lessing avait déjà dit (*Nathan le Sage*, I, 1):

Und Schulden einkassieren ist
                            gewiß
Auch kein Geschäft, das merklich
                           [fördert...

[5] Voir si le prince m'aidera à ravoir mon argent; comp. l'expression de Gœthe dans le *Götz*, II, 10 « sie müssen euch zu dem Eurigen helfen », ils doivent vous aider à rentrer dans votre argent, et celle de Grimmelshausen (*Simplicissimus*, p. 163) « wan ihnen Gott wieder zu dem Ihrigen hülffe ».

[6] Où avez-vous mis l'Ecossais? Gœthe emploie sich hinthun dans le même sens: se mettre
Wo hat der Mann sich hingethan?
                        (*Faust*, II, 2059).

Marketenderin. Der Spitzbub! Der hat mich schön betrogen.
Fort ist er! Mit allem davon gefahren,
Was ich mir thät am Leibe ersparen[1].
Ließ mir nichts als den Schlingel[2] da!
Soldatenjunge (kommt gesprungen.)
Mutter! Sprichst du von meinem Papa?
Erster Jäger. Nun, nun, das muß der Kaiser ernähren.
Die Armee sich immer muß neu gebären[3].
Soldatenschulmeister (kommt.)
Fort in die Feldschule![4] Marsch, ihr Buben![5]

---

[1] Pour was ich mir am Leibe er=
sparte, que j'épargnais, que je met-
tais de côté en économisant sur
mon corps, sur ma nourriture ou
ma toilette; *Simplicissimus* (p. 236)
dit au contraire « das Geld, das
ich an den Leib hing ».

[2] Ce polisson-là; der Schlingel
signifie proprement un être pares-
seux ou un grossier personnage,
comme Schlingelei signifie fainéan-
tise ou grossièreté; on rapporte ce
mot à schlingen qui avait autrefois le
sens de schleichen, ramper, se glisser; Schlingel répondrait ainsi à
notre mot populaire « traînard ».

[3] On comprendra mieux tout ce
passage si l'on se rappelle une
page de la *Guerre de Trente-Ans*.
« Die Gewohnheit jener Zeiten er-
laubte dem Soldaten, seine Familie
mit in das Feld zu führen. Bei den
Kaiserlichen schob sich eine unzählige
Menge gutwilliger Frauenspersonen
an den Heereszug an. Für die junge Generation, welche dies Lager
zum Vaterland hatte, waren ordent-
liche Feldschulen errichtet und eine
treffliche Zucht von Kriegern daraus
gezogen, daß die Armeen bei einem
langwierigen Kriege sich durch sich
selbst rekrutieren konnten. » Mais le
prince de Ligne a dit mieux et
plus spirituellement que Schiller :
« Nous ne pouvons pas de notre
temps, nous faire une idée de celui-là ; par exemple, il fallait bien
emporter sa patrie avec soi pour
la soutenir. Il y avait quinze mille
femmes au moins dans le camp de
chaque armée. Cela augmentait
beaucoup la consommation ; mais
il s'y fit deux et presque trois gé-
nérations de soldats. A douze ans
les enfants tiraient déjà leurs coups
de mousquet dans une bataille ; à
dix, dans une ville assiégée, derrière une muraille, si leurs petites
mains pouvaient se lever assez
haut pour les arquebusades, au
travers des créneaux ; à six, ils
portaient à manger à leurs pères
dans la tranchée, au milieu des
bombes et des boulets. Personne
n'y faisait plus attention ; on ne
craignait pas plus le grand feu
qu'à présent celui du tonnerre ou
une apoplexie. Outre le service
agréable de recruter les armées,
les femmes étaient les ouvriers,
les ouvrières, les marchands et les
messagères des officiers et des soldats. » (*Sur la guerre de Trente-
Ans*, œuvres choisies, 1809, I,
252-253.) Ce serait le cas de rappeler le mot qu'on lit dans *Egmont*
(II), que la marche de l'armée devait ressembler « keinem Soldaten-
marsch, sondern einem Zigeuner-Ge-
schleppe. »

[4] A l'école du camp ; die Feldschule, *schola castrensis*.

[5] On se rappelle que ces *Buben*
(mot qu'on traduira ici, non par

Erſter Jäger. Das fürcht'[1] ſich auch vor der engen Stuben![2]
Aufwärterin[3] (kommt). Baſe[4], ſie wollen fort.
Marketenderin.   Gleich, gleich!
Erſter Jäger. Ei, wer iſt denn das kleine Schelmengeſichte?[5]
Marketenderin. 's iſt meiner Schweſter Kind — aus dem Reich[6].
Erſter Jäger. Ei, alſo eine liebe Nichte?[7] (Marketenderin geht.)
Zweiter Jäger (das Mädchen haltend).
   Bleib' Sie bei uns doch, artiges Kind[8].
Aufwärterin. Gäſte dort zu bedienen ſind[9].(Macht ſich los und geht.)
Erſter Jäger. Das Mädchen iſt kein übler Biſſen![10]

« garçons », mais par « gamins », « polissons »), jouaient aux dés sur un tambour (voir le début de la première scène, würfeln auf einer Trommel.)

[1] Fürcht, c'est-à-dire fürcht't, forme familière et populaire pour fürchtet.

[2] Ce mot est bien à sa place dans la bouche du « premier chasseur », car nous verrons plus loin que, lui aussi, n'aimait pas l'école et s'y trouvait à l'étroit ; il a fui, dit-il (scène vi) die Schreibſtub' und ihre engen Wände. Stuben pour Stube, voir la note du vers 98.

[3] Aufwärterin, servante, bonne.

[4] Baſe signifie ici « tante » puisque nous voyons plus loin que l'Aufwärterin est la fille de la sœur de la vivandière. Comp. les Piccolomini, III, 3 et 4 (Thécla nomme sa tante Terzky tantôt Baſe, tantôt Tante) et l'autobiographie de Jung Stilling qui dit à sa tante « Baſe ». On ne sait trop d'où vient le mot, mais il a signifié au moyen-âge d'abord la sœur du père, puis la sœur de la mère ; il n'a plus aujourd'hui d'autre sens que « cousine » et désigne, dans la plupart des dialectes, tout degré de parenté, si éloigné qu'il soit.

[5] Ce petit minois fripon, cette petite figure mutine.

[6] Das Reich, c'est ainsi qu'à cette époque on nommait par opposition au reste de l'Allemagne le cœur de l'empire, c'est-à-dire la Franconie et la Souabe. Comp. ce mot d'Ewald de Kleist (édit. Sauer, II, 208) « In Frankfurt und bis Speier habe ich viel Vergnügen gehabt, weil man ſich keine angenehmeren Gegenden einbilden kann, als man im Reich ſieht. » Ranke dit dans son premier volume de Hardenberg (p. 123) que l'acquisition d'Anspach et de Bayreuth rapprochait la Prusse du pays qu'on appelait le Reich. « Die Erwerbung der fränkiſchen Fürſtenthümer brachte Preußen in ein unmittelbares Verhältniß zu dem ſüdlichen Deutſchland, zu den Regionen, die man das Reich nannte. » Rodolphe Boie écrivait, à propos de Werther, que Gœthe, qui était de Francfort, avait employé des expressions du Reich « einige reichsländiſche Wörter und Wendungen » (Im neuen Reich. 1875, n° 8, p. 291.)

[7] Une aimable nièce ; die Nichte, du moyen âge Niftel et plus anciennement niftila, diminutif de Nift.

[8] Artiges Kind, gentille enfant, mais gentil doit être pris ici au sens de « joli, aimable », comme dans le vers de Lafontaine « qui t'a donné si gentille épousée ? »

[9] Pour Gäſte ſind dort zu bedienen.

[10] N'est pas un vilain morceau ; expression familière qu'on trouve partout (Grimm, Chaperon rouge) « das iſt ein fetter Biſſen ; etc.

Und die Muhme[1] — beim Element![2]
Was[3] haben die Herrn vom Regiment
Sich um das niedliche Lärvchen[4] geriffen![5]
Was man nicht alles[6] für Leute kennt,
Und wie die Zeit von dannen rennt! —
Was werd' ich noch alles erleben müssen!

(Zum Wachtmeister und Trompeter.)

Euch zur Gesundheit, meine Herrn!
Laßt uns hier auch ein Plätzchen nehmen.

Sechste Scene.

Jäger. Wachtmeister. Trompeter.

Wachtmeister. Wir danken schön. Von Herzen gern[7].

---

[1] Die Muhme, la tante (primitivement la sœur de la mère, *matertera*, tandis que Vase signifiait la sœur du père, *amita*); on dit plutôt aujourd'hui Tante.

[2] Beim Element, juron familier et soldatesque, qu'on peut rendre par « mille tonnerres » et qu'emploient déjà Gryphius et Wieland. Le soldat Valentin, frère de Marguerite, dit aussi : « beim Element! (*Faust*, I, 3345) et Mephistophelès « beim höllischen Elemente! » (id., I, 2452), ce qui est peut-être le juron en son entier. On trouve aussi zum Element! et tout simplement Element! « Je me sens, écrit Grimm (*Lettres à Catherine II*, p. 726), un violent besoin de jurer comme un charretier allemand et d'amalgamer die schwere Noth avec les *éléments* par milliers. »

[3] Comme en français « *Ce que* les messieurs du régiment...., comme les messieurs... ».

[4] Ce joli petit masque, cette mignonne figure; niedlich, exprime toujours quelque chose qui est à la fois petit et gracieux et ne peut se rendre que par notre mot « mignon »: das Lärvchen, diminutif de die Larve (du latin *larva*), signifie « masque ».

[5] Notre expression « s'arracher quelqu'un » se rend en allemand par sich reißen (um accus.); on se l'arrache, man reißt sich um ihn (ou dans la langue populaire, es ist viel Gereiße um ihn.)

[6] Alles s'emploie ainsi adverbialement avec les pronoms interrogatifs et relatifs; il sert à généraliser et signifie « en tout, en les comptant tous ». On dira, par exemple, surtout dans le sud de l'Allemagne : « Wer ist alles dagewesen? » ou bien « Wen habt ihr alles besucht? » ou encore « Wohin seid ihr alles gekommen? » Comp. *Götz*, V, 1 « Wir haben sie zusammengestochen » — « Wen alles? » et *Hanswursts Hochzeit* « Was sind nicht alles für heute geladen! »

[7] Le maréchal des logis remercie le chasseur d'avoir bu à sa santé (wir danken schön) et lui fait place volontiers (von Herzen gern).

Wir rücken zu [1]. Willkommen in Böhmen!

Erster Jäger. Ihr sitzt hier warm [2]. Wir, in Feindes Land,
Mußten derweil [3] uns schlecht bequemen [4].

Trompeter. Man sollt's Euch nicht ansehn. Ihr seid galant [5].

Wachtmeister. Ja, ja, im Saalkreis [6] und auch in Meißen [7]
Hört man Euch Herrn nicht besonders preisen.

Zweiter Jäger. Seid mir doch still! Was will das heißen?

---

[1] (*Littér.* nous nous rapprochons), nous allons nous serrer.

[2] Le *Constabler* a dit aussi, vers 110 « ich sitze gemächlich hier ». L'expression *warm sitzen*, qui signifie « être à son aise, dans une situation agréable », répond à notre locution *avoir les pieds chauds*.

[3] *Derweil* ou *derweile* ou *derweilen*, génitif adverbial : pendant ce temps; comp. *mittlerweile*, en attendant, *derzeit*, à présent.

[4] *Uns schlecht bequemen*, nous mal accommoder, nous mal arranger, nous mettre mal à l'aise; le sens est : wir hatten viel auszutragen, während Ihr die Muskete in die Ecke stellet und es Euch in sichern Quartieren wohl sein ließet ».

[5] *Galant*, ici élégant, schmuck, fein gekleidet. On sait que le mot vient du français; c'est le participe du verbe *galer*, se réjouir, (comp. Villon parlant du temps de sa jeunesse « auquel j'ai plus qu'autre galé »), verbe d'origine germanique qui dérive sans doute de l'anglo-saxon *gâl*, joyeux. Ce sens de galant se trouve déjà dans *Schelmuffsky* (p. 111); il parle de deux jeunes filles « die führeten sich galant und propre in der Kleidung auf »; cp. p. 17 « ein galantes Wette »; p. 30 et 58 « die Mädchen tanzten galant »; p. 108 « weil ich so galant zu Pferde saß »); dans le *Renommist* de Zachariä (III, v. 295 « wir leben hier galant; *id.* v. 487 « ist Kopf und Fuß galant » IV, v. 160), mot du coiffeur Legrand à Raufbold « zwo Stunden nur, mein Herr, so sind sie

ganz galant); dans Lessing (*Minna de Barnhelm*, I, 2, « das Zimmer ist doch sonst galant »); dans Gellert, *Fable des boiteux* « Beides hielt man für galant »; dans Kleist qui dit de Berlin « es ist galant und fein » (Kleist, p.p. Sauer, I, 82); dans les *Chants popul.* de Herder (édit. Suphan, p. 248 « der Mantel nett und galant »); aus la *Camp. de France* de Gœthe, p. 169; il parle des grenadiers émigrés qui se brossent et se sèchent le soir pour être propres le lendemain matin et « neuem Schmutz und Unrath galant entgegenzugehen ».

[6] Voir sur les ravages commis au mois d'août 1633 dans le cercle de la Saale et dans la Misnie ou pays de Meissen par les soldats de Holk l'article de G. Droysen « Holcks Einfall in Sachsen » dans le *Neues Archiv für sächsische Geschichte* 1880, I, 1.

[7] *Meißen*, ville de Saxe, sur la rive gauche de l'Elbe (14,200 habit.), tire son nom du tchèque *mys*, cap, promontoire; d'où l'adjectif *mysny* (comp. notre mot français Misnie qui signifie le pays ou la marche de Meissen). Cette ville souffrit beaucoup et de la guerre des Hussites et de la guerre de Trente-Ans; elle fut prise en 1632 par les Impériaux et en 1637 par les Suédois qui la brûlèrent en partie. Elle est célèbre par sa manufacture de porcelaine qui occupe 750 ouvriers et par son école de Sainte-Afra ou *Fürstenschule* où professa Fabricius et où furent élevés Gellert, Rabener et Lessing.

Der Croat es ganz anders trieb[1],
Uns nur die Nachles'[2] übrig blieb.

Trompeter. Ihr habt da einen saubern Spitzen[3]
Am Kragen, und wie Euch die Hosen sitzen![4]
Die feine Wäsche, der Federhut!
Was das alles für Wirkung thut!
Daß doch[5] den Burschen das Glück soll scheinen[6],
Und so was kommt nie an unser einen!

Wachtmeister. Dafür sind wir des Friedländers Regiment,
Man muß uns ehren und respectieren[7].

Erster Jäger. Das ist für uns andre kein Compliment,
Wir eben so gut seinen Namen führen[8].

Wachtmeister. Ja, ihr gehört auch so zur ganzen Masse.

Erster Jäger. Ihr seid wohl von einer besondern Rasse?[9]
Der ganze Unterschied ist in den Röcken,
Und ich ganz gern mag in meinem stecken[10].

Wachtmeister. Herr Jäger, ich muß Euch nur bedauern,
Ihr lebt so draußen bei den Bauern;
Der feine Griff[11] und der rechte Ton,

---

[1] Pour der Kroat trieb es ganz anders,.... en faisait bien d'autres.

[2] Nur die Nachlese blieb uns übrig; Die Nachlese (ou Nachernte, employé par la Bible, Isaïe, XVII, 6) la glane : « il ne nous restait plus qu'à glaner »; le Croate, avant nous, avait fait la moisson. Goethe emploie, dans le même sens figuré, Vorlese (*Götz*, III, 7).

[3] Une élégante dentelle; der Spitz est fort rare, on dit ordinairement die Spitze.

[4] Vous vont bien; comp. notre verbe *seoir* qui a absolument le même sens que sitzen. Tieck emploie le mot dans le *Chat botté* (II); le maître de Hinze, Gottlieb, lui fait compliment sur ses bottes « Die Stiefeln sitzen recht hübsch ».

[5] Daß doch.... Dire que... Faut-il que...

[6] Luise, brille toujours pour ces gaillards-là; *Simplicissimus* dit de même « bis ihm die Sonne seines vorigen Glücks wieder scheinen möchte » (p. 148) et « als ob mir das Glück wieder hätte leuchten wollen. »

[7] Ehren und respectieren, expression du temps qu'on trouve par exemple, dans Schupp, *der Freund in der Noth*, p. 14 « So lang der noch Geld hatte, war er von jedermann geehret und respectiret. »

[8] Pour wir führen eben so gut seinen Namen, nous portons son nom tout comme vous, aussi bien que vous.

[9] Rasse; c'est notre mot français *race* qui vient lui-même de l'italien *razza*.

[10] Pour ich mag ganz gern in meinem stecken, et je me trouve fort bien dans le mien.

[11] Der feine Griff, la finesse du tact; der rechte Ton, le bon ton; les deux expressions répondent à ce que Christian Weise appelait à la fin du XVII° siècle das Politische.

Das lernt sich nur um des Feldherrn Person.
Erster Jäger. Sie bekam Euch übel, die Lection.
　　Wie er räuspert, und wie er spuckt[1],
　　Das habt Ihr ihm glücklich abgeguckt[2];
　　Aber sein Schenie[3], ich meine, sein Geist
　　Sich nicht auf der Wachparade weist[4].
Zweiter Jäger[5]. Wetter auch![6] wo Ihr nach uns fragt,
　　Wir heißen des Friedländers wilde Jagd[7]

[1] « La leçon vous a mal profité ». Comp. *Les Piccolomini*, II, 7 « seit= dem es mir so schlecht bekam ». Be= kommen, neutre, signifie faire tel ou tel effet; wohl bekommen, faire du bien ; schlecht ou übel bekommen, faire du mal ; wohl bekomme es euch ou wohl bekomm's, grand bien vous fasse ; das soll euch schlecht bekommen, mal vous en prendra. Gœthe dit dans *Reineke Fuchs*, II, 96 « es möcht' euch übel bekommen » et III, 305 » sie sind ihm übel be= kommen ».

[2] Comme il toussote et comme il crachote ; — räuspern ou sich räu= spern, toussoter, exprime pourtant autre chose que husten et hüsteln ; il désigne le bruit rauque d'expec- toration produit par l'effort que fait la gorge ; comp. le vers de Gellert représentant le médecin qui, avant de donner son avis, sein seidnes Schnupftuch nimmt, sich räuspert und dann spricht (*der Fuchs und die Elster*) et dans l'*E- néide* travestie de Blumauer, II, 593, Enéo commençant son récit « Drauf räuspert er sich drei= mal ». — spucken (comp. speien, cracher), crachoter, cracher souvent et en petite quantité.

[3] *Ihm abgeguckt*, *littér.* copié à force de le regarder. Schiller a sans doute imité les vers d'Ar- mande à Henriette (Molière, *Les Femmes savantes*, I, 1) :

Quand sur une personne on prétend se régler,
C'est par les beaux côtés qu'il lui faut res-
　　　　　　　　　　　　　　　[sembler,
Et ce n'est point du tout la prendre pour
　　　　　　　　　　　　　　　[modèle,

Ma sœur, que de tousser et de cracher comme
　　　　　　　　　　　　　　　[celle.

[4] Schenie, forme populaire du mot Genie (comp. scheniren pour géni= ren) ; toutefois le mot doit paraître obscur à l'auditoire et le premier chasseur s'empresse de l'expliquer par un synonyme.

[5] Pour weist sich nicht auf der Wachparade. Wachparade ou plus souvent Wachtparade, la parade de garde, la revue de midi.

[6] Wetter auch (comp. plus haut der Blitz!) Mais tonnerre de Dieu !

[7] Serait-ce ce passage de Schil- ler qui donna à Théodore Körner l'idée de sa *Chasse de Lützow*? On sait qu'il disait du corps de chas- seurs noirs de Lützow que c'était « ein Wallensteinisches Lager in ei- ner erhöhten Potenz » (lettre du 18 mai 1813). Les chasseurs de Lüt- zow, comme ceux de Holk, s'ap- pellent wilde Jagd ; on connaît le son de leur cor, und gellende Hör- ner schallen darein (comp. v. 215 » das holkische Jägerhorn »); ils s'avancent avec la rapidité de l'o- rage, schnell mit Gewitterschein (comp. v. 217 « schnell wie die Sünd= fluth »); on parlera d'eux plus tard, und von Enkeln zu Enkeln sei's nach= gesagt (comp. v. 228 « erzählen Kin= der und Kindeskind »). Avant Schiller et Körner, Bürger avait composé un *Feldjäger-Lied* ; la première strophe seule mérite d'être citée ici :

Mit Hörnerschall und Lustgesang
Als ging' es froh zur Jagd,
So ziehn wir Jäger wohlgemuth
... Hinaus ins Feld der Schlacht.

Und machen dem Namen keine Schande,
Ziehen frech durch Feindes und Freundes Lande¹,
Querfeldein durch die Saat, durch das gelbe Korn²,
Sie kennen das Holkische Jägerhorn!
In einem Augenblick fern und nah³,
Schnell wie die Sündfluth⁴, so sind wir da,
Wie die Feuerflamme bei dunkler Nacht
In die Häuser fähret, wenn niemand wacht⁵,

---

¹ Durch Feindes und Freundes Lande... c'est ainsi que Schiller représente dans la *Guerre de Trente-Ans* l'armée de Wallenstein, après la défaite des Danois « kein Unterschied zwischen Freund und Feind: gleich eigenmächtige Durchzüge und Einquartierungen in aller Herren Ländern, gleiche Erpressungen und Gewaltthätigkeiten »; et dans son tableau de l'Allemagne pendant cette période il disait « die Länder litten gleich hart von dem Feinde und von ihren Vertheidigern ».

² Dans la pièce de vers le *Paysan à son très gracieux tyran* (v. 7-9) Bürger dit:
Wer bist du, daß, durch Saat und [Forst,
Das Hurra deiner Jagd mich treibt,
Entathmet, wie das Wild?
Ces mots du paysan à son tyran. il peut les dire également aux chasseurs de Holk.

³ *Simplicissimus* (p. 206), alors qu'on le surnomme le chasseur vert ou le chasseur de Soest, dit pareillement de ses expéditions « ich fuhr herum wie eine Windsbraut, war bald hie bald dort.. »

⁴ Die Sündfluth, le déluge. Il faut insister sur l'origine de ce mot qui ne vient pas, comme on serait tenté de le croire, de Sünde, péché. Le mot a subi ce qu'on nomme en allemand une *Umdeutung*; la seule forme sous laquelle il paraisse dans les anciens textes, est *sinvluot*, ou la grande inonda-tion (*sin* qu'on ne trouve qu'en composition dans la vieille langue, signifie généralement « toujours » et se rapporterait à la même racine que *sem-per*); la vraie forme du mot serait donc Sinnfluth. Comp. Sinngrün ou Singrün, pervenche, la plante toujours verte, *sempervica*. — Ajoutons que cette comparaison d'une armée avec un torrent ou un fleuve débordé est fréquente dans Schiller; il dit, par exemple. *Guerre de Trente-Ans*, II, 5, die Truppen ergießen sich wie eine Ueberschwemmung » et « so brachen die Schweden wie eine Wasserfluth herein » et encore « Franzosen und Schweden überschwemmten Bayern wie eine reißende Fluth. »

⁵ Rapprocher de cette comparaison ces autres vers du poète sur la flamme qui
..Um sich wüthend, schnell das ganze [Haus
In ungeheurer Feuerfluth verschlingt (*Fiancée de Messine*, II, 5) et surtout les mots de Max à Wallenstein qui « foule aux pieds le bonheur des siens »
Schnell, unverhofft, bei nächtlich stil- [ler Weile
Gährt's in dem tück'schen Feuer- [schlunde, ladet
Sich aus mit tobender Gewalt, und [weg
Treibt über alle Pflanzungen der [Menschen
Der wilde Strom in grausender [Zerstörung

Da hilft keine Gegenwehr, keine Flucht,
Keine Ordnung gilt mehr und keine Zucht.
Es sträubt sich — der Krieg hat kein Erbarmen —
Das Mägdlein in unsern sehnigten Armen [1].
Fragt nach, ich sag's nicht, um zu prahlen [2];
In Baireuth [3], im Voigtland [4], in Westphalen [5],
Wo wir nur durchgekommen sind,
Erzählen Kinder und Kindeskind
Nach hundert und aber hundert Jahren
Von dem Holk noch und seinen Schaaren [6].

Wachtmeister. Nun, da sieht man's! Der Saus und Braus [7],

---

[1] Sehnigt, nerveux (comme seh-
nig; c'est ainsi que Schiller emploie wolfigt pour wolfig (Sémélé,
v. 3); lockigt pour lockig (das
Glück); schwindlicht pour schwindlig
(Tell, I. 1); schaudrigt (Pompei);
röthlicht, grünlicht, nervigt (der Spa-
ziergang); stachelicht (der Kampf
mit dem Drachen); rosigt (die Götter Griechenlands); felsigt, grau-
licht, hohländigt (Braut von Mes-
sina, I, 5, et 8, 11, 5).

[2] Il est néanmoins un peu Prahler
et un peu Großsprecher comme les
soldats que nous représente Simplicissimus, 72, et qui tenaient devant
le naïf Simplex le langage suivant:
« Potz Stral, wie haben wir Beute
gemacht! Potz hundert Gifft, wie
haben wir einen Spaß mit den Wei-
bern und Mägden gehabt! »

[3] Bayrenth ou Baireuth, ville de
Bavière, chef-lieu du « Bezirk »
de la Haute-Franconie, 22,000
habitants. Elle avait échu, après
la mort du margrave Georges-Fré-
déric (1603), à Christian, fils de
Jean-Georges, électeur de Bran-
debourg.

[4] Le Voigtland, au sud de la
Saxe (ville principale, Plauen).—
Sur les ravages commis dans ce
pays ainsi qu'à Bayreuth par les
chasseurs de Holk, cp. la phrase
de Schiller (Guerre de Trente-Ans)
après Nuremberg « Die kaiserliche

Armee richtete ihren Marsch durch
Baireuth... Ein kaiserlicher General,
von Holk, war bereits mit sechs tausend Mann in das Voigtland vor-
ausgeschickt worden, diese wehrlose
Provinz mit Feuer und Schwert zu
verheeren ».

[5] Westphalen n'est peut-être mis
ici que pour la rime.

[6] C'est ainsi que Bertha dit à
Gessler qu'elle supplie en faveur
de Guillaume Tell (Tell, III, 3)

... Dieser Stunde
Wird er und seine Kindeskinder den-
[ken,

ou comme s'exprime Isabelle dans
la Fiancée de Messine (I, 4), voilà
quel sera
der lieber Stoff und das Gespräch,
Was sich vom Sohn zum Enkel fort-
[erzählt,
Womit sie sich die Winternächte
[kürzen.

Comp. dans la Bible (Psaumes,
XLV, 18) «...gedenken von Kind zu
Kindeskind ».

[7] Der Saus und Braus. Les
deux mots ont le même sens
« bruit, tumulte »; on les emploie
toujours ensemble pour marquer
une vie de plaisir et de tapage;
on dit in Saus und Braus leben.
Gœthe écrit une fois in Schwarm
und Saus (à Mme de la Roche, éd.
Lœper, p. 98].

Macht benn ber ben Solbaten aus[1]?
Das Tempo[2] macht ihn, ber Sinn und Schid[3],
Der Begriff, bie Bebeutung, ber feine Blid[4].
Erster Jäger. Die Freiheit macht ihn. Mit Euren Fratzen![5]
Daß ich mit Euch soll barüber schwatzen!
Lief ich barum aus ber Schul' und ber Lehre,
Daß ich bie Frohn' und bie Galeere[6],
Die Schreibstub'[7] und ihre engen Wände

---

[1] On peut rappeler ici les mots de Tellheim à Werner : « Du liebst nicht so wohl bas Metier als bie wilbe lieberliche Rebensart, bie unglüdlicher Weise bamit verbunben ist. Man muß Solbat sein für sein Land, ober aus Liebe zu ber Sache, für bie gesochten wirb. Ohne Absicht heute hier, morgen ba bienen, heißt wie ein Fleischerknecht reisen, weiter nichts. » (*Minna de Barnhelm*, III, 7). Werner lui-même a dit à Just qui veut brûler la maison de l'hôtelier : « Sengen und brennen! Kerl, man hört's baß bu Padfnecht gewesen bist, und nicht Solbat... pfui ! » (*id.* I, 12).

[2] Das Tempo, la précision (dans la marche et le maniement des armes), *littér.* le temps, le moment exact auquel un mouvement doit être exécuté. Il semble que le maréchal des logis oppose le Tempo du vrai soldat au Saus und Braus des chasseurs de Holk, la régularité des mouvements au bruit et au tapage d'une bande indisciplinée.

[3] Der Sinn, le sens, c'est-à-dire le bon sens, la raison, l'esprit; ber Schid, l'aptitude, l'adresse (de là notre mot *chic*).

[4] Il accumule les mots pour mieux faire comprendre sa pensée, mais en réalité il ignore le sens des mots abstraits qu'il emploie pour éblouir son public ; ces deux vers sont du verbiage pur. Après: 1° le *tempo*, 2° le sens, 3° l'aptitude, viennent 4° « l'idée » (ber Begriff, comme on dit chez nous « il a de l'idée »; (Begriff semble synonyme de bas Begreifen, c'est-à-dire bas schnelle Begreifen); 5° « l'intelligence » (bie Bebeutung c'est-à-dire bas Bebeuten, l'art d'expliquer, de faire comprendre ; voir plus loin, scène XI, vers 715, un mot du même maréchal des logis « laßt euch bebeuten »); 6° le fin coup d'œil, la sûreté du regard (ber feine Blid).

[5] Avec vos grimaces, vos simagrées, vos sornettes! Die Fratze, grimace; ber Fratz, marmouset ; l'étymologie du mot est obscure, la plus vraisemblable serait l'ital. *frasca*, d'où notre français *frasque*.

[6] Expressions figurées, la corvée et la galère.

[7] Die Schreibstube, l'étude, le cabinet d'étude et ses murs étroits; comp. les mots de l'étudiant (*Faust*, I, 1529-1531)

In biesen Mauern, biesen Hallen
Will es mir keineswegs gefallen.
Es ist ein gar beschränkter Raum,

il n'a pas voulu devenir ein Tintenfledser, comme dit Schiller dans *Cabale et amour* (II, 4), un Tintenfresser, selon le mot de Wallenstein à Aldringen, ni être von ber Feberprofession (Hellwich, *Aldringen*, 144-145). Jamais le mépris des hommes d'épée pour les hommes de plume, les Blackschmeißer (expression de Schupp) n'a peut-être été aussi grand qu'à cette époque;

In dem Feldlager wiederfände?
Flott[1] will ich leben und müßig gehn,
Alle Tage was Neues sehn[2],
Mich dem Augenblick frisch vertrauen[3],
Nicht zurück, auch nicht vorwärts schauen.
Drum hab' ich meine Haut dem Kaiser verhandelt,
Daß keine Sorg' mich mehr anwandelt[4].
Führt mich ins Feuer frisch hinein,
Über den reißenden, tiefen Rhein,
Der dritte Mann soll verloren sein[5];
Werde mich nicht lang' sperren[6] und zieren[7].

---

je combattais, raconte Olivier dans le *Simplicissimus* (p. 352) nicht wie ein Federspitzer, der nur auf das Tintenfaß bestellt ist, sondern wie ein rechtschaffener Soldat. Comp. dans la sixième vision de Philander les injures de Bratswitz Schriftling, Blackvogel! et la réponse du docteur « Du weißest nicht was hinter der Feder steckt. Julius Caesar ist einer von der Feder gewest, » etc.

[1] Flott, voir la note 1 de la page 20.

[2] Voir tous les jours quelque chose de nouveau, la guerre est pour lui comme pour le Manfred de la *Fiancée de Messine* (I, 8) « der Beweger des Menschengeschicks » et il dirait de même que Manfred :

Mir gefällt ein lebendiges Leben,
Mir ein ewiges Schwanken und
    Schwingen und Schweben
Auf der steigenden, fallenden Welle
    [des Glücks

[3] Me confier au moment, et comme dit Schiller dans *Demetrius*, au flot qui me porte

Laß uns vertrauen der Fluth, die
    [uns trägt.

[4] Anwandeln, s'emploie en parlant d'une envie, d'un pressentiment, d'une défaillance qui saisit inopinément et ne dure qu'un instant; « pour n'avoir plus le moindre accès d'inquiétude. »

[5] Un homme sur trois sera perdu; sur trois hommes, il n'en reviendra que deux. Comp. dans *le Trompette de Gravelotte*, de Freiligrath, v. 11–12

Unser zweiter Mann ist geblieben.

On sait que Théodore Körner citait ce vers de Schiller — en le changeant légèrement — pendant la campagne de 1813 : « Der zweite Mann muß verloren sein, darauf sind wir alle gefaßt; ich bin es auch, und deshalb hier schon mein Bekenntniß » (à Förster, 18 mars); « Es ist nun bei allen Schwarzen zur Ueberzeugung gekommen, daß der zweite Mann verloren ist, aber es rührt sie nicht » (à ..., 26 mars); « Der zweite Mann muß verloren sein, das ist der allgemeine Glaube » (à Mme de Pereira, 26 mars).

[6] Werde mich nicht lang' sperren, je ne regimberai pas longtemps. Sich sperren, signifie se roidir contre, se débattre, opposer une résistance opiniâtre à.. Comp. dans la *Cruche cassée* de Henri de Kleist, IX, v. 1314, und sie, sie hätt' ein wenig sich gesperrt, et qu'elle se serait un peu débattue; dans *Nathan le sage*, le mot de Daja à Recha III, 1 « sperre dich, so viel du willst ».

[7] Sich zieren, se parer et par

Sonst muß man mich aber, ich bitte sehr,
Mit nichts weiter incommodieren[1].
Wachtmeister. Nu, nu, verlangt Ihr sonst nichts mehr?
Das ließ sich unter dem Wamms[2] da finden.
Erster Jäger. Was war das nicht für ein Placken und Schinden[3]
Bei Gustav, dem Schweden, dem Leuteplager[4]!
Der machte eine Kirch' aus seinem Lager[5],

---

suite, minauder, faire des façons, des simagrées « je ne regimberai pas longtemps et ne ferai pas de façons ». Lessing emploie ce mot dans *Minna de Barnhelm* (IV, 6 et V, 5) où Minna dit à Tellheim « Sie haben sich doch wohl nicht bloß geziert? », à quoi le major répond plus loin: « Sie zieren sich... vergeben Sie, daß ich Ihnen dieses Wort nachbrauche ».

[1] Toutefois, s'il ne barguigne pas pour aller au feu ou franchir le Rhin, on ne doit pas lui demander davantage. « Mais du reste, je vous prie, n'allez pas me tourmenter d'autre chose » — incommodieren est un mot familier, encore employé par Lessing (*der Schlaftrunk*, I, 1), « wenn dich's zwar incommodiert »; par Gœthe dans le *Faust* (I, 2728), le docteur baise la main de Marguerite qui lui dit naïvement « Incommodiert euch nicht », et dans son *Journal de voyage* (30 oct. 1775; il entre chez un hôtelier au milieu des tonneaux et des cuves, et l'aubergiste s'excusant parce qu'il a fait une riche récolte, « ich hieß ihn gar nicht sich stören, dit Gœthe, denn es sei sehr selten, daß einen der Segen Gottes inkommodiere. »)

[2] Das Wamms ou Wams (vêtement qui couvre le ventre), autrefois pourpoint, aujourd'hui camisole; au moyen âge waumis, et plus anciennement wambis, wambets; comp. le vieux français wambais, le provençal gambais et le moyen-latin wambasium. Tous ces mots viennent de l'ancien allemand Wambe, ventre. A la même origine se rapporte die Wamme et die Wampe, fanon (du bœuf), hrampe (du cerf), hedaine. Le verbe wammsen, signifie « étriller, donner sur le casaquin » (auf das Wamms schlagen, das Wamms ausklopfen). — Das..., c'est-à-dire tout ce que veut le chasseur, vie oisive et joyeuse, pleine d'imprévu, livrée à l'insouciance, das flotte Leben, comp. v. 241-243.

[3] Was für ein Placken und Schinden, quel tourment, quelle cruelle vexation !.. On sait que schinden signifie proprement écorcher. Quant à placken, c'est l'intensif de plagen, qui signifie, dans la langue de la Bible, « châtier », (comp. Plage, « châtiment de Dieu » plaie) et plus ordinairement « tourmenter ». Gœthe a dit placken und plagen.

[4] Der Leuteplager, le tourmenteur, le bourreau d'hommes; comp. le surnom de Leutfresser, qu'avait reçu au siècle précédent le fameux chef des lansquenets Georges de Frundsberg. Ce n'est pas le seul composé formé avec plager; on trouve aussi Landplager, Menschenplager.

[5] Cette description du camp du roi de Suède rappelle celle que fait Moscheroch dans la sixième vision de son Philander de Sittewald, d'une « garnison chrétienne » (p. 330-331) « kein Fluchen, kein Spielen.. Alle Tage hielten sie ihre gewisse Betstunden; alle Wochen hörten sie zweimal Predig, etc...,

Ließ Betstunde[1] halten, des Morgens, gleich
Bei der Reveille[2] und beim Zapfenstreich[3],
Und wurden wir manchmal ein wenig munter,
Er kanzelt'[4] uns selbst wohl vom Gaul herunter[5].

Celle que nous lisons dans le *Charles XII* de Voltaire (remarquez qu'il s'agit de l'armée suédoise soixante-dix ans plus tard) « Il régnait depuis longtemps dans les troupes suédoises une discipline qui n'avait pas peu contribué à leurs victoires ; le jeune roi en augmenta la sévérité. Un soldat n'eût pas osé refuser le payement de ce qu'il achetait, encore moins aller en maraude, pas même sortir du camp. Il voulut de plus que, dans une victoire, ses troupes ne dépouillassent les morts qu'après en avoir eu la permission, et il parvint aisément à faire observer cette loi. On faisait toujours dans son camp la prière deux fois par jour, à sept heures du matin et à quatre heures du soir ; il ne manqua jamais d'y assister et de donner à ses soldats l'exemple de la piété qui fait toujours impression sur les hommes quand ils n'y soupçonnent pas de l'hypocrisie » ; enfin celle qu'a faite Schiller dans la *Guerre de Trente-Ans* (portrait de Gustave-Adolphe): « Toute l'Allemagne a admiré la discipline (Mannszucht) qui distinguait les armées suédoises. Alle Ausschweifungen wurden auf das strengste geahndet; am strengsten Gotteslästerung, Raub, Spiel und Duelle... Jedes Regiment mußte zum Morgen- und Abendgebet einen Kreis um seinen Prediger schließen und unter freiem Himmel seine Andacht halten. In allem diesem war der Gesetzgeber zugleich Muster. »

[1] Betstunde, littér. heure de la prière, ici prière publique.

[2] Die Reveille, synon. die Wecktrommel, le réveil, la diane.

[3] Beim Zapfenstreich, à l'heure de la retraite ; den Zapfenstreich schlagen ou blasen, battre ou sonner la retraite, le Zurückgehen ins Quartier; on dit aussi die Retraite. Le mot signifie proprement le coup (Streich) que l'on frappe sur la bonde (Zapfen) pour la fermer; il a passé de là au sens de signal qui avertit les soldats qu'il faut fermer la bonde, quitter le cabaret, rentrer à la caserne.

[4] Kanzeln, signifie proprement publier du haut de la chaire, et par suite, déclamer en chaire contre quelqu'un, et *fig.* réprimander (eine Strafpredigt halten). On disait encore au xviiie siècle einen von der Kanzel werfen ou springen lassen, nommer quelqu'un du haut de la chaire, soit pour le blâmer, soit pour publier ses bans et proclamer son mariage (cp. Kanzelsprung qui avait le même sens que Aufgebot). Abkanzeln est aujourd'hui plus fréquemment employé que kanzeln. Cp. notre mot *chapitrer*, réprimander en plein chapitre et tout simplement réprimander et l'allemand kapiteln employé dans ce sens par Hans Sachs (die Frau kapitelt in mit Worten scharfe. *Die Schererin mit der Nasen*. v. 34) et par Grimmelshausen. Je lis dans un mémoire justificatif du commandant de Longwy (*Moniteur* du 30 sept. 1792): « j'engageai les officiers municipaux à seconder mes efforts, *je montai en chaire...* »

[5] Vom Gaul herunter, du haut de son cheval ; on nommait autrefois der Gaul un sanglier, un verrat et en général tout animal mâle; un monstre, une idole païenne s'appelait Gaul (ou gûl) ; ce n'est qu'au xve siècle que le mot a si-

Wachtmeister. Ja, es war ein gottesfürchtiger[1] Herr.
Erster Jäger. Dirnen[2], die ließ er gar nicht passieren,
    Mußten sie gleich zur Kirche führen[3].
    Da lief ich, konnt's nicht ertragen mehr.
Wachtmeister. Jetzt geht's dort auch wohl anders her[4].

---

gnifié un cheval, et un mauvais cheval, une rosse, *vilis equus*, dit le glossaire de Diefenbach. Comp. *Götz*, III, 13 « ich warf den Hauptmann vom Gaul ». Dans le langage familier et soldatesque, le mot signifie simplement « cheval »; et on sait le proverbe « einem geschenkten Gaul sieht man nicht ins Maul », à cheval donné on ne regarde pas à la bouche, ou, comme on disait au moyen âge,

Cum dabitur sonipesgratis, non inspiciendentes.

[1] Gottesfürchtig, le seul composé de fürchtig qui soit encore usité : « craignant Dieu ». Comp. le prénom *Fürchtegott* que portait le fabuliste et romancier Gellert. Dans les *Brigands*, II, 3, Schiller avait déjà employé cet adjectif « unsere gottesfürchtige Stadt » (comp. *Nathan le sage*, I, 5 « gott'sfürcht'ge Maroniten ») et il dit de Gustave-Adolphe dans le portrait qu'il trace de ce prince en son *Histoire de la Guerre de Trente-Ans* « Eine ungekünstelte lebendige Gottesfurcht erhöhte den Muth, der sein großes Herz beseelte. » Widmann, dans son *Faust*, p. 499, oppose d'une part les Fromme und Gottesfürchtige et d'autre part, les Böse und Gottlose. Hans Sachs dit gottfürchtig : « Der gottfürchtig fürcht kein gezücht » (*die drei Klaffer*, v. 205), Thurn, dans son apologie publiée par Hallwich, écrit de même gottfürchtig (p. 20) ; Grimmelshausen, Moscherosch, Weise emploient gottesfürchtig, et Goethe, parlant de l'émotion produite par le tremble-

ment de terre de Lisbonne, distingue les Gottesfürchtigen et les Philosophen (*Poésie et vérité*, I, 25).

[2] Les filles. Die Dirne (autrefois *dierne, diorna*, de la même racine que dienen), a d'abord signifié « servante », puis « jeune fille », enfin « fille de mauvaises mœurs » (comp. notre mot *fille*).

[3] Mußten pour wir mußten — ; zur Kirche führen ou comme on disait au XVII° siècle zur Kirchen führen ou tout simplement kirchen (voir la sixième vision de Philander), mener à l'église ou devant le prêtre, épouser ; — comp. la remarque de Schiller dans sa *Guerre de Trente-Ans* « die strenge Wachsamkeit über die Sitten im schwedischen Lager, welche feine Ausschweifung duldete, beförderte eben darum die rechtmäßigen Ehen ».

[4] « Là aussi les choses se passent aujourd'hui tout autrement », c'est-à-dire que, depuis la mort de Gustave, tout a changé ; la discipline n'est plus aussi sévère, ni la moralité aussi grande. Voir, par exemple, au mois de juin 1633 les excès ou, comme on disait alors, les *Exorbitantien* commis par les Suédois de Horn sur leur route entre Donauwörth et Amberg ; ils avaient « ärger als Türken und Moskowiten gehaust. Und das waren die berühmten Truppen Gustaf Adolfs mit ihrer strammen Haltung und strenger Disciplin. Welche Entartung binnen weniger als Jahresfrist ! » (G. Droysen, *Bernhard von Weimar*, 1885. I, p. 223.)

Erster Jäger. So ritt ich hinüber[1] zu den Liguisten[2],
Sie thäten sich just gegen Magdeburg rüsten[3].
Ja, das war schon ein ander Ding!
Alles da lustiger, loser gieng[4],
Soff[5] und Spiel und Mädels[6] die Menge![7]

---

[1] **Hinüber,** de l'autre côté; hin-
übergehen, hinüberreiten, comme
übergehen, überlaufen, übertreten,
signifient passer dans les rangs
d'un autre parti, passer à l'ennemi,
devenir transfuge; o komm herüber,
dit Jeanne d'Arc au duc de Bourgogne « passe de notre côté » et
encore, ich will dich herüberziehn
auf unsre Seite (*Pucelle d'Orléans*,
II, 10).

[2] **Liguisten** ou, comme on écrit
aujourd'hui et plus correctement,
Ligisten, les liguistes ou soldats de
la Ligue catholique dont Maximilien de Bavière était le chef, et
Tilly, le général.

[3] **Sie rüsteten sich just gegen
Magdeburg.** Magdebourg, aujour-
d'hui une des forteresses les plus
importantes de la Prusse, avait été
assiégée en 1629 par Wallenstein
durant vingt-huit semaines, mais
inutilement. Elle fut investie de
nouveau par Tilly en 1631 parce
qu'elle avait fait alliance avec Gustave-Adolphe, et prise d'assaut le
10 mai; le sac dura trois jours;
près de trente mille habitants pé-
rirent; la ville presque tout en-
tière fut livrée aux flammes, soit
par Tilly, soit selon l'historien
Wittich, par le colonel suédois qui
commandait la garnison, Falken-
berg. Magdebourg fut assiégé trois
fois encore pendant la guerre de
Trente-Ans.

[4] **Alles ging da lustiger, loser.**
Schiller dit pareillement du duc
d'Albe (*Hist. du soulèvement des
Pays-Bas*) : « mit absichtlicher In-
dulgenz ließ er Schwelgerei und Wol-
lust unter dem Heere einreißen ».

[5] **Der Soff** ou der **Suff,** mot qui
a le même sens que das Saufen, la

« beuverie », le vin. (Soff et Suff
ne sont pas souvent employés, et
Soff est plus vulgaire que Suff).
On sait qu'au contraire de ses sol-
dats, Tilly, comme Aldringen, ne
buvait que de l'eau, qu'il était un
Wassertrinker ou, selon le mot de
Collalto, un *beviacqua*.

[6] **Mädels,** pluriel de **Mädel** (employé par Schiller dans les *Brigands*, I, 2 « der dir die Mädels
am Rockzipfel hatte »; par Goethe,
Satyros, II, 116 ; *Faust*, I, 3172).
Mais Schiller dit aussi, au pluriel
« die Mädel » (par exemple, *Fiesco*,
II, 4) ainsi que Goethe (*Götz*, III,
20 « die Köpfe der Bursche und
Mädel »). Il y a un certain nombre de substantifs allemands qui
ont ainsi un s au pluriel ; ce sont
Papa, Mama, Uhu, des noms étrangers terminés par une voyelle,
Komma, Motto, Sopha, etc. Quelques-uns ont deux pluriels, l'un
régulier, l'autre en s : c'est ainsi
qu'on trouve, outre Mädels, Bräutigams, Fräuleins, Jungens, Kerls,
Mädchens, Hochs ou Lebehochs. Lessing, dans *Minna de Barnhelm*,
emploie Säbels (I, 12) et Korpo-
rals (II, 1).

[7] **Die Menge,** ou, comme on dit
aussi die schwere Menge (*Brigands*,
I, 2. « Carmina gab's die schwere
Meng' um den Hund » et II, 3
« Pulver die schwere Meng' »), équi-
vaut à in Menge, de même que die
Fülle à in Fülle et die Hülle und
Fülle à in Hülle und Fülle : en
abondance, en grand nombre, plus
qu'il n'en faut. Cp. *Faust*, I, 1850:
Altmayer: Gebt uns ein Lied. —
Mephistopheles : Wenn ihr begehrt,
die Menge; *Reincke Fuchs*. IV, 32
« denn hier sind Kläger die Menge »

Wahrhaftig, der Spaß war nicht gering,
Denn der Tilly[1] verstand sich aufs Commandieren.
Dem eigenen Körper war er strenge,
Dem Soldaten ließ er vieles passieren,
Und gieng's nur nicht aus seiner Cassen,
Sein Spruch war: leben und leben lassen[2].
Aber das Glück blieb ihm nicht stät[3].
Seit der Leipziger Fatalität[4]

---

[1] Tilly était né dans les Pays-Bas espagnols en février 1559. Il fit ses premières armes sous Alexandre Farnèse et combattit à Arques et à Ivry, puis en Hongrie. Ce que dit Schiller de sa sobriété, est parfaitement exact : Tilly était un moine sous l'habit de soldat. Le plus curieux portrait qu'ait tracé de lui un contemporain, est celui que nous a laissé le comte de Guiche, depuis maréchal de Gramont (*Mém.*, I, p. 296).

[2] Leben und leben lassen. Comp. *Faust*, I, 5-6.

Ich wünschte sehr der Menge zu behagen,
           [bagen,
Besonders weil sie lebt und leben
           [läßt.

et *Egmont*, I, 1 « Unsre Fürsten müssen froh und frei sein, wie wir, leben und leben lassen » (comp. dans la même pièce IV, 1 le mot de Jetter : « Unsre Miltz war ein lustig Volk; sie lebten und ließen leben »). Ce *Spruch* est d'ailleurs celui de tous les généraux. « Il faut que mes soldats vivent », répondait le maréchal de Turenne aux plaintes que lui portait l'intendant de Lorraine contre le pillage de l'armée. Et Turenne n'est pas le seul que les nécessités de la guerre aient forcé à tenir ce langage; on pourrait citer chez toutes les nations modernes et à toutes les époques des généraux illustres qui ont manifesté autant d'indulgence pour la maraude que d'aversion pour les concessions clandestines, dont l'humanité gémit sans que le soldat en profite ». (Foy. *Hist. de la guerre de la Péninsule*, 64).

[3] Tu désertais, victoire, et le sort était las.
Stät, ou plus souvent stet, constant, fidèle (cp. ce vers de Hans Sachs, *der Fürwitz*, v. 266 : « du bleib beim Ehweib stät und treu ».) Mot assez rare, mais qu'on trouve, par exemple, dans Bürger (*Minnesold*)

o so will ich immer harren
immerdar mit stetem Muth.

Le contraire est unstet, inconstant, changeant, que Schiller emploie dans la *Guerre de Trente-Ans*, à propos de Mansfeld « Das Schicksal, das ihn im Leben so unstet herumwarf » dans la pièce de vers *Würde der Frauen*

Unstet treiben die Gedanken
Auf dem Meer der Leidenschaft,

dans la *Fiancée de Messine* (I, 4) Alles treibt unstet auf den sturmbewegten Wellen des Lebens » et (1, 7) « das unstet schwanke Sehnen », dans la *Mort de Wallenstein* (III,3) « ein unsteter Geist ist über ihn gekommen ». Gœthe se nomme dans une lettre à Aug. de Stolberg der unstete Mensch (17 mai 1776).

[4] Depuis le désastre de Leipzig ou mieux de Breitenfeld : die Fatalität a ici le sens de Niederlage, Unglück; c'est encore un des mots du temps (comp. Felicität), mais on l'emploie encore aujourd'hui,

Wollt' es eben nirgends mehr flecken¹,
Alles bei uns gerieth ins Stecken²;
Wo wir erschienen und pochten an,
Ward nicht gegrüßt, noch aufgethan³.
Wir mußten uns drücken⁴ von Ort zu Ort⁵,

---

dans le sens de « malheur » (cp. Waitz, *Caroline und ihre Freunde*, p. 79 « diese Fatalität »). Remarquons, en passant, que dans la *Guerre de Trente-Ans* Schiller dit, au contraire, que c'est depuis le sac et le massacre de Magdebourg que la fortune abandonna Tilly « Seit dem Blutbade zu Magdeburg floh ihn das Glück »; puis quelques pages plus loin, il se reprend et dit, en parlant de Leipzig « Von diesem Tage an gewann Tilly seine Heiterkeit nicht wieder, und das Glück kehrte nicht mehr zu ihm zurück.

¹ Flecken, avancer : c'est le contraire de stecken ou stocken au vers suivant; flecken équivaut à vom Flecke gehen, (vom Flecke kommen, quitter la place, bouger, ne pas rester inactif, aller en avant; c'est un mot populaire, et on dit es fleckt nicht pour es hapert; es fleckt pour es geht vorwärts; comp. dès le moyen âge vlëcken au sens de fördern, vom Flecke schaffen. Traduisez « rien ne marchait plus », « rien n'allait plus ». Mais, avec Wallenstein, le soldat est persuadé que *ça ira*.

² Alles gerieth ins Stecken, tout se trouvait arrêté. Je trouve la même expression dans l'*Eneide* de Blumauer, IV. 1632-1635 (Non coeptæ assurgunt turres, etc.)
Der Bau gerieth dabei, wie man Leicht denken kann, ins Stecken: Die Maurer sahn einander an Und maur'ten wie die Schnecken.
Das Stecken indique l'état de ce qui est enfoncé et par suite arrêté; comp. stocken.

³ Gœthe s'est-il souvenu de ces deux vers lorsqu'il fait dire à Me-phistophelès, retraçant à Faust l'incendie de la cabane de Philémon et de Baucis? (*Faust*, II, 6738-6740).
... es ging nicht gütlich ab.
Wir klopften an, wir pochten an,
Und immer ward nicht aufgethan.
(Comp. un passage de la *Campagne de France* (p. 168-169) « An jeder Hausthüre ward protestirt von den Einwohnern, die keine Gäste aufnehmen wollten ». Mais on lit déjà dans la Bible « Klopfet an, so wird euch aufgethan » (Mathieu, VII, 7).

⁴ Sich drücken, se sauver, s'en aller furtivement. Gœthe. Henri de Kleist, W. Schlegel, Th. Körner ont employé ce mot. Gœthe dit dans la *Trahison de la meunière* Er drückte sich aus dem Haus: Kleist (*der Schrecken im Bade*, v. 9), drückt sie sich zum Seegestade hinab; W. Schlegel (*Jules César*, IV, 3) Muß ich beiseit' mich drücken?; Schiller avait déjà montré le mari d'un bas-bleu qui « sich in die Ecke drückt », et dans une lettre du 18 avril 1813, Théodore Körner écrit qu'il chante à Gohlis ses chants patriotiques, et les assistants « entweder singen mit und schwören zur Fahne, oder drücken sich in aller Stille davon ». Sich drücken (sich ziehen, sich schieben, verduften ou sich französisch drücken; comp. « s'en aller à l'anglaise ») est très usité dans la langue populaire.

⁵ C'est ainsi que Schiller représente les soldats de Mansfeld et de Halberstadt après leur défaite « Gleich flüchtigen Dieben mußten sie sich durch wachsame Feinde stehlen, von einem Ende Deutschlands zum andern fliehen, ängstlich auf die Gelegenheit lauern » (*Guerre de Trente-Ans*).

4

Der alte Respect[1] war eben fort.
Da nahm ich Handgeld[2] von den Sachsen,
Meinte, da müßte mein Glück recht wachsen[3].
Wachtmeister. Nun, da kamt Ihr ja eben recht
Zur böhmischen Beute[4].
Erster Jäger.   Es gieng mir schlecht[5].
Sollten da strenge Mannszucht halten[6],
Durften nicht recht als Feinde walten[7],
Mußten des Kaisers Schlösser bewachen,

---

[1] Der Respect est un mot du temps et on disait « mit Respect tractiren »; Gœthe l'avait déjà employé dans le *Götz* (V, 1) « einen Hauptmann, vor dem alles Volk Respect hätt' » et Lessing dans *Minna de Barnhelm* (IV, 4), où le maréchal des logis Paul Werner dit à la suivante Franciska qui veut causer « es ist wider den Respect, wider die Subordination »; on voit que le mot est familier.

[2] Das Handgeld signifie ordinairement les arrhes (l'argent qu'on donne dans la main) et dans la langue militaire, le prix d'engagement, *aes manuarium*. Lorsque je me fus engagé, als ich Geld auf die Hand empfangen hatte. (*Simplicissimus*, p. 351).

[3] Je pensais que là, ma fortune devrait croître, ne pouvait manquer de grandir (ou, comme on disait au XVIIe siècle, de verdir, grünen, comp. *Simplicissimus*, p. 380). Le premier chasseur, pour nous servir d'un vers de Ponsard,

A suivi le succès et quitté les vaincus.

[4] On voit que le premier chasseur est un de ceux qui, selon le mot de Buttler, forment la moitié de l'armée (*les Piccolomini*, I, 2)

wohl die Hälfte kam
Aus fremdem Dienst feldflüchtig uns [herüber,
Gleichgültig, unterm Doppeladler [fechtend,

Wie unterm Löwen und den Lilien.

[5] Voir la note 2 de la page 16, sur l'entrée et le séjour des Saxons en Bohême.

[6] Dans la *Guerre de Trente-Ans* Schiller parle également, à propos de l'occupation de Prague de la bonne discipline des Saxons « die gute Mannszucht der Truppen ».

[7] Les Saxons jouent le même rôle que Wollenstein prescrit à Octavio Piccolomini (*Mort de Wallenstein*, II, 1) lorsqu'il lui commande de se saisir d'Altringer et de Gallas et de prendre le commandement des régiments espagnols

Machst immer Anstalt und bist nie- [mals fertig,
Und treiben sie dich, gegen mich zu [ziehn,
So sagst du ja, und bleibst gefesselt [stehn.
Ich weiß, daß dir ein Dienst damit [geschieht,
In diesem Spiel dich müßig zu ver- [halten,
Extreme Schritte sind nicht deine [Sache.

Schiller avait dit dans la *Guerre de Trente-Ans* : « Die Sachsen lebten mit den Kaiserlichen auf einem viel vertraulichern Fuß, und oft geschah es daß die Offiziere beider feindlichen Armeen einander Besuche abstatteten und Gastmähler gaben. »

Viel Umständ' und Complimente machen [1],
Führten den Krieg, als wär's nur Scherz,
Hatten für die Sach' nur ein halbes Herz [2],
Wollten's mit niemand ganz verderben,
Kurz, da war wenig Ehr zu erwerben,
Und ich wär' bald für [3] Ungeduld
Wieder heimgelaufen zum Schreibepult,
Wenn nicht eben auf allen Straßen
Der Friedländer hätte werben lassen [4].
Wachtmeister. Und wie lang denkt' Ihr's hier auszuhalten? [5]
Erster Jäger. Spaßt nur! [6] So lange der thut walten [7],
Denk' ich Euch, mein Seel! [8] an kein Entlaufen [9].

---

[1] Faire beaucoup de façons et de cérémonies ; Kompliment, au pluriel, a le même sens que Umstände et Ceremonien. On sait le mot d'Oxenstierna, revenant de Dresde, et se plaignant de la cour saxonne qui louvoie : Longae orationes und dubit...di rationes mit vielen ceremoniis fehlen ihnen nicht » (lettre du 3 janvier 1633).

[2] Nur ein halbes Herz... Comp. *Hist. du soulèvement des Pays-Bas* (il s'agit des nobles qui reprennent leur vie de plaisirs, après l'entrée d'Albe à Bruxelles : doch nur mit halbem Herzen.)

[3] Für pour vor; comp. la note 6 de la page 15. Il n'avait plus de Satisfaction, comme on disait alors, il était disgustirt et ne se trouvait pas mit Courtoisie tractirt

[4] Et aussitôt, selon l'expression de Schiller (*Guerre de Trente-Ans*), il y courut, sobald nur die Trommel gerührt wurde. Comp. ces mots de Wallenstein (*Mort de Wallenstein*, III, 13)

.... Die Trommel ward gerührt.
[Mein Name
Ging, wie ein Kriegsgott, durch die
[Welt. Der Pflug,
Die Werkstatt wird verlassen, alles
[wimmelt
Der altbekannten Hoffnungsfahne zu.

[5] Es auszuhalten, y tenir, durer.

[6] *Littér.* « Plaisantez seulement! », c'est-à-dire : oui, oui, plaisantez ; faites toutes les plaisanteries que vous voudrez ; vous avez beau plaisanter.

[7] So lange der waltet, der, c'est-à-dire Wallenstein.

[8] Mein' Seel' pour meine Seele, même sens que bei meiner Seele, par mon âme.

[9] Entlaufen, s'enfuir, déserter; *Simplicissimus* est plein d'expressions qui ont ce sens : das Reißaus spielen; ausreißen; quittiren; voir surtout le récit d'Olivier (p. 353-355) qui rappelle les discours du premier chasseur. Cet Olivier s'engage (sich unterstellen, ainsi qu'on disait alors, selon Philander) chez les Impériaux, mais il est fait prisonnier à Wittstock par les Suédois qui l'enrôlent de force (unter ein Regiment gestoßen). Il devient caporal, mais il ne veut pas, comme il dit, da lang Mist machen, il s'enfuit et s'engage de nouveau chez les Impériaux (sich unterhalten lassen) pour décamper bientôt à la suite d'un affront et prendre du service chez les Hessois (daß ich... lieff, bei den Hessen Dienst annam). De nouveau rebuté, il se vend à la Hollande (ver-

Kann's der Soldat wo besser kaufen?[1]
Da geht alles nach Kriegessitt',
Hat alles 'nen großen Schnitt, [2]
Und der Geist, der im ganzen Corps thut leben, [3]
Reißet gewaltig, wie Windesweben, [4]

---

blieb daselbst nicht lang, sondern trabete fürters in Holländ. Dienste) ; mais la guerre que font les Hollandais ne lui convient pas et il trouve chez eux la même discipline austère que le premier chasseur chez les Suédois (da wurden wir eingehalten wie die Mönche, und sollten züchtig leben als die Nonnen). Il se sauve de nouveau, tombe parmi les Bavarois et s'attache aux maraudeurs, à ceux qu'on nommait les frères de l'ordre de Merode. Fait prisonnier à Wittenweyer, il est incorporé à un régiment de Weimar et assiste au siège de Brisach ; mais, dit-il, es wolte mir im Lager vor Breysach nicht gefallen; il s'enfuit et devient détrousseur de grand chemin. Comp. encore le récit d'un des personnages de Christian Weise (die drei ärgsten Erznarren, édit. Braune 1878, p. 39-42). Il raconte qu'il était fils de marchand, mais er verliebte sich in das Soldatenwesen und zog wider seiner Eltern Wissen und Willen mit in den Krieg ; il s'enrôle dans l'armée française et prend part au siège de La Rochelle, puis à la campagne du Mantouan ; il s'engage ensuite dans l'armée du Suédois Baner et il s'y plait, dazumal gefiel mir das Wesen gar wohl, so lange wir Beute machten.. Il s'élève de grade en grade et devient chef d'escadron ; après la paix, il va guerroyer en Pologne.

[1] Kaufen signifie non seulement acheter, mais acquérir, erwerben ; ainsi es besser kaufen équivaut à ein besseres Loos erwerben ou mieux encore à es besser haben, es besser treffen (comp. ce vers d'Uhland, Normännischer Brauch « man trifft's in Fischerhütten besser nicht »).

[2] Tout a une grande coupe, tout est taillé en grand.

[3] Der Geist, der im ganzen Corps lebt, l'esprit qui anime l'ensemble Et faisait, à son gré, mouvoir ce vaste corps, mens agitat molem. Une nouvelle époque commence, dit Schiller dans la Guerre de Trente-Ans, dès que Wallenstein prend le commandement, et « ein neuer Geist fängt an, die Soldaten des Kaisers zu beseelen ». Voir plus loin la note du vers 805 et une citation du prince de Ligne, ainsi que ce vers de Demetrius (II, 1),

... der Odem,
der muthbegeistert alle Herzen hebt;

cet Odem (même mot que Athem), ce souffle entraine tous les soldats de Wallenstein. Théodore Körner se souvenait-il du vers de Schiller lorsqu'il écrivait (26 mars 1813) « Man vergißt alles, wenn man den allgemeinen Geist des Corps betrachtet, wie gewaltig er aller Herzen gefaßt hat?. Comp. encore dans la pièce de Grillparzer à Radetzky, « dans le camp duquel est l'Autriche », les vers

In denen, die Du führst zum Streit,
Lebt noch ein Geist in allen!

[4] Wie Windesweben, comme le souffle du vent. Schiller avait employé la même comparaison dans la ballade du Comte Eberhard; notre armée, dit-il, voulait laver sa tache et venger son échec.

Das riß uns wie die Windsbraut,
[fort.

Weben, ordinairement tisser, signi-

Auch den untersten Reiter mit.
Da tret' ich auf mit beherztem Schritt,
Darf über den Bürger kühn wegschreiten,
Wie der Feldherr über der Fürsten Haupt. ¹
Es ist hier wie in den alten Zeiten,
Wo die Klinge noch alles thät bedeuten;²
Da gibt's nur ein Vergehn und Verbrechen

---

sie primitivement s'agiter, se mouvoir; leben und weben est une as-
sonnance très usitée; on dit alles an
ihm lebt und webt, tout en lui est
vie et mouvement; nous lisons, dès
la première page de la Bible (1,
Moïse I, 21) « und Gott schuf allerlei Thier, das da lebet und webet » ;
l'esprit dans *Faust* (I, 150) s'écrie:

In Lebensfluthen, im Thatensturm
Wall' ich auf und ab,
Webe hin und her;

Faust lui-même, parlant à la lune,
souhaite (I, 42) Auf Wiesen in seinem Dämmer weben et, entrant dans
la chambre de Marguerite absente,
et regardant son lit, il prononce
ces mots:

Und hier mit heilig reinem Weben
Entwirkte sich das Götterbild.

Comp. encore dans *La fille naturelle* (I, 1)

Und Alles was in meinem Kreise
[webt,

dans une lettre à Aug. de Stolberg
(22 nov. 1785).

« Im Treiben und Weben des Hofs »,

dans le poème sur *Hans Sachs*

Der Menschen wunderliches Weben,

dans *so ist der Held, der mir gefällt*.

Schwarzes Haar auf runder Stirne
[webet,

dans *Frühling übers Jahr*.

Was auch noch alles
Da regt und webt,

dans Uhland (*Frühlingsglaube*).

Die linden Lüfte sind erwacht
Sie säuseln und weben Tag und
[Nacht.

dans Schiller (*Fiancée de Messine*, II, 5)

Wie Zaubers Kräfte unbegreiflich
[weben.

(*Die Worte des Glaubens*)

Hoch über der Zeit und dem Raume
[webt
Lebendig der höchste Gedanke.

Schiller a du reste employé Win-
tesweben dans la *Fiancée de Messine* (I, 8) où il dit que l'homme
doit s'agiter, remuer comme au
souffle d'un vent frais l'eau dor-
mante de la vie,

Und mit erfrischendem Windes-
[weben
Kräuselnd bewege das stockende Le-
[ben.

¹ C'était, a dit Schiller dans la
Guerre de Trente-Ans, le principe
de Wallenstein, d'abaisser visible-
ment les princes « Daher der über-
legte Grundsatz dieses Mannes, die
deutschen Reichsfürsten sichtbar zu
erniedrigen. »

² Wo die Klinge noch alles bedeutete; où l'épée signifiait tout, expri-
mait tout.

Der Ordre¹ fürwitzig² widersprechen.
Was nicht verboten ist, ist erlaubt;
Da fragt niemand, was einer glaubt.³
Es gibt nur zwei Ding' überhaupt:

---

¹ Notre mot *ordre* (synon. der Befehl) a passé en allemand avec le genre féminin. — Voir sur la sévérité de Wallenstein et sur l'obéissance qu'il exigeait rigoureusement de ses soldats, le portrait du général à la fin du iv° livre de la *Guerre de Trente-Ans* « Furcht war der Talisman, durch den er wirkte.. Mehr als Tapferkeit galt ihm die Unterwürfigkeit gegen seine Befehle... Er belohnte die Willigkeit ihm zu gehorchen, auch in Kleinigkeiten, mit Verschwendung » Ranke dit dans son *Hist. de Wallenstein*, p. 236 « Bei dem Gemisch der Nationen, Bekenntnisse, Stände war das unverbrüchliche militärische Gesetz ein doppelt unbedingtes Bedürfniß der Schlagfähigkeit. Die kleinsten Fehler wurden bestraft. Ich will nicht hoffen, sagte er, daß einer unserer Offiziere sich so weit vergessen hat, unsere Ordonnanzen zu bespectiren ».

² Fürwitzig: aujourd'hui on dit plutôt vorwitzig, mais nous savons que für s'employait autrefois dans le sens de vor (cp. v. 41 fürnehm). Cet adjectif vient de Fürwitz qui signifie une curiosité téméraire et indiscrète. (Comp. la comédie de Hans Sachs der Fürwitz, où le mot est rendu par *Petulantia*, v. 535, Simplicissimus, p. 284 qui lui donne pour synonyme Curiosität et Blumauer *Enéide* IV, 1767-1769 qui identifie Frau Curiositas et Madam Fürwitz). Il est adverbe dans ce vers et doit être traduit par « indiscrètement ».

³ Personne ne demande quelle est la croyance de chacun. L'ar-

mée de Wallenstein qui combattait le protestantisme comptait en effet beaucoup de protestants dans ses rangs. Schiller fait dire à Wallenstein dans les *Piccolomini* (II, 7)

Und war der Mann nur sonsten brav
[und tüchtig,
Ich pflegte eben nicht nach seinem
[Stammbaum,
Noch seinem Catechismus viel zu
[fragen;

ce que Benjamin Constant a rendu ainsi dans son *Waldstein* (I, 6)

Plus d'un guerrier, seigneur, au soin de mon
[armé-
Professe une croyance en Autriche opprimée.
Lorsque pour l'Empereur j'assemblai des
[soldats,
De leur religion je ne m'informai pas.

Ailleurs encore (*Mort de Wallenstein*, IV, 3), le généralissime dit au bourgmestre d'Eger qui est protestant

...Meßbuch oder Bibel!
Mir ist's all eins....

Nous savons que plusieurs des meilleurs colonels de Wallenstein, comme Pechman et Hebron, étaient protestants : « Der militärische Gesichtspunkt, dit Ranke dans son *Histoire de Wallenstein*, p. 235, überwog den religiösen. Auf das Bekenntniß kam unter Wallenstein nichts an; es gehörte zu den Grundsätzen bei der ersten Zusammensetzung der Armee, Protestanten so gut wie Katholiken aufzunehmen. Die Obersten beider Bekenntnisse bildeten ein einziges eng zusammenschließendes Ganze unter einem General, der nicht darnach fragte, zu welchem ein Jeder gehörte. »

Was zur Armee gehört und nicht; [1]
Und nur der Fahne bin ich verpflicht. [2]
Wachtmeifter. Jetzt gefallt Ihr mir, Jäger! Ihr fprecht
Wie ein Friedländifcher Reitersknecht. [3]
Erfter Jäger. Der führt's Commando [4] nicht wie ein Amt,
Wie eine Gewalt, die vom Kaifer ftammt!
Es ift ihm nicht um des Kaifers Dienft,
Was bracht' er dem Kaifer für Gewinnft?
Was hat er mit feiner großen Macht
Zu des Landes Schirm und Schutz vollbracht?
Ein Reich von Soldaten wollt' er gründen,
Die Welt anftecken und entzünden, [5]
Sich alles vermeffen und unterwinden [6] —
Trompeter. Still, wer wird folche Worte wagen!
Erfter Jäger. Was ich denke, das darf ich fagen.
Das Wort ift frei, fagt der General.
Wachtmeifter. So fagt er, ich hört's wohl einigemal,
Ich ftand dabei. „Das Wort ift frei,

---

[1] Il n'y a que deux choses pour un soldat, l'*armée* et ce qui n'est pas l'armée, le *pekin*, le **Civilift**, comme il n'y a pour l'étudiant que deux classes d'hommes, le **Burfch** et le **Philifter**. Comp. ce mot d'un domestique dans le *Verfchwender* de Raimund (I, 1) Für mich gibt es nur zweierlei : Menfchen, die Trinkgeld geben, und Menfchen die keines geben, et celui du brave petit Georges (*Götz*, II, 8) es gäbe nur zweierlei Leut', brave und Schurken, mot qu'a repris un spirituel artiste de nos jours : « il y a deux sortes de gens en ce monde, les honnêtes gens — et les autres ».

[2] **Verpflicht** pour **verpflichtet** (voyez plus haut fürcht pour fürchtet).

[3] **Reitersknecht**, cavalier, soldat à cheval par opposition au fantassin, **Fußknecht**. Le mot **Knecht**, aujourd'hui « valet » et qui signifia d'abord « garçon, jeune homme », puis « page, écuyer », désignait au XVIe siècle et au XVIIe, pendant la guerre de Trente-Ans, le *soldat;* on disait der gemeine **Knecht**, le simple soldat. Cp. notre édition de *Götz*, p. 1, note 6.

[4] Das **Commando** führen comme on dit den Befehl, den Oberbefehl führen, die Auffficht führen, mener, conduire, diriger, exercer; führen indique l'idée d'une action poussée avec une activité continue.

[5] Mettre le feu au monde et l'incendier
Embraser de ses mains le couchant et l'aurore.

[6] Alles est au génitif et dépend à la fois de fich vermeffen et de fich unterwinden ; ces deux verbes semblent avoir ici leur sens primitif ; fich alles vermeffen = fich alles anmaßen, et fich unterwinden (qui n'a plus aujourd'hui d'autre sens que « oser, avoir l'audace de... ») = in Befitz nehmen, fich bemächtigen; prétendre à tout et s'emparer de tout.

„Die That ift stumm, der Gehorsam blind,"[1]
Dies urkundlich[2] seine Worte sind.

Erster Jäger. Ob's just seine Wort' sind, weiß ich nicht;
Aber die Sach' ist so, wie er spricht.

Zweiter Jäger. Ihm schlägt das Kriegsglück nimmer um[3],
Wie's[4] wohl bei andern pflegt zu geschehen.[5]
Der Tilly überlebte seinen Ruhm.[6]

---

[1] Der Gehorsam blind...Wallenstein dira lui-même (*Mort de Wallenstein*, III, 15) que dans son camp

Streng herrscht und b l i n d der ei-
   [ferne Befehl.

Cp. le mot de Manzoni traduit par Gœthe (*le 5 mai*, v. 84), sur Napoléon qui voulait, lui aussi « das allerschnellste Gehorchen ».

[2] Urkundlich (littér. d'après les actes, les documents, die Urkunde), authentiquement, « wörtlich und buchstäblich », comme dit Banquo répétant à Macbeth les paroles des sorcières (traduction de Schiller, I, 6) ; *formalia verba* ou wie seine Formalia lauten, comme on écrivait au temps de Wallenstein. On dit très bien urkundlich nachweisen, démontrer par les documents, et encore daß..., ist urkundlich beglaubigt, il est avéré par les documents que..

[3] Umschlagen a divers sens ; on emploie ce mot en parlant d'une voiture qui verse, d'une barque qui chavire, du vent qui tourne, saute, change brusquement ; c'est ce dernier sens qu'il faut adopter ici : « jamais pour lui ne tourne la fortune des armes ». Tandis que le premier chasseur reste dans le camp de Wallenstein, à cause de la liberté qu'il y trouve, le second chasseur s'attache au général heureux et toujours vainqueur, et pourrait dire comme Pompée, parlant de Sylla (*Sertorius*, III, 1)

Je m'abandonne au cours de sa félicité.

[4] Wie's, pour wie es ; comme cela a coutume d'arriver ; es est ici le pronom impersonnel et ne se rapporte pas à das Glück.

[5] Qu'on se rappelle le mot de Schiller dans la *Guerre de Trente-Ans* :... « desto stärker der Zulauf zu seinen Fahnen; alle Welt fliegt nach dem Glücke. » Remarquons pourtant que Wallenstein avait échoué devant Stralsund (Wallensteins Glück, dit encore Schiller l'historien, scheiterte vor dieser Stadt) et qu'à Lützen il dut céder le champ de bataille.

[6] « Tilly survécut à sa gloire »; Schiller avait déjà dit, dans sa *Guerre de Trente-Ans*, à la fin de son récit de la bataille de Leipzig que Tilly avait été blessé et en danger de mort « aber schrecklicher als Todesgefahr und Wunden war ihm der Schmerz, seinen Ruhm zu überleben und an einem einzigen Tage die Arbeit eines ganzen langen Lebens zu verlieren ». Gustave-Adolphe, au contraire, selon une autre expression de Schiller, eut la bonne chance in der Fülle seines Ruhms zu sterben. Il est curieux de lire dans le rapport de Sezyma Raschin le cri si sincère, si saisissant qui échappa à Wallenstein, à la nouvelle du désastre « Wißt ihr daß der Tilly bei Leipzig aufs Haupt geschlagen? Ist eine schreckliche Sach vorgangen. Wie ist Gott so mächtig! Wie hat er, Tilly, allezeit so einen guten Namen gehabt, ist aber jetzt umb all sein Reputation kommen. Es ist nit möglich; wann mir das begegnete, ich nehme mir selbst das Leben !... »

Doch unter des Friedländers Kriegspanieren,[1]
Da bin ich gewiß zu victorisieren.[2]
Er bannet[3] das Glück, es muß ihm stehen.[4]
Wer unter seinem Zeichen[5] thut fechten,[6]
Der steht unter besondern Mächten.
Denn das weiß ja die ganze Welt,
Daß der Friedländer einen Teufel
Aus der Hölle im Solde hält.[7]

---

[1] Kriegspanier, formé avec le neutre Panier ou Bauier, qui vient de notre français *bannière;* comp. Siegspanier employé par Novalis « Hoch weht das Kreuz im Siegspaniere » et Feldpanier (Gleim, *Kriegslieder*).

[2] Victorisieren; mot du xvi° siècle employé par Abraham à Sancta Clara (*Auf, auf, ihr Christen,* édit. Sauer, p. 65 « wie nun *Samson* so ansehnlich *victorisieret* », p. 79 « er wolle über seinen Feind *victorisicren* ». et p. 128 « Kaiser Otto hat in Elsaß victorifiert, wie? Durch das Gebet. Kaiser Heraclius hat über Cosroë victorifiert, wie? Durch das Gebet.) Catt, le lecteur de Frédéric II, raconte dans ses mémoires (édit. Koser, p. 373) que pendant la guerre de Sept-Ans, à Rodewitz, une dame lui dit en français « Je vous félicite, vous avez *victorisé* aujourd'hui ».

[3] Il fixe la fortune; bannen, fixer par un charme, ensorceler. Schiller dit de même, dans la pièce *die Huldigung der Künste,* à propos du tsar Alexandre (la Sculpture montre une image de la Victoire)
Es fliegt einher vor Alexanders Waf-
[fen,
Er hat's auf ewig an sein Herr ge-
[bannt.
Comp. les vers de La Fontaine (*Fables,* XII, 4)
... un roi qu'entre ses favoris
Elle respecte seul, roi qui fixe sa roue.
On lit dans la *Vie de Courage* (XXVII) qu'une jeune dame demande à Courage, devenue bohémienne, le moyen den variablen Liebhaber zu bannen; Wallenstein enchaîne la fortune variable.

[4] Es muß ihm stehen, la fortune doit rester a ses côtés, lui être fidèle. Ihm stehen équivaut ici à ihm an der Seite stehen. Comp. Jeanne d'Arc (*Pucelle d'Orléans,* III, 9) disant qu'une voix s'élève en elle et lui annonce
Daß ihr das Unglück an der Seite
[steht.
et dans le *Ruodlieb* (édit. Seiler, IV, 402)
mihi quod Victoria constet
où *constare* a, comme ici stehen, comme le moyen haut allemand *gestân* ou *gestên,* le sens de auf Jemands Seite treten, zu ihm halten (comp. « einem mit triuwen gestân ».)

[5] Unter seinem Zeichen, sous son drapeau. Zeichen a ici le sens du latin *signum.* La Hire, remettant l'étendard à Jeanne d'Arc, lui dit (*Pucelle d'Orléans,* IV, 3)
Den Britten laß vor diesem Zeichen
[zittern.

[6] Thut fechten, pour ficht que nous trouvons plus loin, v. 836.

[7] C'est ainsi que le héros d'un des récits en prose de Schiller, *der Verbrecher aus verlorner Ehre,* Sonnenwirth, chef d'une bande de brigands, a su faire croire aux paysans, toujours épris du merveilleux (wundersüchtig) qu'il a fait alliance avec le diable : er habe einen Bund mit dem Teufel gemacht und könne hexen.. Niemand zeigte Lust mit dem gefährlichen Kerl anzubinden, dem der Teufel zu Diensten stünde. ».

Wachtmeiſter. Ja, daß er feſt[1] iſt, das iſt kein Zweifel;
Denn in der blut'gen Affair[2] bei Lützen
Ritt er euch[3] unter des Feuers Blitzen

---

[1] Feſt, invulnérable, comme le héros Siegfried *le corné* (der hürnerne) qui se baigne dans le sang du dragon qu'il a tué, et voit sa peau se durcir comme de la corne. Geibel a dit

Mir däucht, ich hab' in Drachenblut
Wie Siegfried einſt, der Schnelle,
Mein Herz wird feſt.........

Ce sens de feſt se retrouve dans les composés feuerfeſt, à l'épreuve du feu ; bombenfeſt, regenfeſt. etc. Cp. l'article du dictionnaire de Grimm et dans la *Mort de Wallenstein* (V, 2) le passage suivant :

Macdonald

Was hilft uns Wehr und Waffe wider den?
Er iſt nicht zu verwunden, er iſt feſt.

Buttler (fährt auf)

Was wird er...

Macdonald

Gegen Schuß und Hieb! Er iſt Gefroren, mit der Teufelskunſt behaftet,
Sein Leib iſt unburchdringlich, fag' ich dir.

Deveroux

Ja, ja! In Ingolſtadt war auch ſo ſeiner,
Dem war die Haut ſo feſt wie Stahl,
man mußt' ihn Zuletzt mit Flintenkolben niederſchlagen.

On se rappelle le mot de Macbeth à Macduff « I bear a charmed life » que Schiller traduit ainsi (V, 12)

In meiner Bruſt wohnt ein bezaubert Leben.

Les soldats de Wallenstein disaient pareillement de leur général « In ihm lebt ein bezaubertes Leben. »

[2] Die Affair; on écrit ordinairement die Affaire; le mot signifie aujourd'hui un petit combat de mince importance, mais autrefois on appelait ainsi une action sérieuse, une bataille et, en effet Schiller dit plus loin (XI) « in der Lützner Schlacht » et dans la *Mort de Wallenstein* (II, 3) die Lützner Action. Comp. Scheffel, *die Schweden in Rippoldsau*, « Seit der Lützner Affaire kannt' er den Ten. » Mais Archenholtz, dans la préface de son *Histoire de la guerre de Sept-Ans*, s'élevait déjà contre l'usage de ce mot (édition de 1793, p. V), et l'observation qu'il fait à ce propos, mérite d'être reproduite « Andere unpaſſende, ja in Rückſicht der Gegenſtände ſinnwidrige Wörter habe ich deutſch ausgedrückt. Von dieſer Art iſt die übliche, aber für ein kriegeriſches Volk, das eine cultivirte Sprache hat, wunderliche Benennung : die Affaire bei Maxen, die Affaire bei Corbach, u. ſ. w., wobei man ſich nichts beſtimmtes denkt. Die Stufenfolge der verſchiedenen Kampfſcenen iſt daher in dieſem Werke mit den Worten verzeichnet : Scharmützel, Canonaden, Gefechte, Treffen und Schlachten. »

[3] Ce datif pluriel euch, (voir plus haut, I, « ſind euch gar trotzige Kameraden ») comme notre *vous*, est employé d'une manière explétive pour donner à la phrase une tournure plus familière et mieux marquer l'intérêt que celui qui parle veut exciter chez ceux qui l'écoutent. Gœthe a dit de même dans *Egmont* (c'est également un récit de bataille) : « Was nun noch durchbrach, ſchlugen euch auf der Flucht die Bauerweiber mit Hacken und Miſtgabeln todt. » Comp. ces vers de Racine

Il *vous* eût arrêté le carrosse d'un prince

et de La Fontaine

On lui lia les pieds, on *vous* le suspendit.
...... On *vous* happe notre homme,
On *vous* l'échine, on *vous* l'assomme.

Auf und nieder mit kühlem Blut.[1]
Durchlöchert von Kugeln war sein Hut,
Durch den Stiefel und Koller[2] fuhren
Die Ballen,[3] man sah die deutlichen Spuren;
Konnt' ihm keine die Haut nur ritzen,
Weil ihn die höllische Salbe thät schützen.[4]
Erster Jäger. Was wollt' Ihr da für Wunder bringen![5]
Er trägt ein Koller von Elendshaut,[6]

---

[1] Mit kühlem Blut, avec sang froid. Schiller dit aussi dans la *Guerre de Trente-Ans* mit kühler Seele. Rud. Hildebrand (Dict. de Grimm) distingue très finement kalt et kühl : « kalt » leugnet jede Empfindung, die bei « kühl » noch vorhanden ist, nur unbeherrscht durch die Dinge... « kühl » ist ein gelinderes « kalt », wie « lau », ein gelinderes « warm ».— Comp. ces mots que le dramaturge met dans la bouche d'un soldat, au récit de l'historien « Den Herzog selbst sah man, mitten unter dem feindlichen Kugelregen, mit kühler Seele seine Truppen durchreiten, dem Nothleidenden nahe mit Hilfe, dem Tapfern mit Beifall, dem Verzagten mit seinem strafenden Blicke. Um und neben ihm stürzten seine Völker entseelt dahin, und sein Mantel wird von vielen Kugeln durchlöchert. » (*Guerre de Trente-Ans*, bataille de Lützen). Est-il permis de rappeler aussi ces vers de Musset ? :

Vingt fois ses cuirassiers l'ont cru, dans la [bataille,
Coupé par les boulets, brisé par la mitraille,
Il avançait toujours, toujours en éclaireur,
On le voyait du feu sortir comme un plon- [geur.

(La coupe et les lèvres, III, 1.)

[2] Der et quelquefois das Koller, buffle, (du français *collier*) a pris tous les sens qu'exprime le mot Halsbekleidung, d'abord une collerette, une gorgerette (Halskragen); puis une pièce de vêtement qui couvrait non seulement le cou, mais le buste, *tunica sine manicis*, lit-on dans les dictionnaires du temps ; enfin un buffle ou vêtement de peau de buffle. Le mot signifie aujourd'hui la tunique des cuirassiers en Prusse. Bürger parlant dans *Lénore* de l'habit du cavalier qui tombe pièce à pièce, dit « des Reiters Koller, Stück für Stück, fiel ab ». Schiller emploie le mot dans la *Guerre de Trente-Ans* et dit que Gustave-Adolphe ne portait pas de cuirasse, bloß mit einem ledernen Koller und einem Tuchrock bekleidet,... (à Lützen); comp. *Tell*, II, 13, l'archer, avant de tirer sur son fils, prend une seconde flèche und steckt ihn in seinen Koller. Ajoutons que Wallenstein portait en effet un *koller* « vaillant de sa personne, lisons-nous dans les mémoires de Richelieu, au reste simplement vêtu, toujours d'une façon, *collet de buffle*, pourpoint de toile et chausses de camelot. »

[3] Die Ballen, les balles; pluriel de der Ballen, très peu usité dans ce sens.

[4] Weil ihn die höllische Salbe schützte; on verra trois vers plus loin ce qu'est cet onguent infernal.

[5] Bringen, comme vorbringen, débiter.

[6] De peau d'élan. Das Elend ou Elen, Elenn ou encore Elenthier, l'élan. Notre mot français vient du mot allemand Elen, dérivé lui-même du lithuanien *elnis* ; Elen est devenu Elend, comme l'ancien *mâne*, lune, est devenu *mânt* et par

Das keine Kugel kann durchdringen. [1]
Wachtmeister. Nein, es ist die Salbe von Hexenkraut,

---

suite Monb, comme *nieman* est devenu N.emand. — Remarquons en passant que ce trait est authentique ; Murr rapporte que Wallenstein portait un *buffle* ou pourpoint de peau d'élan ; er ist, dit-il, en décrivant le portrait du général, in seinem Koller dargestellt, das er gewöhnlich im Felde, nach damaliger Mode, von Elendleder trug » (p 36). On voit en effet que *Simplicissimus* (p. 236) s'achète un Koller de soixante thalers et, plus tard, lorsqu'il rencontre Olivier (p. 341), il revêt ein Koller von Elend. — Ajoutons encore, à propos de Elendshaut, qu'on faisait au xviᵉ et au xviiᵉ siècle un jeu de mots inévitable « peau d'élan » ou « peau de malheur », et nous lisons dans un chant sur la bataille de la Bicoque (publié par Liliencron) que l'auteur appelle ses ennemis elends-hüte, c'est-à-dire elende Häute.

[1] On peut rapprocher de tout ce passage des pages curieuses de la « Lapponische Beschreibung » de Jean Scheffer reproduites a la fin de la *Vie de Faust* de Widmann (édition Keller, p. 704-707). Certains hommes, dit l'auteur, savent se rendre invulnérables, sich unverwundlich machen. Diese Festungskunst mag Einer einem Gemsenkraut, der Andre einem andren, so zu gewisser Zeit und bei Aufgang besonderer Gestirne, gelesen, zuschreiben; so sind und bleiben sie des Teufels Werk. Il rapporte que certains soldats se sont acquis cette invulnérabilité, cette *Leibesfestung*, en mettant dans leurs talons des hosties consacrées et que le gouverneur d'Alger, Ibrahim, qui avait recours a ce moyen, « aus allen Treffen mit unzerrissener Haut heimritte. Er war für Hieb und Schuß privilegirt ». On voulut le tuer, mais le meurtrier qui lui enfonçait

le poignard dans la gorge, « traf gleichsam lauter hartes Eisen, für Fleisch an : so fest war Ibrahim gefroren ». Cette croyance à l'invulnérabilité de certains hommes qui recouraient à des talismans ou enchantements merveilleux, était générale au temps de la guerre de Trente-Ans. Un des soldats que nous représente Philander de Sittewald (sixième vision) prie un curé de le rendre fest für Hauen, Stechen und Schießen et promet de le récompenser richement. *Simplicissimus* raconte que le prevôt de son régiment était un vrai magicien qui avait su se rendre invulnérable et pouvait donner à d'autres l'invulnérabilité, und von sich selbsten nicht allein so fest als Stahl, sondern auch über das ein solcher Geselle, der andere fest machen konnte (p. 159). Lui-même passe, à cause de son courage et de ses entreprises constamment heureuses, pour invulnérable « Die Leute hielten von mir, ich könnte mich unsichtbar machen, und wäre so fest wie Eisen und Stahl, davon ward ich gefürchtet wie die Pestilenz » (p. 187). Il raconte même (VI, 13, p. 322) que les princes de la maison de Savoie passaient pour invulnérables vor den Kugeln gesichert et qu'aucun membre de cette maison qui, disait-on, descendait de la race de David, ne pouvait être atteint ni blessé par un coup de fusil, von Büchsenschüssen getroffen oder beschädiget; que le meilleur tireur de l'armée du prince Hermann de Scheuenburg avait vainement tiré sur Thomas de Carignan. On lit dans les *Mémoires* de Puységur (édit. Tamizey de Larroque, I, p. 25) qu'au siège de Saint-Antonin, en l'an 1622, cet officier poursuivit dans la place un des assiégés qui était invulnérable. « J'en pour-

Unter Zaubersprüchen gekocht und gebraut. [1]

suivis un auquel je donnai cinq à six bons coups d'épée, sans que jamais elle pût entrer dans son corps ; ... et je jugeai par là que cet homme avait un caractère (c'est-à-dire, selon la définition du *Dictionnaire de Trévoux*, certain billet que donnaient les charlatans ou sorciers et qui était marqué de quelques figures cabalistiques ou de simples cachets). Deux de mes camarades étant revenus, ils m'aidèrent à me débarrasser de lui ; jamais pas un d'eux ne le put percer; même après l'avoir jeté par terre, on lui appuyait le mousquet contre le ventre, mais inutilement; car pas un coup ne porta, quoiqu'ils tirassent fort adroitement. Un de ceux-là entra dans un moulin qui était proche, où il trouva un levier, duquel il lui déchargea un coup derrière la tête, dont il mourut. On lui trouva son *caractère*, et ses compagnons nous dirent qu'il avait été religieux. » Mais cette croyance persista au xviii° siècle dans les armées. Qu'on se rappelle ce que des témoins oculaires nous ont raconté de la journée de Valmy (20 septembre 1792). Les soldats prussiens expliquaient l'intrépidité de Frédéric-Guillaume II en se disant tout bas qu'une tête couronnée ne pouvait être atteinte que par un boulet d'argent et non par un boulet de fer, que les rois de Prusse avaient toujours possédé le secret de se rendre invulnérables, et qu'ils étaient les seuls souverains d'Europe qui fissent la guerre, parce qu'un enchantement les protégeait contre les balles. Laukhard reproduit ainsi la conversation de ses compagnons (*Mém.* III, p. 167-168) :

B. — Ein gekröntes Haupt wird von keinem Blei oder Eisen getroffen; das fällt weg, und wenn der König gerade unter die Batterie dort ritte!

A. — Aber es sind doch schon, wie man hört, Könige vom Feinde erschossen worden.

B. — Ja wohl, Bruder, aber das waren auch andere Kugeln! Es waren Kugeln von Silber! Und siehst du, Bruder, wenn die Franzosen unsern Alten treffen wollen, so müssen sie silberne Kartätschen einladen, und dann wird es bald weg sein.

A. — Wenn das so ist, dann hat der Alte gut dahin reiten!

B. — Freilich wohl! Indem haben die Könige von Preußen das Privilegium, daß ihnen weder Hieb noch Schuß schaden kann. Deßwegen hat der alte Fritz im siebenjährigen Krieg oft ganze Hände voll Bleikugeln aus seinen Rocken gehabt, und die Kanonenkugeln mit dem Hut aufgefangen.

A. — Höre, Bruder, du kannst Recht haben! Drum gehn die Könige in Preußen wohl auch nur noch allein ins Feld; sie würden aber wohl hübsch zu Hause bleiben, wenn sie sich vorm Todtschießen fürchten müßten...

Mérimée n'a pas négligé ce trait de superstition dans sa *Chronique du règne de Charles IX*, et, dans le premier chapitre, le capitaine des reîtres dit à Mergy : « Écoutez donc, il ne faut pas nier qu'on puisse rendre dur; moi qui vous parle, j'ai vu à Dreux un gentilhomme frappé d'une arquebusade au beau milieu de la poitrine; il connaissait la recette de l'onguent qui rend dur, et s'en était frotté sous son buffle; eh bien! on ne voyait même pas la marque noire et rouge que laisse une contusion. » On remarquera le mot *dur* emprunté par Mérimée aux mémoires du temps et qui correspond à *fest*.

[1] C'est un onguent d'herbes des magiciennes (Hexenkraut, plante qu'on nomme aussi *circée*), cuite et brassée avec des paroles magiques, des incantations.

Trompeter. Es geht nicht zu mit rechten Dingen![1]
Wachtmeister. Sie sagen, er les' auch in den Sternen
Die künft'gen Dinge, die nahen und fernen;[2]
Ich weiß aber besser, wie's damit ist.
Ein graues Männlein[3] pflegt bei nächtlicher Frist
Durch verschlossene Thüren zu ihm einzugehen;
Die Schildwachen haben's oft angeschrien,[4]
Und immer was Großes ist drauf geschehen,
Wenn je das graue Röcklein kam und erschien.
Zweiter Jäger. Ja, er hat sich dem Teufel übergeben,[5]

---

[1] Es geht nicht zu mit rechten Dingen, tout cela n'est pas naturel. Bürger emploie cette expression dans sa ballade *Histoire de la princesse Europe*, où il dit que Zeus se métamorphosa en taureau,

Allein mit rechten Dingen
Ging solches Spiel nicht zu.

Marguerite, ouvrant l'armoire de sa chambre et y trouvant les cassettes de bijoux apportées par Faust, dit (*Faust*, I, 2540-2541) :

Wer konnte nur die beiden Kästchen
[bringen?
Es geht nicht zu mit rechten Dingen;

de même, le chancelier, entendant les propositions de Méphistophelès (*Faust*, II, 830)

Der Satan legt euch goldgewirkte
[Schlingen;
Es geht nicht zu mit frommen rech=
[ten Dingen;

de même, Baucis parlant de la transformation du pays qui entoure sa cabane (*Faust*, II, 6500-6501)

Denn es ging das ganze Wesen
Nicht mit rechten Dingen zu;

Schiller avait déjà dit dans *Pégase au joug* (c'est l'acheteur de Pégase qui parle, et qui voit le cheval s'emporter) :

Das geht nicht zu mit rechten Dingen

[2] C'est, comme dit Béatrix dans la *Fiancée de Messine* (IV, 4), un de ces hommes qui voient tout,

Die Nah und Fernes an einan=
[der knüpfen
Und in der Zukunft späte Saaten
[sehen.

[3] Ce petit homme gris est l'astrologue italien, Seni, qui, selon le mot de Schiller, diesen ungebän= digten Geist, gleich einem Knaben, am Gängelbande führte (*Guerre de Trente-Ans*). Schiller dit encore qu'avant Lützen, Wallenstein étoit plein de confiance parce que Seni « in der Sternen gelesen hatte, daß das Glück des schwedischen Monar= chen im November untergehen wür= de ». Il décrit ainsi le tireur d'horoscope dans les *Piccolomini*, (III, 4) :

Ein kleiner alter Mann mit weißen
[Haaren.

[4] Lui ont souvent crié « qui vive ». Anschreien, appeler en criant, crier à… (Und erst die Mutter anzu= schreien. Gœthe, *der Müllerin Verrath*).

[5] C'est ainsi que Talbot dit dans la *Pucelle d'Orléans* (II, 2) que le dauphin ruft des Satans Kunst zu Hilfe und hat sich der Verdamm= niß übergeben; Mephisto emploie la même expression en parlant de Faust (I, 1513).

Drum führen wir auch das lustige Leben. [1]

Siebente Scene.

Vorige. Ein Recrut[2] Ein Bürger. Dragoner.[3]

Recrut (tritt aus dem Zelt, eine Blechhaube[4] auf dem Kopfe, eine Wein=
flasche in der Hand.) Grüß den Vater und Vaters Brüder!
Bin Soldat, komme nimmer wieder.

Erster Jäger. Sieh, da bringen sie einen Neuen!

Bürger. O, gibt Acht, Franz! Es wird dich reuen.

Recrut. (singt). Trommeln und Pfeifen,
      Kriegrischer Klang![5]
      Wandern und streifen
      Die Welt entlang,
      Rosse gelenkt[6],

---

[1] Le sens est: il s'est livré au diable, et nous aussi, nous, ses soldats, nous menons la vie de plaisirs promise par le diable à ceux qui se donnent à lui. Qu'on se rappelle que dans le *Volksbuch* du docteur Faust, le docteur se donne au diable qui s'engage en revanche à lui donner tous les plaisirs, alles was sein Herz belüfte.

[2] Der Rekrut ou Recrut, le conscrit, de notre ancien mot *recrut* d'où nous avons fait *recruter*.

[3] Les dragons qui, comme nos premiers dragons, combattaient soit à cheval soit à pied, appartenaient, ainsi que les Croates et les chasseurs à cheval, à la cavalerie légère. Ils portaient le casque et avaient pour armes l'épée et la carabine.

[4] Die Blechhaube (mot à mot coiffe en fer blanc), casque, morion. On dit aussi Pickelhaube, mot qui n'est antre en réalité que l'ancien *bechelhûbe* ou *beckenhûbe*, coiffure, casque en forme de bassin; il sera si souvent question d'Abraham à Santa Clara dans ce commentaire qu'on ne peut s'empêcher de citer ce mot du prédicateur qui s'applique du reste aux soldats de Wallenstein : « Es stecket unter einer Beckelhauben viel Rauben und Klauben » (*Auf, auf, ihr Christen*, 94).

[5] Rapprocher ces deux vers d'un « chant de bataille » cité dans les *Volkslieder* de Herder (édit. Suphan, 223)

Mit Trommeln Klang
Und Pfeiffen G'sang.

[6] Mener les chevaux! on connaît cet emploi du participe passé. Comp. abgeräumt, aufgemacht, aufgemerkt, aufgepasst, frisch gewagt, fest gehalten, stillgestanden, nur weiter fort gefahren, et encore ins Feld gezogen (fin du *Camp*, v. 1052), nicht geweint und geklagt (Th. Körner, *Chasse de Lützow*), angeklingt (Voss, *Louise*), ou angestoßen, frisch getrunken (Gœthe, *Herm. et Dorothée*, I, v. 174), das Glas gefüllt (Hölty-Halm, 193). Rosen auf den Weg gestreut und des Harms vergessen, etc.

Muthig geschwenkt,¹
Schwert an der Seite,
Frisch in die Weite,
Flüchtig und flink,
Frei, wie der Fink
Auf Sträuchern² und Bäumen
In Himmelsräumen,
Heisa! ich folge des Friedländers Fahn'!³
Zweiter Jäger. Seht mir, das ist ein wackrer Kumpan!⁴
(Sie begrüßen ihn.)
Bürger. O, laßt ihn! er ist guter Leute⁵ Kind.
Erster Jäger. Wir auch nicht auf der Straße gefunden sind.
Bürger. Ich sag' euch, er hat Vermögen und Mittel⁶.

---

[1] « Et les tourner vivement! » « et vivement, conversion! »; schwenken, faire tourner son cheval (on sait que schwenken est le factitif de schwingen); comp. le *Roland Schildträger* d'Uhland « Jung Roland schwenkte schnell genug sein Roß noch auf die Seite ».

[2] Strauch est un des rares noms masculins qui ont au pluriel la terminaison du neutre) Bösewicht, Dorn, Geist, Gott, Leib, Mann, Ort, Rand, Wald, Wurm et les deux noms Irrthum et Reichthum); mais on dit en même temps Sträuche et Sträucher, Dornen et Dörner, Männen (vassaux) et Männer, Orte et Derter, Wichte et Bösewichter. Andresen fait observer qu'on trouve aussi Sträußer (en même temps que Sträuße) et que, si Sträußer est encore assez répandu, il faudrait le bannir tout à fait et le remplacer par Sträuche.

[3] C'est ainsi que Lenau représente dans son petit poème *die Werbung* les recrues magyares, (v. 64-66)
Während dort Geworbne schon
Ziehn in's Feld auf flinken Rossen,
Lustig mit Drommetenton.

[4] Kumpan (mein Kumpan, dit Mephistophélès de Faust, *Faust*, II, 1699) du vieux français *compaing* qui vient lui-même du latin *companio* dérivé de *cumpanis*, celui qui mange le même pain. On disait de même dans l'ancienne langue *gahlaiba* (goth.) et *gileip* (ancien haut-allemand), celui qui mange le même pain (auj. Laib, miche). On trouve aussi *gimazzo*, celui qui mange les mêmes mets (maz, mets, aliment). C'est ainsi que Geselle signifie proprement celui qui habite la même salle, la même maison et *camarade*, celui qui demeure dans la même chambre.

[5] Guter Leute..., de gens honorables. Schlecht est le contraire de gut en ce sens: « bei gemeinen schlechten Leuten » (Goethe, *Hanswursts Hochzeit*), et l'on peut comme on voit, opposer gut à schlecht de même que hoch à niedrig, groß à klein, vornehm à gering.

[6] Mittel, des moyens, c'est-à-dire de la fortune; comp. bemittelt, qui a des moyens, qui est à son aise, et unbemittelt, sans moyens, sans fortune; de même qu'on a dit et qu'on dit encore chez nous, mais improprement, *peu fortuné, bien fortuné, bien moyenné.*

Fühlt her, das feine Tüchlein am Kittel![1]
Trompeter. Des Kaisers Rock ist der höchste Titel.[2]
Bürger. Er erbt eine kleine Mützenfabrik.
Zweiter Jäger. Des Menschen Wille, das ist sein Glück.
Bürger. Von der Großmutter einen Kram und Laden.[3]
Erster Jäger. Pfui! wer handelt mitSchwefelfaden![4]
Bürger. Einen Weinschank[5] dazu von seiner Pathen,[6]
    Ein Gewölbe[7] mit zwanzig Stückfaß[8] Wein.
Trompeter. Den theilt er mit seinen Kameraden.[9]
Zweiter Jäger. Hör' du! Wir müssen Zeltbrüder[10] sein.
Bürger. Eine Braut läßt er sitzen[11] in Thränen und Schmerz.
Erster Jäger. Recht so, da zeigt er ein eisernes Herz.
Bürger. Die Großmutter wird für Kummer sterben.
Zweiter Jäger. Desto besser, so kann er sie gleich beerben.[12]
Wachtmeister (tritt gravitätisch herzu, dem Recruten die Hand auf die
    Blechhaube legend). Sieht Er! Das hat Er wohl erwogen.
    Einen neuen Menschen hat Er angezogen;[13]

---

[1] On pourrait traduire en modifiant légèrement le vers connu du *Tartuffe*

Tâtez-lui son habit, l'étoffe en est moelleuse

der Kittel, blouse, sarrau, « leichtes Oberhemd ».

[2] Des Kaisers Rock, l'uniforme que porte le soldat de l'empereur.

[3] Einen Kram und Laden, un commerce et une boutique ; Kram indique le commerce qui se fait dans la boutique, le *Betrieb*, et Laden, l'endroit où se fait ce commerce.

[4] « Fi! le marchand de fil soufré! » ou « Pouah! peut-on vendre de la mèche soufrée! » peut-on être *épicier* à ce point!

[5] Weinschank, débit de boissons; synonymes, Weinschenke, Weinschenkwirthschaft.

[6] De sa marraine ; remarquez que le même mot Pathe signifie, au masculin, parrain, et au féminin, marraine ; mais on trouve également Pathin.

[7] Das Gewölbe, ici la cave ; le mot signifie proprement « voûte » et,

par suite, magasin, Laden, mais un magasin situé au rez-de-chaussée.

[8] Das Stückfaß, c'est une barrique qui tient le quart d'un tonneau.

[9] Voir sur Kamerad la note sur Kumpan, v. 396.

[10] Zeltbruder, camarade de tente, *contubernalis*.

[11] Sitzen lassen est l'expression consacrée pour abandonner une femme à qui l'on a promis le mariage ; cp. sitzen bleiben, rester fille, garder un célibat forcé.

[12] Beerben, avec l'accusatif, hériter de quelqu'un.

[13] Expression de saint Paul (aux Ephésiens, IV, 24 « Und ziehet den neuen Menschen an... ». Nous disons également « dépouiller le vieil homme » cp. en allemand den alten Menschen, den alten Adam ausziehen (ou ablegen) ou encore die alte Haut abstreifen. On pourrait remarquer que le maréchal des logis agit à la Wallenstein; qu'il avance gravement et met sa main sur le casque du conscrit, de même que

Mit dem Helm da und Wehrgehäng'
Schließt Er sich an eine würdige Meng',
Muß ein fürnehmer Geist in Ihn fahren —
Erster Jäger. Muß besonders das Geld nicht sparen.
Wachtmeister. Auf der Fortuna ihrem Schiff
Ist Er zu segeln im Begriff;

---

le général frappait sur l'épaule du brave (wenn er Einem die Hand au den Kopf oder die Schulter legte (Ranke, *Hist. de Wallenstein*, 237).

¹ Das Wehrgehänge ou Wehrgehenk, le baudrier, le ceinturon.

² Auf der Fortuna ihrem Schiff, pour auf der Fortuna Schiff. Ce curieux emploi du pronom possessif, qui constitue un pléonasme, se rencontre souvent dans le style populaire. En voici des exemples : *Psaumes*, CXLIV, 15 : wohl dem Volk, des der Herr sein Gott ist; *Schelmuffsky*, p. 9, édit. compl. Schullerus) « meiner Fr. Mutter ihr Sohn »; *id.* p. 16 « des Herrn Bruders Grafens seiner guten Gesundheit »; *id.*, p. 23 « Meines Hn. Bruders Grafens seinen Schnarchen »; *id.*, p. 24 et 25 « des Staadens sein Junge »; *id.*, p. 59 « des Junggesellen sein Gesichte »; p. 60 « des Admirals seinen Leichenstein »; p. 67 « des Großmogols seine Leibsängerin » p. 74; « des großen Mogols sein Contrafait »; p. 78 «...sein Bildniß »; p. 79 « der Charmante ihr Geist » p. 91 « nach meiner Jungfer Muhmen ihrer Cammer zu »; p. 103 « des Glücksbübners seine Frau »; p. 112 « der Wirthin ihre Töchter »; p. 114 « des Fremden seine Schwestern » et p. 115 « des Fremden sein kleiner Bruder », etc.; Logau « der Deutschen ihr Papier war ihres Feindes Leder »; Stranitzky, *Ollapadrida*, p. 33 « des Teufels seine Hebamme »; Haller, *Alpes*, dein Brand ist der Natur ihr Brand; der Natur ihr Rad; Roms sein Geist (Frey, *Haller*, p. 69); Lessing, *Minna de Barnhelm*, IV, 5 « nimm meinen Ring und gieb mir des Majors seinen dafür » et *Weiber sind Weiber*, 4 « der einen ihr Leichtsinn und der andern ihre Betrübniß »; Lenz, *die Entführungen*, II. p. 101 « des Camp seine Tochter » et *die Türkensklavin*, II, p. 172 « des Herrn sein Liebchen »; Goethe, *Götz*, V, 6 « Bringt ja des Teufels sein Gepäck »; Schiller, *Brigands*, IV, 3 wie ich euch auf des alten Herrn seinen Schweißfuchsen setzte; *Pucelle d'Orléans*, IV, 4 unser König... soll nicht schlechter begleitet sein, als der Pariser ihrer; *les Piccolomini*, IV, 5 Ich mach' mir an des Illo seinem Stuhl... zu thun; *Chants popul.* de Herder, édit. Suphan, 252 « wie unsers Herrn sein' Knechten; Kortum, *Jobsiade*, I, xv, 1293 « Unsers reichen Nachbars sein Lieschen », etc. etc. Voir encore une lettre de Frédérique Müllner à Bürger (Strodtmann, IV, 33-35 « Carln seine Depeschen »... « der Kaysern ihre Jungens »]. — Quant au mot *Fortuna*, désignant la déesse de la fortune, Schiller l'emploie assez fréquemment. Wallenstein, dit Buttler dans un passage des *Piccolomini* IV, 4, ist der Fortuna Kind, (comp. *Mort de Wallenstein*, V, 2, le mot de Deveroux « wir sind Soldaten der Fortuna »).

³ Cette idée du vaisseau de la Fortune est assez singulière; Schiller a-t-il songé à un vaisseau où s'embarquent tous ceux qui

Die Weltkugel[1] liegt vor Ihm offen.
Wer nichts waget, der darf nichts hoffen.[2]
Es treibt sich der Bürgersmann, träg und dumm,
Wie des Färbers Gaul,[3] nur im Ring herum.
Aus dem Soldaten kann alles werden,
Denn Krieg ist jetzt die Losung auf Erden.[4]
Seh' Er 'mal mich an! In diesem Rock
Führ' ich, sieht Er, des Kaisers Stock.
Alles Weltregiment, muß Er wissen,
Von dem Stock hat ausgehen müssen;
Und das Scepter in Königs Hand
Ist ein Stock nur,[5] das ist bekannt.
Und wer's zum Corporal[6] erst hat gebracht,

---

veulent faire fortune, à une nef semblable à la *nef des fous*, au *Narrenschiff* de Brant, et dont la Fortune tiendrait le gouvernail? Comp. cette phrase de Théodore Körner (lettre du 30 mars 1813) « das Schiff unserer Hoffnung fährt mit vollen Segeln ».

[1] Die Weltkugel, le globe du monde. Le maréchal des logis prend un langage solennel.

[2] Qui ne risque rien, n'a rien, disent les Français; wer Nichts wagt, disent les Allemands, der Nichts gewinnt.

[3] Ne fait que tourner en rond, comme le cheval du teinturier. Comp. sur Gaul la note du vers 261. La même comparaison avait déjà été employée par Lessing Der junge Gelehrte. I, 1, p. 282, édit. Lachmann-Muncker « In den Buchladen?... Zum Buchbinder?... Zum Buchdrucker? In diesen dreien weiß ich mich, wie das Färberpferd um die Molle » Joseph de Maistre, décrivant ses journées à Saint-Pétersbourg, disait de même « Je recommence, tournant toujours dans ce cercle et mettant constamment le pied à la même place, *comme un âne qui tourne la meule du battoir* ». Dreh dich, dreh dich, das geht den ganzen Tag, pourrait-on dire encore en appliquant au cheval du teinturier et au bourgeois le mot de Gœthe sur la girouette et sur lui-même (lettre à Salzmann).

[4] La guerre est maintenant le mot d'ordre. Christian Weise avait employé la même expression en parlant d'un avare (*die drei ärgsten Erznarren*, p. 94): Geld war die Losung. Schiller avait dit aussi *Marie Stuart*, II, 3 « Sie zu befreien, ist die Losung ».

[5] Krieg auf Erden; Wallenstein dira (*Mort de Wallenstein*, III,15) « die kriegbewegte Erde. »

[6] Ist ein Stock nur. Schiller avait d'abord mis war qu'il a supprimé à l'impression; c'eût été, en effet, supposer que le maréchal des logis sait le grec et connaît la signification de σκῆπτρον.

[7] Der Korporal, caporal; c'est, comme on sait, le dernier des sous-officiers, der Unteroffizier niedrigsten Grades.

Der steht auf der Leiter zur höchsten Macht, [1]
Und soweit kann Er's auch noch treiben. [2]
Erster Jäger. Wenn er nur lesen kann und schreiben.
Wachtmeister. Da will ich Ihm gleich ein Exempel geben;
    Ich thät's vor kurzem selbst erleben.
    Da ist der Chef [3] vom Dragonercorps,
    Heißt Buttler, [4] wir standen als Gemeine

---

[1] Buttler dit parcillement dans *les Piccolomini* (IV, 4) que l'époque où il vit, est favorable aux hommes braves et résolus :

Nichts ist zu hoch, wornach der Star-
         [ke nicht
Befugniß hat, die Leiter anzu-
         [setzen.

et Olivier, racontant sa vie de soldat à Simplex, avoue qu'il espérait von einer Staffel zur andern höher zu steigen, und endlich gar zu einem General zu werden. (*Simplicissimus*, p. 351) Simplex nourrit le même espoir « was vor Hoffnung ich hätte, ein großer Hans zu werben » et il se regarde comme un homme « der mit der Zeit noch hoch steigen kann » (p. 244).

[2] Le plus éclatant exemple de cette fortune militaire est peut-être Aldringen (voir sa biographie par Hallwich, 1885). Il passa par tous les grades et, comme on dit, biente von unten auf, von der Pike auf. Il fut d'abord simple piquier, puis devint *Gefreiter*, puis *Korporal*, *Fähnrich* ou enseigne (1615), *Hauptmann* ou capitaine (1618), *Oberstlieutenant* ou lieutenant-colonel au service de la Ligue (1621), *Oberst* ou colonel (1623), puis propriétaire d'un régiment ou *Regimentschef* et général. Il avait en 1612 quitté un instant le métier de soldat pour entrer dans la chancellerie du prince-évêque de Trente : aussi fit-on sur lui cette chanson :

Aus einem Schreiberlein zumal
Gerieth ich zu ei'm General.

Comp. dans le *Rathstübel Plutonis* de Grimmelshausen (III) le récit de la vie de Jean de Werth qui fut d'abord simple soldat, puis qui zu allen Kriegsämtern bis zum Rittmeister befördert wurde... Fortbin nahm er an Beförderung, Glück, Gewalt und Reichthum bis er endlich zu einer Generalsperson, zu einem Freiherrn und zuletzt einer gräflichen Fräulein Gemahl wurde; womit ich dann erwiesen haben will daß im Krieg mit großen Ehren großer Reichthum zu gewinnen sei. » Voir également dans le même ouvrage, chap. VII, 113, mais simplement au point de vue de l'expression, le récit de la vie de Sforza « Er zog mit andern, die durch sein Dorf passirten, in den Krieg. Anfänglich war er ein gemeiner Soldat, wird darnach ein Rottmeister, folgends ein Feldwebel, worauf er nicht länger zu Fuß dienen wollte, sondern einen Reuter abgab, da er je länger je mehr bis zum Generalat befördert wurde ».

[3] Chef et plus rarement Schef; c'est notre mot français assez souvent employé par Schiller dans sa *Guerre de Trente-Ans*. Moritz Busch nomme ainsi M. de Bismarck dans son curieux livre *Bismarck und seine Leute*.

[4] Walter Buttler, Irlandais de naissance, fut, en effet, d'abord simple soldat, puis officier dans la légion irlandaise que commandait son parent, le colonel Jacob Buttler. Fait prisonnier par les Suédois en 1631 à la défense de Francfort et remis en liberté, il s'attacha

Noch vor dreißig Jahren bei Köln am Rheine, [1]
Jetzt nennt man ihn Generalmajor. [2]
Das macht, [3] er thät sich baß hervor, [4]
Thät die Welt mit seinem Kriegsruhm füllen; [5]
Doch meine Verdienste, die blieben im Stillen [6].

---

l'année suivante à la fortune de Wallenstein qui le nomma colonel d'un régiment de dragons. Il mit Sagan à l'abri de toute attaque et prit part à la conquête de la Bohême et notamment à la prise d'Egra. Ce fut lui qui, de concert avec le capitaine Deveroux, le commandant d'Egra Gordon, le lieutenant-colonel Leslie, fit assassiner Wallenstein le 25 février 1634. Il fut comblé de biens et d'honneurs par Ferdinand II et reçut le titre de comte. On le trouve ensuite à Nördlingen (6 sept. 1634); il meurt à la fin de la même année, le 25 décembre à Schorndorf, en zélé catholique.

[1] Köln am Rheine (comp. de même dans la *Guerre de Trente-Ans*) Köln am Rhein; c'est Cologne sur la rive gauche du Rhin, l'ancienne Colonia Agrippinensis.

[2] Général-major, ou, selon le terme du temps, Oberst-Feldwachtmeister. Dans *les Piccolomini* (IV, 4) Buttler raconte lui-même sa carrière à Illo

Ich kam, ein schlechter Reitersbursch
[aus Irland..
Vom niedern Dienst im Stalle stieg
[ich auf,
Durch Kriegsgeschick zu dieser Würd'
[und Höhe.

[3] « Et pourquoi ? C'est qu'il s'est mieux distingué. » Das macht, suivi d'une proposition principale, signifie *c'est que*. Il faut sans doute expliquer cette locution en regardant das comme un accusatif ; le sujet de macht est la phrase explicative qui suit : (ce qui) fait cela

(c'est qu') il s'est mieux distingué. Comp. dans les *Piccolomini*. IV, 5, le dialogue entre le sommelier qui apporte sa soixante-dixième bouteille et le domestique qui répond « Das macht, der deutsche Herr, der Tiefenbach, sitzt dran » ; dans la *Pucelle d'Orléans*, V, 1, le mot du charbonnier « Das macht, weil sie den König nicht mehr fürchten » ; dans *Götz*, II, 8, le mot de Selbitz expliquant la confusion de Weislingen devant le petit cavalier Georges « Das macht, sein Gewissen war schlechter als dein Stand » ; dans *Egmont*, I, 1, le passage suivant « In unsrer Provinz singen wir was wir wollen. Das macht, daß Graf Egmont unser Statthalter ist. »

[4] Baß, mieux, aujourd'hui inusité et remplacé par besser ; il servait au moyen âge de comparatif à wohl ; on ne le trouve plus que dans le composé d'ailleurs très peu usité, fürbaß, en avant.

[5] Pour füllte die Welt mit seinem Kriegsruhm ; l'expression est bien emphatique à propos de Buttler qui n'est qu'un des lieutenants subalternes de Wallenstein ; elle convient mieux à Talbot, le général anglais, auquel Schiller fait dire en mourant (*Pucelle d'Orléans*, III, 6).

Und von dem mächt'gen Talbot, der
[die Welt
Mit seinem Kriegsruhm füllte,
[bleibt nichts übrig.

[6] Comme les vieux soldats qui n'ont pas avancé, le maréchal des logis remarque en passant qu'on lui a fait des passe-droits.

Ja, und der Friedländer selbst, sieht Er,
Unser Hauptmann¹ und hochgebietender Herr,²
Der jetzt alles vermag und kann,
War erst nur ein schlichter Edelmann,³
Und weil er der Kriegsgöttin⁴ sich vertraut,
Hat er sich diese Größ' erbaut,⁵
Ist nach dem Kaiser der nächste Mann,⁶
Und wer weiß, was er noch erreicht und ermißt,⁷

¹ **Hauptmann** a ici le sens de « chef » ou « commandant en chef » ; c'est celui qui a la **Hauptmannschaft**, le commandement ; celui qui, comme on disait alors, est *Haupt und Capo* de toute l'*Armada*, ou, comme le portait le brevet donné à Wallenstein en juillet 1626, **Oberster Feldhauptmann**. On se rappelle que **Hauptmann** a ce sens dans *Götz de Berlichingen*; les paysans offrent au chevalier d'être leur **Hauptmann** ou **Haupt** (V. 1).

² Notre très haut et très puissant seigneur.

³ Un simple gentilhomme... Je ne sais si Schiller avait lu le *Rathstübel Plutonis* de Grimmelshausen ; mais on lit au chap. XII, 118, ce récit de la carrière de Wallenstein fait par Springinsfeld « ...als welcher durch die Waffen aus einem Edelmann ein Herzog zu Friedland und Mechelnburg, aus einem gemeinen Soldaten ein großer und gewaltiger Generalissimus worden, der auch erkühnet, nach einem königlichen Thron zu trachten. » On voit l'empire que Wallenstein exerçait encore sur les imaginations, et comment, selon le mot de Gœthe dans le *Maskenzug* de 1818, tous les regards s'étaient dirigés sur lui « auf ihn gerichtet jeder Blick ».

⁴ La déesse de la guerre (Bellone), celle qui, comme la *Promesse* de Ronsard,

...donne et faveurs et honneurs,
Et de petits valets en fait de grands seigneurs

⁵ **Sich diese Größ' erbaut**; s'est édifié cette grandeur; expression qu'on retrouve dans la *Guerre de Trente-Ans* où Schiller dit que Wallenstein songeait à s'élever à la fois aux dépens de l'empereur d'Allemagne et du roi de Suède, auf dem Ruin von beiden den Bau seiner eigenen Größe gegründet.

⁶ Meischek parle de même dans *Demetrius* (I) : il est

der reichste Woiwoda des Reichs,
Der erste nach dem König...

Comp. ce que dit Gœthe de Wallenstein dans le *Maskenzug* de 1818 Des Kaisers Günstling, nächst an

[Thron und Stufen,

Zarès dit pareillement au favori d'Assuérus, Aman (*Esther*, III, 864)

Vous êtes après lui le premier de l'Empire.

et dans l'*Othon* de Corneille (II,2), Martian, parlant de Galba, déclare être

le premier d'après lui.

⁷ Ce qu'il atteint et ce qu'il médite ; ermessen signifie proprement mesurer, et par suite, juger, überlegen, erwägen, in den Kreis seiner Berechnungen ziehen; mais il semble que ce mot ait ici à peu près le même sens que sich vermessen (voir v. 333), « ce qu'il atteint et ce qu'il ose méditer », et que was er ermißt réponde à wie hoch seine Gedanken noch fliegen, wie hoch der Sinn ihm noch steht. On remarquera qu'il aurait été plus naturel de dire ermißt und erreicht et que les deux mots forment une de ces allitérations familières à la poésie allemande; comp. Gœthe, *Faust*, I, 34 « erschaffen und erpflegen ».

(Pfiffig.) Denn noch nicht aller Tage Abend ist. [1]
Erster Jäger. Ja, er fing's klein an und ist jetzt so groß! [2]
Denn zu Altorf [3] im Studentenkragen [4]
Trieb er's mit Permiß [5] zu sagen,
Ein wenig locker [6] und burschikos, [7]
Hätte seinen Famulus [8] bald erschlagen.

---

[1] Ou denn es ist noch nicht aller Tage Abend (mot à mot « il n'est pas encore le soir de tous les jours »), nous ne sommes pas au but, le dernier mot n'est pas dit, « car nous ne sommes pas encore au soir du dernier jour. » C'est ainsi, que dans le *Napoléon* de Grabbe (1, 4), Vitry, Chassecœur et l'avocat Duchesne s'entretiennent du futur débarquement de l'empereur « Noch ist es nicht aller Tage Abend, und wär' er da, so möchte wieder gebadet in den Wogen seines heimathlichen Mittelmeeres mit neuem Glanze ein ungeheurer Meerstern aufsteigen, der die Nacht gar schnell vertriebe!

[2] Vers court et expressif que Schiller reprendra dans la *Mort de Wallenstein* (I, 7) lorsqu'il fera dire au général
Doch eh' ich . . . .
So klein aufhöre, der so groß begonnen

[3] Altdorf ou Altorf est une ville située à 22 kilom. de Nuremberg; elle compte aujourd'hui près de 3,300 habitants. Elle appartenait depuis 1503 à la ville de Nuremberg qui s'en était emparée et l'avait gardée pour s'indemniser des frais d'une expédition entreprise au nom de l'Empire contre le Palatinat. En 1575 le gymnase de Nuremberg fut transporté à Altdorf; il grandit peu à peu et acquit une telle importance qu'il se transforma en université. Dès 1623 Altdorf est cité comme *Universitätsstadt*. Lorsqu'en 1806 Nuremberg fut cédé à la Bavière, l'université d'Altdorf fut réunie à celle d'Erlangen.

[4] En collet d'étudiant; c'est le collet que portaient les *Burschen* du xvᵉ et du xviᵉ siècle et que Goethe prête à l'étudiant qui paraît deux fois dans son *Faust* (cp. II. 2119, « am Lockenzopf und Spitzenkragen).

[5] Mit Permiß, expression familière employée déjà par Bürger (*Hist. de la princesse Europe*, v. 281); on dirait aussi mit Verlaub zu sagen, mit Respeckt zu melden, ou, comme au xviiᵉ siècle, s. v. (salva venia).

[6] Locker (il menait la vie) d'une façon un peu relâchée; locker répond tout à fait au mot dissolut, très usité au xviiᵉ siècle: comp. v. 16.

[7] Burschikos, comme un *Bursch*, en joyeux étudiant, ainsi que le héros de la *Jobsiade* (I, xiii, 901-903).

Als ein wahres Muster fideler Studenten
Verfuhr er bei allen, die ihn kennten
Und lebte immer fein und burschikos;
Sein drob erhaltener Ruhm war groß.

[8] On sait ce que signifie *famulus*; c'est dans les universités allemandes l'étudiant qui sert d'intermédiaire entre le professeur et les autres étudiants; nous le trouvons défini ainsi « ein Studierender, welcher für die einzelnen Professoren die Geschäfte besorgt, die sich auf das Äußerliche der akademischen Vorlesungen beziehen und bisweilen mit kleinen Einkünften verbunden sind. » (*Conversationslexikon*) et encore « ein solcher junger Gelehrter, der dem Professor theils

Wollten ihn drauf die Nürnberger Herren
Mir nichts, dir nichts¹ ins Carcer² sperren;
's war just ein neugebautes Nest,
Der erste Bewohner sollt' es taufen.
Aber wie fängt er's an?³ Er läßt
Weislich den Pudel voran erst laufen.
Nach dem Hunde nennt sich's bis diesen Tag;⁴
Ein rechter Kerl sich dran spiegeln mag.⁵
Unter des Herrn großen Thaten allen
Hat mir das Stückchen besonders gefallen.

---

als Gehilfe zur Seite steht, theils seinen Verkehr mit den Studenten vermittelt » (Faust, édit. Schröer, I, p. 35); mais au XVIe et au XVIIe siècle (se rappeler Amyot à Paris, au collège de Montaigu), les riches étudiants, de même que les professeurs, avaient un *famulus*, étudiant pauvre qui leur servait de domestique, et Murr nous apprend (p. 301) qu'en 1599 et 1600, lorsque le jeune Wallenstein était à l'université d'Altorf, il roua de coups son famulus Johann Reheberger qu'il avait trouvé à la fenêtre bayant aux corneilles.

¹ **Mir nichts, dir nichts** (*littér.* rien à moi, rien à toi), sans plus de façons, sans autre forme de procès, tout bonnement.

² **Carcer**, nom de la prison de l'Université; c'est dans le *Carcer* que sont enfermés les étudiants coupables de fautes graves. Gustave Schwab, représentant un étudiant, un *Bursch* qui fait ses adieux à la vie universitaire, n'oublie pas le petit local connu sous le nom de *Carcer*.

Auch du von deinem Giebeldach
Siehst mir umsonst, o Carcer, nach.
Für schlechte Herberg' Tag und [Nacht,
Sei dir ein Pereat gebracht!

³ **Es anfangen,** traduit notre expression « s'y prendre »; ich weiß nicht wie ich es anfangen soll, je ne sais comment m'y prendre; wie fängt er's an?, comment s'y prend-il?

⁴ « Cette anecdote est racontée par Murr (p. 303) « Wallenstein störte die Ruhe der Universität. Eben ließ damals der Rector derselben ein neues Carcer bauen, und zum Schrecken bekannt machen, daß es den Namen desjenigen führen sollte, welcher wegen seiner Vergehungen zuerst in dasselbe würde gesetzt werden. Wallenstein hatte bald Gelegenheit, der erste zu sein, der diese Strafe des Carcers verdiente. Als ihn aber die Pedelle in dieses Gefängniß bringen wollten, blieb er unter verschiedenem Vorwande am Eingange etwas stehn, stieß seinen kleinen Hund ins Carcer und schloß die Thüre zu. « Nun, sprach er, muß das Carcer nicht Wallensteins, sondern des Hundes Namen führen. » Le récit de Murr est légendaire; la prison de l'université s'appelait déjà, dès 1576, le *Stumpfel*, parce qu'elle avait été cette année-là étrennée par Gabriel Stumpflein.

⁵ **Mag sich dran spiegeln,** peut s'y mirer, le prendre pour *miroir*, pour modèle.

(Das Mädchen hat unterdessen aufgewartet;[1] der zweite Jäger schäkert[2] mit ihr.)

Dragoner (tritt dazwischen). Kamerad! laß Er das unterwegen![3]
Zweiter Jäger. Wer Henker![4] hat sich da drein zu legen!
Dragoner. Ich will's Ihm nur sagen, die Dirn' ist mein.
Erster Jäger. Der will ein Schätzchen für sich allein![5]
Dragoner, ist Er bei Troste? sag'[6] Er!
Zweiter Jäger. Will was Apartes[7] haben im Lager.

---

[1] Aufgewartet, de aufwarten, servir. Sichtbar, dit finement Grimm, liegt in diesem Aufwarten etwas Feineres, Milderes als im Dienen überhaupt: das Aufwartemädchen hilft bei Putz, beim Betten, bei Tische, dient nicht, gleich der Magd, überall. On sait que aufwarten a encore un autre sens: « es bezeichnet zumal die höfliche Aufmerksamkeit, welche Vornehmen und Frauenzimmern erwiesen wird ». Ces deux significations de aufwarten, servir à table et faire sa cour, sont réunies dans le passage suivant de Goethe, Was wir bringen, (X): Nymphe dit au voyageur en lui tendant la coupe kann ich aufwarten? et le voyageur répond an mir ist zu fragen, womit ich aufwarten, womit ich dienen kann.

[2] Schäkern, folâtrer, badiner; on regarde ce mot comme très récent (XVIIIe siècle) et le fait venir de l'hébreu schkker, mensonge.

[3] Unterwegen lassen, expression rare aujourd'hui (on dit unterwegs lassen ou unterlassen; « finissez, cessez ». L'expression était très usitée autrefois au moyen âge et au XVIIe siècle; je ne veux, dit Berthold de Ratisbonne, parler que d'une vertu sur huit, et laisser les sept autres de côté, die siben under wegen lân; on lit dans Simplicissimus (p. 349) wir ließen das Studieren ganz unterwegen; (p. 236), so ließ ich's drum nicht unterwegen. Stranitzky lait dire à un de ses per-

sonnages (Ollapatrida p. p. Werner, p. 22) « Sie thäte viel klüger, wenn sie das Spielen unterwegen ließe ».

[4] Qui diable… Henker, bourreau, s'emploie ainsi comme formule d'imprécation et répond à notre « diable » ou « diantre ». On trouve non seulement Henker, mais der Henker!; zum Henker (au diable); was Henker (quo diable); daß dich der Henker, etc.

[5] Schatz, diminutif Schätzchen, signifie dans la langue populaire « bon ami » ou « bonne amie ».

[6] Ist Er bei Trost, comme bei Besinnung, bei Verstande: êtes-vous dans votre bon sens? On sait que Trost, aujourd'hui consolation, a signifié primitivement force, santé du corps ou de l'âme.

[7] Apart est formé de notre locution à part ou de l'italien a parte (comp. notre mot aparté et ce passage d'une lettre de Wallenstein sur Collalto qui a toujours voulu commander à part « allezeit etwas a parte hat haben wollen » Hallwich, Aldringen, p. 23). Goethe avait déjà employé le mot dans le Götz, I, 3, où le chevalier à la main de fer dit au petit Charles « Du mußt immer was Apartes haben ». Comp. les vers de Robert Prutz sur Hutten

Die Freiheit sollte, sonnengleich,
. . . . . allen scheinen.
Noch heut' nach drei Jahrhunderten
Ist sie für die Aparten.

Einer Dirne schön Gesicht

 Muß allgemein sein, wie's Sonnenlicht![1] (Küßt sie.)

Dragoner (reißt sie weg). Ich sag's noch einmal, das leid' ich nicht.

Erster Jäger. Lustig, lustig![2] da kommen die Prager![3]

Zweiter Jäger. Sucht Er Händel?[4] Ich bin dabei.

Wachtmeister. Fried', ihr Herren! Ein Kuß ist frei!

Achte Scene.

Bergknappen[5] treten auf und spielen einen Walzer,[6] erst langsam und dann immer geschwinder. Der **erste Jäger** tanzt mit der Auf-

---

Je lis également dans Jung Stilling « in einer aparten Stube » et dans la *Vie* de Seume « ein Süppchen apart kochen » voir la note du vers 867.

[1] Schiller a dit dans la *Pucelle d'Orléans* (III, 4)

Es schickt die Sonne ihre Strahlen [gleich]
Nach allen Räumen....

[2] Lustig, lustig; comp. notre mot *gai* employé de même interjectivement, surtout dans les refrains. « Gai! gai! serrons nos rangs », a dit Béranger. L'Allemand emploie pareillement comme interjections frisch et munter (comp. aussi hurtig, schnell, still, ruhig, sachte). Schiller dit dans la *Mort de Wallenstein* (IV, 7; c'est Terzky qui se félicite avec Illo d'être arrivé à Egra) « He! Lustig, Alter! » Odoardo, fou de douleur, dit ironiquement dans *Emilia Galotti* (V, 6): « Schon recht! Lustig, lustig! »

[3] Les gens de Prague, la troupe de Prague, c'est-à-dire des musiciens ambulants, herumziehende Musikanten, qui viennent de Prague et tirent leur nom de leur lieu d'origine; on voit encore aujour-

d'hui en Bohême des troupes de musiciens courir les villes et les villages; elles se nomment, selon l'endroit d'où elles viennent, die Prager, die Karlsbader, etc. C'est ainsi qu'on nomme également — si parva licet componere magnis — « die Meininger », la troupe du théâtre de la cour de Meiningen, organisée par le duc Georges de Saxe-Meiningen et qui a joué avec le plus vif succès à Berlin, à Amsterdam, à Londres, à Saint-Pétersbourg.

[4] Sucht Er Händel? Cherchez-vous des affaires? Gœthe avait déjà fait dire au premier cavalier de Bamberg qui entend le paysan Sievers se moquer de l'évêque « Ich glaub', ihr sucht Händel » (*Götz*, I, 1.)

[5] Bergknappen, des ouvriers des mines, des mineurs.

[6] On sait que notre mot *valser* vient de l'allemand walzen, tourner, danser une valse (der Walzer); comp. *danser* qui vient de tanzen; *danse* est le substantif verbal de danser, comme *valse* de valser.

[7] *Après la panse, la danse*, dit un de nos proverbes.

wärterin, die **Marketenderin** mit dem **Recruten**; das Mädchen
entspringt, der Jäger hinter ihr her und bekommt den **Kapuziner**
zu fassen, der eben hereintritt.[1]

Kapuziner. Heisa,[2] Juchheia![3] Dudeldumdei![4]
   Das geht ja hoch her.[5] Bin auch dabei!
   Ist das eine Armee von Christen?[6]

---

[1] Voici la scène la plus connue
du *Camp de Wallenstein.* « Rien,
dit Mme de Staël, n'est plus original que l'arrivée d'un capucin au
milieu de la bande tumultueuse
des soldats qui croient défendre la
cause du catholicisme. Le capucin
leur prêche la modération et la
justice dans un langage plein de
quolibets et de calembours, et qui
ne diffère de celui des camps que
par la recherche et l'usage de quelques paroles latines ; l'éloquence
bizarre et soldatesque du prêtre, la
religion rude et grossière de ceux
qui l'écoutent, tout cela présente
un esprit de confusion très remarquable. L'état social en fermenta-
tion montre l'homme sous un singulier aspect ; ce qu'il a de sauvage reparait, et les restes de la
civilisation errent comme un vaisseau brisé sur les vagues agitées. »
Ce rôle du capucin a été rempli
avec le plus grand talent par le
célèbre acteur du Burgthéâtre de
Vienne, Beckmann, dont M. Scherer a dit dans sa brillante étude
sur Abraham à Sancta Clara « Den
Kapuziner in **Wallensteins Lager**
kennen wir lange, oft haben wir über
seine burleske Strafpredigt gelacht
und dem großen Komiker mit dem
innigsten Vergnügen stürmischen Beifall zugejauchzt ». On pourra rapprocher ce discours du sermon que
Mérimée fait tenir au frère Lubin
dans le cinquième chapitre de sa
Chronique du règne de Charles IX:
« Lorsqu'il abandonna la chaire,
un amateur de beau langage re-
marqua que son sermon, qui n'a-
vait duré qu'une heure, contenait
trente-sept pointes et d'innombrables traits d'esprit semblables à
ceux que je viens de citer. »

[2] Heisa déjà employé au vers
395, dans la chanson que chante
le conscrit, cri de joie et de triomphe composé de hei et de sa; hei
qui se retrouve dans heida, heia.
heiahoh, juchhei exprime déjà l'allégresse.

[3] Juchheia composé de juch (voir
la note sur juchzen, vers 23) et de
heia (voir la note précédente).

[4] Dudeldumdei, ce mot peut être
traduit par *tralala*, il sert à exprimer le bruit de la musique, et
Gœthe l'avait déjà employé dans
le *Jahrmarktsfest zu Plundersweilern* (v. 587 588)
   Orgelum, orgelei
   Dudeldumdei !
Ajoutons que Dudeldumdei signifie
aussi un bavardage inutile, un-
nützes Geschwätz, et que le mot se
rapporte à Dudel, instrument à
vent (Dudelsack, cornemuse ; Du-
delei, Dudeldei, Dudeldum, musique
détestable, dudeln, jouer ou chanter sans goût).

[5] Das geht ja hoch her, certes ça
va bien ici, ça va bon train ; hoch
a ici le même sens que dans les
expressions hoch spielen, jouer gros
jou, et hoch leben, vivre sur un
grand pied, et que dans ce vers de
Guillaume Tell, IV, 3 « und diese
Nacht wird hoch geschwelgt »; comp.
également hohe Ausgaben, hohe
Kosten.

[6] Simplicissimus, p. 73, se demande pareillement s'il est parmi
des chrétiens, « ob ich unter Christen
wäre oder nicht. »

Sind wir Türken? sind wir Antibaptisten?[1]
Treibt man so mit dem Sonntag[2] Spott,
Als hätte der allmächtige Gott[3]
Das Chiragra,[4] könnte nicht drein schlagen?[5]
Ist's jetzt Zeit zu Saufgelagen,[6]
Zu Banketten[7] und Feiertagen?[8]

Quid hic statis otiosi?[9]
Was steht ihr und legt die Hände in Schoß?[10]

---

[1] Pour Anabaptisten (ou Wieder-täufer).

[2] Il paraît que l'action se passe un dimanche. On n'en savait rien jusqu'à présent; mais la colère du moine et ses grands éclats de burlesque éloquence se comprennent d'autant mieux.

[3] Ici commencent les heureuses imitations d'Abraham à Sancta Clara : « lebt man doch allerseits, avait dit le moine, als hätte der Allmächtige Gott das Chiragra, und könne nicht mehr dareinschlagen » (Auf, auf, ihr Christen, p. 31.)

[4] Das Chiragra, la chiragre, la goutte aux mains (die Handgicht). Comp. das Podagra, la podagre, la goutte aux pieds (Fußgicht). On sait que Chiragra vient du grec χειράγρα.

[5] Drein schlagen, comp. la note du vers 21.

[6] Das Saufgelage, orgie. Das Gelage ou Gelag a déjà le même sens. Ce mot se rapporte à legen, et a d'abord signifié « ce qu'on met ensemble » (comp. notre mot français mets, du latin missum, ce qu'on sert, ce qu'on envoie; le latin ferculum, de ferre, porter; le gothique gabaur, du verbe bairan, porter); Gelag a passé de ce sens à celui de « débauche de table, orgie ».

[7] Das Bankett; c'est notre mot banquet; on le trouve déjà dans Hans Sachs (der Fürwitz, v. 346): Hab' groß Bancket und Gasterey! et dans Simplicissimus, édit. Kögel, p. 15 « ein lustig Banquet », p. 382 « bei einem Banquet ». Comp. dans la Vie de Courage (XIV) « das Banquetiren » et dans Springinsfeld (XXIV) « ein stattlich Banquet ».

[8] Feiertag, doit être traduit ici non pas « jour férié » ou « jour de fête », mais par « jour où l'on chôme ».

[9] Comp. dans Abraham à Sancta Clara (Auf, auf ihr Christen, p. 52) : « Nicht weniger wird erfordert von euch, daß ihr gleichmässig die Händ nicht soll in dem Sack schieben, nicht stehen wie jene Faullenzer bennen Filzweiß ist gesagt worden: quid hic statis tota die otiosi? Abraham aimait, comme on sait, à mêler le latin et l'allemand : « bei aller Gelegenheit ein lateinisches Sprüchelchen mit einflicken », selon l'expression de Lessing dans Le jeune savant (I, 1).

[10] Die Hände in den Schooß legen, mot à mot mettre les mains dans le sein. c'est-à-dire rester inactif, compressis manibus, comme disaient les Latins, « in thatenloser Ruhe », comme parle Dunois dans la Pucelle d'Orléans (I, 1), se croiser les bras. Nous avions autrefois la même expression et Duplessis-Mornay, par exemple, décrivant la condition de la France, dit que chacun avise à ses propres affaires et, la main en son sein, regarde le naufrage.

Die Kriegsfuri! ist an der Donau los,
Das Bollwerk[2] des Bayerlands ist gefallen,
Regensburg ist in des Feindes Krallen,
Und die Armee liegt hier in Böhmen,[3]
Pflegt den Bauch,[4] läßt sich's wenig grämen,
Kümmert sich mehr um den Krug als den Krieg,[5]
Wetzt lieber den Schnabel als den Sabel,[6]
Hetzt sich lieber herum[7] mit der Dirn',
Frißt den Ochsen lieber als den Oxenstirn.[8]

---

[1] Schiller a repris cette expression dans les *Piccolomini*, II, 7 :

Durch Sachsens Kreise zog
Die Kriegesfurie....

Il faut entendre ici, non pas la Furie de la guerre, mais la fureur, la Wuth, la Raserei. C'est ainsi que dans les *Brigands* Kosinsky s'écrie qu'il courut au palais du prince in voller Furie, et que Scheffel dit « Bis die Schlachtenfurie verbrannset war » (*die Schweden in Rippoldsau*). On remarquera l'orthographe furi usitée au XVII° siècle (voir, par exemple, le *Simplicissimus*, p. 370 « in der Furi »).

[2] Das Bollwerk (ou, comme dit Schiller dans le même sens figuré, en sa *Guerre de Trente-Ans*, die Brustwehr), le boulevard de la Bavière. Ce mot, d'où vient le français *boulevard*, a d'abord signifié « ouvrage de jet », Wurfmaschine (de bolen, qui avait au moyen âge le sens de « rouler, jeter, lancer » ; comp. encore aujourd'hui Böller, mortier). Il signifia depuis un ouvrage avancé et devint le synonyme de Bastion « Bastion oder Bollwerk nennt man ein aus der Umfassungslinie einer Festung vorspringendes, aus vier Linien bestehendes, hinten offenes Werk, das zur Beherrschung des Vorterrains und zur Bestreichung des Hauptgrabens dient. »

[3] On pourrait objecter au capucin, c'est-à-dire à Schiller, que l'armée vient d'apprendre à l'instant, il n'y a pas une heure, (voir v. 112) la prise de Ratisbonne.

[4] Den Bauch pflegen, soigner son ventre, sa panse ; Plaute dit de même « ventri operam dare » ; « Aber da sitzen sie und heilen sich die Haut! », s'écrie Paul Werner dans *Minna de Barnhelm* (I, 12).

[5] Mot à mot « se soucie plus de la cruche que de la guerre ». On pourrait rendre l'allitération de Krug et de Krieg en disant « se soucie plus de la *gueule* que de la *guerre* ». Barante traduit « pense plutôt à *ripaille* qu'à *bataille* » et Regnier « s'inquiète plutôt de la *bouteille* que de la *bataille*. »

[6] Littéralement « aiguise plutôt son bec que son sabre ». On pourrait rendre en français l'assonance de Schnabel et de Sabel en disant « est plus friande de *lippée* que de l'*épée* » ou « aime mieux *sabler* que *sabrer* ». Barante traduit « cherche les *poulets* et non pas les *boulets* » et Regnier « aime mieux aiguiser ses dents que son sabre ». —On remarquera Sabel, aujourd'hui inusité, au lieu de Säbel ; notre mot *sabre* vient sans doute de Sabel.

[7] Sich herumhetzen, se houspiller.

[8] Intraduisible en français : « mange le bœuf plutôt qu'Oxenstirn » ; le nom du chancelier Oxenstierna qui menait la diplomatie suédoise, depuis la mort de Gustave-Adolphe, signifie en alle-

Die Christenheit trauert in Sack und Asche, [1]
Der Soldat füllt sich nur die Tasche.
Es ist eine Zeit der Thränen und Noth,
Am Himmel geschehen Zeichen und Wunder, [2]
Und aus den Wolken, blutigroth,
Hängt der Herrgott den Kriegsmantel 'runter.
Den Kometen steckt er, wie eine Ruthe,
Drohend am Himmelsfenster aus, [3]

---

mand *front de bœuf*. Le prince de Ligne a dit de lui : « Il servait, commandait des corps avec distinction; et ce premier politique de l'Europe continua la guerre dans le sens et l'esprit de son maître, comme si du séjour des morts il lui avait envoyé ses instructions. »

[1] In Sack und Asche (ou im Sack und in der Asche (Mathieu, XI, 21), sous le sac et la cendre ; on sait qu'en signe de deuil ou de pénitence on se couvrait la tête de cendres et revêtait un *sac* ou habit de toile grossière.

[2] Zeichen und Wunder, expression de la Bible; Jésus dit au centurion de Capharnaum (Jean, IV, 48) « Wenn ihr nicht Zeichen und Wunder sehet, so glaubet ihr nicht, et dans *Götz* (II, 9) Adélaïde s'écrie : « o ihr Ungläubigen! Immer Zeichen und Wunder ! » On trouve les deux mots réunis et n'en formant qu'un seul, sous la forme Wunderzeichen.

[3] Comp. Abraham à Sancta Clara (*Auf, auf ihr Christen*, p. 26 : « ...und trobet fürwahr der über uns erzörnte Gott, durch viel Zeichen am Himmel und auff Erden mehrmahlen ein wol verdienter Rutenstreich; der gar grosse und erschreckliche Comet mag wol ein Rueten gewest seyn, die uns Gott in diß grosse Fenster gesteckt hat. » Gœthe a dit (*Drohende Zeichen*)
Oder daß blutroth ein Komet

Gar ruthengleich durch Sterne steht, et dans *Götz* (IV, 5 et V, 1) il avait parlé d'une comète « ein fürchterlicher Komet », « ein grausam erschrecklich Zeichen » qu'il décrivait assez longuement d'après la *Chronique* de Sébastien Franck. On se rappelle les *cometæ sanguinei* de Virgile et le proverbe allemand « Kometen, böse Propheten ». Henri Heine a dit dans une pièce de vers, le *Champ de bataille de Hastings* :

Jetzt wissen wir, was bedeutet hat
Der große Komet, der heuer
Blutroth am nächtlichen Himmel ritt
Auf einem Besen von Feuer.

et Philippe de Ségur raconte dans son *Hist. de Napoléon et de la Grande Armée en 1812* (II, p. 408) « Comme les peuples superstitieux, nous eûmes nos présages, nous entendîmes parler de prédictions. Quelques-uns prétendirent qu'une comète avait éclairé de ses feux sinistres notre passage de la Bérézina. » Merimée n'oublie pas dans le sixième chapitre de sa *Chronique du règne de Charles IX* de faire adresser à Coligny un billet qui contient les mots suivants : « Le ciel est éclairé à l'occident de lueurs sanglantes. Des étoiles ont disparu dans le firmament, et des épées enflammées ont été vues dans les airs. Il faut être aveugle pour ne pas comprendre ce que ces signes présagent. »

Die ganze Welt ist ein Klagehaus,
Die Arche' der Kirche schwimmt im Blute,
Und das römische Reich — daß Gott erbarm'! ²
Sollte jetzt heißen römisch Arm;
Der Rheinstrom ist worden zu einem Peinstrom,
Die Klöster sind ausgenommene Nester, ³
Die Bisthümer sind verwandelt in Wüsthümer, ⁴
Die Abteien und die Stifter
Sind nun Raubteien und Diebesklüfter, ⁵
Und alle die gesegneten deutschen Länder
Sind verkehrt worden in Elender — ⁶

---

¹ Abraham à Sancta Clara avait aussi parlé de l'arche de l'église Die Archen der Catholischen Kirchen hat... manchen Anstoß gelitten von den tobenden Wellen der Ketzereien ¹ (Auf, auf ihr Christen, 100).

² Ces deux vers

Das römische Reich — daß Gott
                        [erbarm!
Sollte jetzt heißen römisch Arm

figuraient comme épigraphe, comme *Motto*, en tête du premier chapitre, consacré à l'Allemagne, de la *Nationalchronik der Teutschen* de Pahl, parue en 1801 à Gmünd. (Cp. Wohlwill, *Weltbürgerthum und Vaterlandsliebe der Schwaben*, 1875, p. 51). Comp. les deux premiers vers de la chanson qu'entonne Frosch dans la cave d'Auerbach (*Faust*, I, 1737-38)

Das liebe heilige röm'sche Reich
Wie hält's nur noch zusammen?

³ Les couvents sont des nids dénichés (ausnehmen, aus dem Neste nehmen, déuicher).

⁴ Les évêchés sont changés en solitudes ; Schiller a forgé le mot Wüstthum qui forme avec Bisthum ce que nous appelons un à peu près.

⁵ Les abbayes et les chapitres (das Stift, fondation pieuse, et par suite, maison religieuse, monas-

tère, chapitre, église collégiale, mais il faut, ce semble, donner à ce mot un autre sens que celui de Kloster et de Bisthum, mots employés précédemment) sont maintenant des repaires de brigands et des cavernes de voleurs. Schiller a forgé Raubtei et Diebesklüfter pour former un à peu près avec Abtei et Stifter. Ajoutons que le pluriel de die Kluft (crevasse, abîme) est toujours Klüfte et que Schiller se souvenait probablement du passage de Mathieu XXI, 13 où Jésus dit dans le temple « Mein Haus soll ein Bethaus heißen, ihr habt aber eine Mördergrube draus gemacht », passage qu'il avait imité dans les *Brigands*, V, 1 (theures Mutterhaus... gemacht zur Mördergrube) et qui rappelle la tirade connue de la *Satire Ménippée* sur Paris « qui n'est plus Paris, mais une spelunque de bêtes farouches, un asile de voleurs, meurtriers et assassinateurs ! »

⁶ Abraham à Sancta Clara avait dit ... von vielen Jahren hero ist das Römisch Reich, schier Römisch Arm worden, durch stätte Krieg ;... Elsaß ist ein Elendsaß worden durch lauter Krieg; der Rhein-Strohm ist ein Pein-Strohm worden durch lauter Krieg, und andere Länder in Elender verkehrt worden durch lauter Krieg « (*Auf, auf ihr Christen*, p. 29). Ces

Woher kommt das? Das will ich euch verkünden: [1]
Das schreibt sich her[2] von euern Lastern und Sünden, [3]
Von dem Gräuel und Heidenleben, [4]
Dem sich Officier und Soldaten ergeben.
Denn die Sünd' ist der Magnetenstein, [5]
Der das Eisen ziehet ins Land herein.
Auf das Unrecht, da folgt das Übel,

---

jeux de mots sont naturellement intraduisibles; Regnier et Barante ont tenté de les rendre; voici la traduction de Regnier « L'empire romain devrait se nommer, non le riche, mais le : aivre romain. Le courant du Rhin est devenu un courant de chagrin; les couvents sont des nids vidés; les évêchés sont changés en solitudes; les moutiers, les bénéfices, en repaires de routiers, de maléfices, et toutes terres bénies de l'Allemagne ont été métamorphosées en lieux maudits ». Barante traduit ainsi : Puisse Dieu protéger l'empire, mais chaque jour il empire. Le fleuve du Rhin est devenu un fleuve de chagrin; les monastères sont jetés à terre; les couvents sont ouverts à tout vent; les sanctuaires sont changés en repaires. »

[1] Verkünden, annoncer et annoncer au nom de la religion, au nom de Dieu, ou d'une puissance surnaturelle. Comp. dans *Kassandra* « dein Drakel zu verkünden » ; dans la trad. de *Macbeth* « dort verkünden wir ihm sein Glück; dans la *Fiancée de Messine* (VI, 5) « Wie der Seher verkündet, ist es gekommen » ; dans la *Pucelle d'Orléans* (I, 11) « du lachst, weil ich Entferntes dir verkünde » (VI, 1) Willst du deine Macht verkünden » (IV, 11), « daß der Herr der Himmel sich durch eine schlechte Magd verkünden werde ». Lenau enfin s'est servi des mêmes rimes que Schiller pour exprimer la même idée dans *les Albigeois*

Der Bischof Fulco eilt, dem Volk der [Sünden
Den Zorn der Kirche donnernd zu [verkünden.

[2] Sich herschreiben, provenir, dériver…; plus loin (scène XI) Schiller dira aus welchem Vaterland schreibst du dich?

[3] Lastern und Sünden… pensée tirée peut-être du même passage de l'écrit d'Abraham à Sancta Clara (v. 28) « Dafern wir aber in zahmloser Freiheit leben, Sünd und Laster täglich vermehren, und seine Göttliche Majestät beleidigen, so zeigt er uns eine eiserne Faust, harte Kriegsempörungen und feindliche Einfall ».

[4] Nous disons aussi « une vie de païen » ; er führt ein Heidenleben, dit Hildebrand dans le *Dictiona.* de Grimm, d. h. er lebt wild und in den Tag hinein.

[5] Le péché est l'aimant qui attire le fer; on se rappelle le mot de Spiegelberg faisant la même comparaison dans les *Brigands*, II, 3 « Ich muß was Magnetisches an mir haben, das dir alles Lumpengesindel auf Gottes Erdboden anzieht wie Stahl und Eisen ». Mais Schiller a pris encore ce passage dans Abraham à Sancta Clara. « Die Sünd ist der Magnet, welcher das scharpffe Eysen und Kriegs-Schwerd in unsere Länder ziehet » (*Auf, auf ihr Christen*, p. 30).

Wie die Thrän' auf den herben Zwiebel,[1]
Hinter dem U kömmt gleich das Weh,[2]
Das ist die Ordnung im ABC.[3]
Ubi erit victoriae spes,
Si offenditur Deus?[4] Wie soll man siegen,
Wenn man die Predigt schwänzt[5] und die Meß,
Nichts thut, als in den Weinhäusern liegen?[6]
Die Frau in dem Evangelium[7]
Fand den verlornen Groschen wieder,

---

[1] Le mal suit l'injustice, comme les larmes suivent l'âcre oignon qu'on épluche. Remarquez que Schiller écrit der Zwiebel et qu'on dit aujourd'hui die Zwiebel ; c'est le même mot que notre français *cihoule* (ital. *cipolla*, espagnol *cebolla*), du latin *cœpula*, diminutif de *cœpa* ; on disait au moyen âge Zibolle, mais un w s'introduisit dans le mot, et Zibolle devint Zwibolle, que le peuple expliquait par « doppelte Bolle ».

[2] Le jeu de mots porte ici sur la suite des lettres de l'alphabet ; au lieu de dire « derrière le mal vient tout de suite la douleur », le capucin dit « derrière l'U » — qui est l'initiale de Uebel, mal — « vient le W » — qui se prononce comme Weh, douleur.

[3] Schiller a imaginé ce jeu de mots ; mais Abraham à Sancta Clara lui en avait donné l'idée « Wer hat den Türcken... gezogen in Europam ? Niemand anderer als die Sünd, nach dem S in ABC folgt das T, nach der Sünd folgt der Türck ». (*Auf, auf ihr Christen*, p. 34).

[4] Citation tirée d'Abraham à Sancta Clara (*Auf, auf ihr Christen*, p. 88) ; Megerle rapporte le mot que Grégoire de Tours prête à Clovis apprenant, en traversant le territoire de Tours, que deux de ses soldats ont pris du foin à un paysan : « So bald nun solches dem ruhmwürdigsten König zu Ohren kommen, hat er ganz eyfferig den blossen Degen in die Höhe gehebt, in beyseyn der ganzen Armee, und mit heller Stimm in dise Wort außgebrochen : *Et ubi erit spes victoriæ, si sanctus Martinus offenditur ?* Wo wird dann ein Hoffnung seyn einiger *Victori* und Sig, wann der H. *Martinus* beleydiget wird. O wie mehr soll man den Christlichen Soldaten, welche bereits ganz herzhafft mit Wehr und Waffen wider den Türkischen Erbfeind außziehen, dise kurtze Predig halten : *Et ubi erit victoria, si Deus offenditur ?... ubi erit spes victoriæ ?* »

[5] Schwänzen, c'est le terme dont on se sert pour dire : négliger un cours, manquer ou brûler une leçon.

[6] On peut traduire l'expression « c'est un pilier de cabaret », par : er liegt beständig im Weinhaus (in der Kneipe).

[7] Abraham à Sancta Clara qui était très *bibelfest* où, comme on dit encore, qui était un *Bibelhusar*, avait écrit (*Auf, auf ihr Christen*, p. 92) : « Das Weib im Evangelio hat den verlohrnen Groschen gesucht, und gefunden ; der Saul hat die Esel gesucht, und gefunden ; der Joseph hat seine saubere Brüder gesucht, und gefunden ; der aber Zucht und Ehrbarkeit bey theils Soldaten sucht, wird nicht viel finden. »

6

Der Saul seines Vaters Esel wieder,[1]
Der Joseph seine saubern[2] Brüder;
Aber wer bei den Soldaten sucht
Die Furcht Gottes[3] und die gute Zucht
Und die Scham, der wird nicht viel finden,
Thät' er auch hundert Laternen anzünden.[4]
Zu dem Prediger in der Wüsten,[5]
Wie wir lesen im Evangelisten,[6]

---

[1] On sait que Saül, allant chercher les ânesses de son père qui s'étaient égarées, et ne les trouvant pas, consulta Samuel qui le sacra roi. Cette circonstance de la vie de Saül qui trouve une couronne en cherchant des ânesses, est tombée dans le domaine littéraire; Gœthe, par exemple, fait dire à Wilhelm Meister, qui a fini par trouver sa véritable voie (VIII, 10) : « Du kommst mir vor, wie Saul, der ausging, seines Vaters Eselinnen zu suchen, und ein Königreich fand ». Henri Heine, parlant du duc de Bordeaux, écrivait : « Je lui prédis le sort inverse de celui de Saül. Le jeune Henri viendra en France pour y chercher une couronne et il n'y trouvera que les ânes de son père. »

[2] Et Joseph, ses jolis frères ; sauber est ironique ici ; Abraham à Sancta Clara l'avait employé dans le passage que Schiller s'est attaché à imiter (p. 27) « diese saubere Preisnahmeu verdient er gar zu wol » et ailleurs, par exemple, dans Judas der Erzschelm (« die saubere Frau Putiphars »); comp. Gœthe, Satyros, v. 332 « ah, saubrer Gast »; Götter, Helden und Wieland « saubere Nation ! »; Faust, I, 74 « der saubern Herren Pfuscherei ».

[3] Schiller a peut-être imité ce passage d'Abraham à Sancta Clara (Auf, auf ihr, Christen, p. 31) « der Zeit ist nicht teurers als die Forcht Gottes ».

[4] Thät' er... anzünden ; thät est ici l'imparfait du subjonctif ; lors même qu'il allumerait cent lanternes.

[5] C'est saint Jean. — in der Wüsten, pour in der Wüste, forme archaïque qu'on rencontre au XVIᵉ siècle, par exemple, dans Hans Sachs et dans Abraham à Sancta Clara (Auf. auf ihr. Christen. p. 101 « die Israeliter in der Wüsten », et au XVIIᵉ siècle (Schupp, der Freund in der Not, p. 31, il s'agit justement de saint Jean « er hab ta in der Wüsten gelegen »).

[6] Allusion à un passage de Luc (III, 14) « Da fragten ihn auch die Kriegsleute und sprachen: Was sollen denn wir thun? Und er sprach zu ihnen : Thut Niemand Gewalt noch Unrecht, und lasset euch begnügen an eurem Solde ». Mais Schiller a, cette fois, recouru à la Vulgate et en a pris les termes : « Interrogabant autem eum milites dicentes : Quid faciemus et nos ? Et ait illis : Neminem concutiatis neque calumniam faciatis et contenti estote vestris stipendiis ». Il a imité en même temps le passage suivant d'Abraham à Sancta Clara (id., p. 85) « Zu dem H. Joanni dem Tauffer seynd etliche scrupulosi Soldaten zu ihm getretten, sprechend : Was solten dann wir thun ? Worauf Joannes geantwort : « Thuet niemandt Ueberlast, noch Gewalt : contenti estote stipendiis vestris, und seyet mit eurem Solb zufriden. » Il est curieux que Schupp parlant des soldats dans son Der Freund in der Not (édit. Braune, p. 37), ait également rappelé ce trait de

Kamen auch die Soldaten gelaufen,
Thaten Buß'[1] und ließen sich taufen,
Fragten ihn: Quid faciemus nos?[2]
Wie machen wir's, daß wir kommen in Abrahams Schoß?
Et ait illis, und er sagt:
Neminem concutiatis,
Wenn ihr niemanden schindet und plackt.[3]
Neque calumniam faciatis,
Niemand verlästert,[4] auf niemand lügt.[5]
Contenti estote, euch begnügt,
Stipendiis vestris, mit eurer Löhnung
Und verflucht jede böse Angewöhnung.[6]
Es ist ein Gebot:[7] Du sollst den Namen
Deines Herrgotts nicht eitel auskramen![8]
Und wo hört man mehr blasphemieren,[9]
Als hier in den Friedländischen Kriegsquartieren?[10]

---

l'Evangile « Und es gehet schwer her, wann heutiges Tags ein Soldat in Acht nehmen soll, die Regul, welche Johannes der Täufer den Kriegsleuten gab, als sie am Jordan zu ihm kamen ».

[1] Buße thun, faire pénitence, expression qui revient à tout instant dans la Bible.

[2] Comme Lazare le pauvre, après sa mort « ...und ward getragen von den Engeln in Abrahams Schooß »; le riche, jeté dans l'enfer, le voit de loin « ..und sahe Abraham von ferne, und Lazarum in seinem Schooß » (Luc, XVI, 22 et 23).

[3] Schindet und plackt; comp. plus haut la même expression, v. 255.

[4] Verlästern, de Laster, aujourd'hui « vice », mais qui signifiait autrefois « injure »; de là le sens de verlästern, diffamer, calomnier et de Lästermaul (v. 606), méchante langue, langue de vipère.

[5] Auf..., sur le compte de « si vous ne mentez contre personne ».

[6] Angewöhnung, mot rare et qui répond au français accoutumance.

[7] Encore un passage imité d'Abraham à Sancta Clara (Auf, auf ihr Christen, p. 89) « Es ist ein Gebott, du sollest den Nahmen Gottes nicht eitel nennen ».

[8] Auskramen, étaler, faire étalage de... La Bible dit : « Du sollst den Namen des Herrn, deines Gottes, nicht mißbrauchen » et encore « Ihr sollt nicht falsch schwören bei meinem Namen und entheiligen den Namen deines Gottes. »

[9] Comp. ce passage d'Abraham à Sancta Clara (Auf, auf ihr Christen) : wer ist der mehrer Flucht und Schwert als ihr ? — Blasphemieren, de notre mot blasphémer; comp. die Blasphemie, blasphème.

[10] Lors même, dit Abraham à Sancta Clara, que le ciel serait sans nuages et entièrement éclairé par les rayons dorés du soleil, chez vous (il s'adresse aux soldats) il faut que tombe toujours le tonnerre et la grêle, so muß doch bey euch Donner und Hagel allzeit einschlagen. Et on lit dans la sixième vision de Philander de Sittewald (p. 303-304) qu'un bourgmestre du temps reproche aux soldats de jurer à tout instant et d'avoir constamment à la bouche « Daß dich

Wenn man für jeden Donner und Blitz, [1]
Den ihr losbrennt [2] mit eurer Zungenspitz',
Die Glocken müßt' läuten im Land umher, [3]
Es wär' bald kein Meßner [4] zu finden mehr.
Und [5] wenn euch für jedes böse Gebet,
Das aus eurem ungewaschenen [6] Munde geht,
Ein Härlein ausgieng aus eurem Schopf,
Über Nacht wär' er geschoren glatt,
Und wär' er so dick wie Absalons Zopf. [7]
Der Josua war doch auch ein Soldat, [8]
König David erschlug den Goliath,
Und wo steht denn geschrieben zu lesen,
Daß sie solche Fluchmäuler [9] sind gewesen?

---

der Donner und der Hagel erschlag ».
Comp. *Simplicissimus*, 71-72 « ..da
hörete ich schweren bey Gott und
ihren Seelen... es blieb bey so ge-
ringen Kinderschwüren nicht, sondern es folgte hernach : Schlag mich
der Donner, der Blitz, der Hagel !...
Ich gedachte an Befehl Christi, da
er saget : Ihr sollet allerdings nicht
schwören.. »

[1] Donner und Blitz, on dit aussi
Donner und Hagel (voir la note précédente) Donner und Wetter, et
en réunissant les deux mots Donnerwetter.

[2] Que vous faites partir, que vous
déchargez (losbrennen, comme une
arme à feu) avec la pointe de votre langue, « qui jaillit du bout de
votre langue ».

[3] Comp. Abraham à Sancta Clara (*Auf, auf ihr Christen*, p. 90)
So man zu allen Wetteren, welche
euer Fluch-Zung außbrütet, müßt
die Glocken leuten, man koute gleichsam nicht Meßner genug herbey
schaffen. Megerle ajoute « si vous
jetiez à l'ennemi autant de balles
que vous jetez au ciel de jurons
impies, nous chanterions vêpres
au bout de six semaines dans
Constantinople à Sainte-Sophie ».

[4] Meßner (de Messe), sacristain

« der Meßner oder Glöckner » (*Simplicissimus*, p. 191).

[5] Ces cinq vers ont été fournis à
Schiller par Abraham à Sancta
Clara (*Auf, auf ihr Christen*, p. 89-
90) « Wann euch solte von einem jeden Flucher ein Härl außgehen, so
wurde euch in einem Monath der
Schädel so glat, und so er auch deß
Absalons Strobel gleich wäre, als
wie ein gesottener Kalbskopff. »

[6] Ungewaschen, mot à mot non
lavée, ici impure, immonde. Comp.
Gœthe, *Pater Brey*, v. 222 « aus
rohen ungewaschenen Leuten... »

[7] Lors même qu'elle serait aussi
épaisse, aussi chevelue que la
queue (der Zopf, queue, tresse de
cheveux), que la crinière d'Absalon.

[8] Mouvement imité d'Abraham à
Sancta Clara (*id.*, p. 90) : *David
war auch ein Soldat...* doch hat diser
streittbare Kriegs-Fürst keinen viel
tausend Teuffel auff den Rucken geladen. Comp. également dans le
même écrit p. 65 « *Wie David den
großmauleuten* Goliath überwunden.

[9] Fluchmaul, grand jureur, comp.
plus loin (v. 606) Lästermaul, Lü-
genmaul, Schandmaul, Zankmaul;
comp. aussi les composés avec
Zunge, tels que Lästerzunge, Schand-
zunge; nous disons aussi « une mé-

Muß man den Mund doch, ich sollte meinen,
Nicht weiter aufmachen zu einem Helf Gott![1]
Als zu einem Kreuz Sackerlot![2]
Aber wessen das Gefäß ist gefüllt,
Davon es sprudelt und überquillt.[3]
    Wieder ein Gebot ist: Du sollst nicht stehlen.[4]
Ja, das befolgt ihr nach dem Wort,
Denn ihr tragt Alles offen fort.[5]
Vor euren Klauen und Geiersgriffen,[6]
Vor euren Praktiken[7] und bösen Kniffen

chante langue » « une langue do-
rée », en parlant d'une personne
qui se plait à médire ou qui est
éloquente.

[1] Il faut citer ici, à tout instant,
Abraham à Sancta Clara (id., p. 90)
Ich vermeine ja nicht, daß man das
Maul muß weiter auffsperren, zu
disem Spruch : Gott helff dir, als
der Teuffel hol dich.

[2] Il ne faut pourtant pas, à ce
qu'il me semble, ouvrir la bouche
plus grande pour un « Dieu me
soit en aide! » que pour un « Sacre-
bleu! » —Helf Gott ou Gott helfe,
que Dieu me protège, que bien me
fasse! — Kreuz Sackerlot (Sackerlot
ou Sapperlot, comme Sackerment ou
Sapperment, comme sacristi ou sa-
pristi), juron formé de Kreuz, croix,
auquel s'ajoute un autre mot : cp.
encore Kreuz Bataillon!; Kreuz-
donnerwetter!; Kreuzdodschwere-
noth! Ce juron était alors très fré-
quent, car nous lisons le mot sacre-
loter dans une relation de voyage
de M. de L'Hermine (Mémoires de
deux voyages et séjours en Alsace
1674-76 et 1681, 1886, p. 143) et
le voyageur ajoute « terme de soldats, qu'ils emploient pour signifier une menace remplie d'injures
et d'imprécations ».

[3] Mots qui rappellent la parole
de l'évangéliste « Weß das Herz voll
ist, deß gehet der Mund über » (Mathieu, XII, 34 et Luc, VI, 45.) « Ce
dont le vase est rempli, il en bouil-

lonne et en déborde » ; sprudeln,
bouillonner, jaillir tumultueuse-
ment et en tourbillon ; überquellen,
se déborder, se répandre à flots.
Ueberquillt rime avec gefüllt (comp.
la note du vers 14) de même que
dans le poème die Huldigung der
Künste, quillet rime avec füllet.

[4] Abraham à Sancta Clara reprend de même (id., p. 94) Es ist
mehrmalen ein Gebott « Du sollt
nit stehlen ».

[5] Les soldats suivent à la lettre
le commandement « tu ne voleras
pas »; ils ne volent pas, sie stehlen
nicht, car stehlen indique qu'on fait
quelque chose furtivement, et en
cachette, en se dérobant avec soin
aux regards d'autrui; non, ils em-
portent ce qui leur plait, publique-
ment, en plein jour, à découvert,
au vu et au su de tout le monde.

[6] Il les compare à des oiseaux
de proie, à des vautours (Geier);
ils ont des serres (Klaue) et des
griffes (Griff, d'où notre mot français).

[7] Praktiken, pluriel de die Praktik
qui vient de notre mot français
pratique, au sens de manœuvre,
menée; Praktik a le même sens que
Kunstgriff, ruse, artifice, tour d'a-
dresse. C'est un mot du temps et
qu'on trouve souvent dans Simplicissimus (p. 176) et dans la correspondance des généraux ; Wallenstein écrit le 31 octobre 1629
qu'il voit dans l'empire « allerlei

Ist das Geld nicht geborgen in der Truh,[1]
Das Kalb nicht sicher in der Kuh,[2]
Ihr nehmt das Ei und das Huhn dazu.
Was sagt der Prediger? Contenti estote,
Begnügt euch mit eurem Kommißbrote.[3]
Aber wie soll man die Knechte loben,
Kömmt doch das Ärgerniß[4] von oben!

---

böse Praktiken geführt[1]; lorsqu'il se plaint des intrigues de Collalto, il parle des böse Praktiken de ce général et ajoute qu'il est ein großer Praktiko, qu'il cabale en Bavière, bei Baiern prakticiren ...dies ist alles des Grafen von Collalto Praktika (Hallwich, *Aldringen*, 154). Questenberg écrit à l'empereur que Wallenstein fera la guerre en été *con le forze* et en hiver durch Praktiken. (Bilek, Waldstein, 1886, p. 148). Enfin, on sait que Sezyma Raschin nommait la vieille comtesse Trzka eine gewaltige Praktikantin, et il assure que Gustave-Adolphe désirait intriguer, prakticiren avec Wallenstein.

[1] Die Truh ou die Truhe, le bahut. Le mot est employé par Schiller en sa *Guerre de Trente-Ans*, dans le récit des derniers jours de Wallenstein ; un des compagnons du général lui conseille de rentrer en grâce auprès de l'empereur et de lui offrir quarante mille ducats qu'il a in den Truhen. Dans la comédie de Hans Sachs, « l'homme riche mourant », on voit die zwen Knecht bringen den schatz in einer truhen. Abraham à Sancta Clara avait dit aussi (*Auf, auf ihr Christen*, p. 110) « das Kleid so in deiner Truhen ligt. » Le mot était synonyme de Kasten, comme on le voit par ce passage du rapport de Sezyma Raschin « er hat Kästen aufgemacht.... und die Truhen wieder zugesperret. »

[2] Comp. dans Abraham à Sancta Clara (*Auf, auf ihr Christen*, p. 94-95) « Es gibt freilich wol viel plumpe Soldaten, aber mehristen doch haben gute *Inventiones*, absonderlich bei den Bauern; dann wann sie allda ein Kuhe stehlen, so nehmen sie das Kalb für ein Zuewag... Und vor euch nicht sicher ist das Geld in der Truhen, die Truhen in dem Hauß, das Hauß in dem Dorff, das Dorff in dem Land. » Schiller, en empruntant ses couleurs à Abraham, ne faisait que peindre la réalité; voir dans *Simplicis imus*, p. 15, le récit du pillage de sa maison « die durchstürmten das Haus unten und oben, ja das Gemach war nicht sicher, gleichsam ob wäre das Gölden Fell von Colchis darin verborgen. »

[3] Das Commißbrot, le pain de munition. Le mot die Kommiß signifiait autrefois « ce qui est distribué aux soldats » et on lit dans la *Militaris disciplina* de Kirchhoff (1581) « die königliche Kommiß, nämlich Fleisch, Brot und Wein ». Aujourd'hui Kommiß signifie « les effets d'habillement pour la troupe », mais le mot est surtout usité en composition : die Kommißbäckerei, la manutention ; das Kommißhemb, la chemise du soldat ; die Kommißschuhe, les souliers fournis par l'État ; das Kommißtuch, le drap de troupe ; das Kommißkaliber, le calibre d'ordonnance ; der Kommißspeck, (voir la *Vie* de Seume), etc. Remarquons encore le mot populaire : der Kommißsoldat, le vieux troupier.

[4] Le mot, autrefois féminin, dans le sens de « dépit », n'a plus que le genre neutre et ne signifie plus que « scandale ».

Wie die Glieder, so auch das Haupt![1]
Weiß doch niemand an wen der[2] glaubt!
Erster Jäger. Herr Pfaff! Uns Soldaten mag er schimpfen,
Den Feldherrn soll Er uns nicht verunglimpfen.[3]
Kapuziner. Ne custodias gregem meam![4]
Das ist so ein Ahab[5] und Jerobeam[6],
Der die Völker von der wahren Lehren
Zu falschen Götzen[7] thut verkehren.[8]
Trompeter und Recrut. Laß Er uns das nicht zweimal
hören!

---

[1] Schiller reprendra cette comparaison dans la *Mort de Wallenstein* où il montre l'armée abandonnant son général (III. 13) wenn Haupt und Glieder sich trennen.

[2] Der, c'est-à-dire das Haupt, le chef, Wallenstein.

[3] Verunglimpfen, calomnier, diffamer, décrier; de Unglimpf qui signifie aujourd'hui dureté, rigueur, manque de douceur (comp. der Glimpf dont le sens actuel est « douceur »; Glimpf geht über Schimpf, dit Hebel). Mais il faut remarquer que Unglimpf (unglimpf), signifiait autrefois injustice, injure et Glimpf (gelimpf), bonne renommée; on disait au moyen âge Ehre und Glimpf « honneur et réputation » et Tilly écrit à Wallenstein de choses qui concernent sa réputation, so Derofelben fürstliche Person Glimpf und Reputation concerniren (lettre du 21 février 1631). On voit que verunglimpfen signifie faire Unglimpf à quelqu'un, ternir sa réputation, son Glimpf. On disait de même au moyen âge « verunliumunden » (de « liumund », aujourd'hui Leumund, renommée; d'où « unliumunt », mauvaise renommée).

[4] Jésus dit à Pierre « Weide meine Schafe » (*Jean*, xxi, 16 et 17). Le capucin reprend ces mots et suppose que Dieu dit à Wallenstein « Weide meine Schafe nicht ». *Meam* pour *meum*, à cause de la rime; grex n'était féminin que dans le vieux latin.

[5] Achab, roi d'Israël (917-895 avant J.-C.); dominé par sa femme Jezabel, il introduisait dans Israël le culte phénicien de Baal et d'Astarté. Les ministres réformés en France appelaient aussi le roi Charles IX un Achab.

[6] Jéroboam est cité dans le passage d'Abraham à Sancta Clara qu'avait lu Schiller et qu'il voulait imiter (cp. p. 29 « Unter der Regierung des jüdischen Königs Jeroboam »). On sait qu'il fut élu roi d'Israël (975-954 avant J.-C.) et qu'il adora les idoles.

[7] Der Götze, idole; selon les uns le mot signifie proprement une image fondue (Gußbild) et se rapporte à gießen; selon les autres, et plus justement, il se rapporte à Gott, de même que Spatz à Spar (Sperling) et que le nom propre Götze à Gottfried.

[8] Thut verkehren pour verkehrt.

Kapuziner. So ein Bramarbas[1] und Eisenfresser,[2]
Will einnehmen alle festen Schlösser.[3]
Rühmte sich mit seinem gottlosen Mund,
Er müsse haben die Stadt Stralsund,[4]
Und wär' sie mit Ketten am Himmel geschlossen.[5]
Trompeter. Stopft ihm keiner sein Lästermaul?[6]

---

[1] Bramarbas, fanfaron, synon. Prahlhans, Großsprecher. Le mot se rencontre pour la première fois dans un poème satirique d'un auteur inconnu, *Kartell des Bramarbas an Don Quixote* (poème que Philander, von der Linde reproduit en 1710 dans son *Unterredung von der deutschen Poesie*). Mais ce fut Gottsched, qui mit le mot en vogue, lorsqu'il eut donné à la traduction d'une comédie du Danois Holberg (*Jakob von Tyboe eller den stortalende Soldat*) le titre « Bramarbas oder der großsprecherische Officier. » De là bramarbasieren employé par Schiller dans les *Brigands*, I, 2 « der Wein bramarbasiert aus deinem Gehirne ».

[2] Eisenfresser (mangeur de fer), fier à bras, mangeur d'acier, avaleur de charrettes ferrées; mot employé par Abraham à Sancta Clara (*Auf, auf ihr Christen*, p. 74) « ein schrecklicher Eisenfresser und Haberkatz ». On lit dans une comédie de Hans Sachs (*das Pachenholen*, v. 51-53)

ir... seit zwen eisenfresser,
Tragt spitzbartu und lange messer,
Und wolt idermon stechen und hauen.

Moscherosch emploie Eisenbeißer et dit des fanfarous « sie fressen die Welt mit Worten » (*Philander do Sittewald*, sixième vision.

[3] Il veut prendre tous les châteaux forts ; pour lui, comme pour le prince d'Orléans, père de Dunois (*Pucelle d'Orléans*, I, 2)

... kein feindlich Schloß war ihm zu
                              [fest.

[4] Düntzer remarque justement que le vers est incorrect, car Stralsund ne forme pas un iambe, et dans ce mot l'accent est sur Stral et non sur sund.

[5] Mot rappelé par Schiller dans la *Guerre de Trente-Ans* : « Wallenstein suchte durch prahlerische Drohungen den Mangel gründlicherer Mittel zu ersetzen. Ich will, sagte er, diese Stadt wegnehmen, und wäre sie mit Ketten an den Himmel gebunden. » Mais Ranke (*Hist. de Wallenstein*, p. 85-86) ne croit pas à ce mot ; « doch findet sich dafür kein glaubwürdiges Zeugniß. Wohl hat er einst in einer Audienz den stralsundischen Gesandten indem er mit der Hand über den Tisch fuhr, gesagt, so wolle er auch ihrer Stadt thun, gleich als denke er sie vom Boden zu vertilgen — ein Drohwort, wie er sie in momentaner Aufwallung nicht selten vernehmen ließ. » — Ajoutons à propos de ce vers qu'il faudrait rétablir, ne fût-ce que pour la rime, un vers oublié dès la première édition.

Hat aber sein Pulver unsonst verschossen.

[6] « Personne ne lui ferme donc sa bouche calomnieuse? » Mais cette traduction ne rend pas l'énergie des mots allemands ; stopfen signifie « bourrer, tamponner » et Maul n'a guère autre équivalent que notre mot « gueule ». Hans Sachs s'était servi de la même expression (*das Pachenholen*, v. 143) « Kanstu ir nicht ir Maul verstop-

Kapuziner. So ein Teufelsbeschwörer[1] und König Saul,[2]
   So ein Jehu und Holofern,[3]
   Verleugnet, wie Petrus, seinen Meister und Herrn,
   Drum kann er den Hahn nicht hören krähn —
Beide Jäger. Pfaffe! Jetzt ist's um dich geschehn!
Kapuziner. So ein listiger Fuchs[4] Herodes —
Trompeter und **beide Jäger** (auf ihn eindringend).
   Schweig stille! Du bist des Todes!
Croaten (legen sich drein). Bleib' da, Pfäfflein, fürcht' dich nit,
   Sag dein Sprüchel und theil's uns mit.[5]
Kapuziner (schreit lauter). So ein hochmüthiger Nebukadnezer,[6]
   So ein Sündenvater und muffiger[7] Ketzer,[8]

---

fen? », ainsi que Schupp (der *Freund in der Not*, p. 30, il s'agit d'Herodiade qui fait taire saint Jean) « da sie dem Pfaffen wolle das Maul stopfen ». Dans le *citoyen général*, 10 Märten crie, en poursuivant Schnaps « Stopf' ihm das Maul! » Comp. encore dans la Bible *Psaumes*, XL, 10 « ich will mir meinen Mund nicht stopfen lassen ».

[1] Teufelsbeschwörer (ou encore Teufelsbanner), qui conjure le diable, exorciste. C'est le nom que le *Volksbuch* donne au docteur Faust qu'il appelle aussi un Zauberer, un Schwarzkünstler, etc.

[2] Un roi Saül, un « Teufelsbeschwörer » comme le roi Saül; la magie, dit le *Volksbuch* du docteur Faust (édit. Braune, 1878, p. 6) est le plus grand crime du monde et il cite l'exemple de Saül allant consulter la pythonisse d'Endor (Samuel, I, 28) : « Wie denn Saul von Gott gar abtrünnig wird, ... biß er gar an Gott verzweiffelt, den Teuffel selber zu Endora, bei der Warsagerin rathsfraget. »

[3] Jehu était aussi, comme on sait, zum Götzendienste geneigt, et Holopherne est le général de Nabuchodonosor « si méchamment mis à mort par Judith ».

[4] Expression de la Bible, Luc, XIII, 31-32 les Pharisiens disent à

Jésus que Hérode veut le tuer, et il leur répond : Gehet hin und saget demselben Fuchs.

[5] Le soldat Laukhard nous représente de même les Croates des guerres de la révolution (« die Bigotterie des kroatischen Freiräubers » *Mém.* de Laukhard, IV, 2, p. 243).

[6] Nebucadnezer ou Nabuchodonosor; il est nommé dans le passage déjà cité d'Abraham à Sancta Clara qui l'appelle « ein gottloser und abgöttischer Tyrann » (p. 34).

[7] Muffig, nauséabond, puant de der Muff qui signifie odeur de moisi, odeur méphitique; comp. le verbe muffen, sentir le relent, et notre mot *mousette* ou *mofette*, exhalaison qui s'élève des laves en fusion ou dans les lieux souterrains, surtout dans les mines. — C'est ainsi que le prédicateur du XIIIe siècle, Berthold de Ratisbonne, ne nommait jamais les Juifs dans ses sermons sans leuraccoler l'épithète de « stinkend ». — Remarquons, en outre, qu'Abraham à Sancta Clara avait employé le mot muffend (*Auf, auf ihr Christen*, p. 102) en parlant des oignons d'Egypte que les Israélites préféraient à la manne céleste sollen dann auch die muffende Erdgewächs besser schmecken als das Himmel-Brod?

[8] Ketzer, hérétique. Le mot vien-

Läßt sich nennen den Wallenstein;
Ja freilich ist er uns allen ein Stein
Des Anstoßes und Ärgernisses, [1]
Und so lang' der Kaiser diesen Friedeland
Läßt walten, so wird nicht Fried' im Land. [2]

Er hat nach und nach bei den letzten Worten, die er mit gehobener Stimme spricht, seinen Rückzug genommen, indem die Croaten die übrigen Soldaten von ihm abwehren.

Neunte Scene.

Vorige, ohne den Kapuziner.

Erster Jäger (zum Wachtmeister).
  Sagt' mir, was meint' er mit dem Göckelhahn, [3]
  Den der Feldherr nicht krähen hören kann?
  Es war wohl nur gesagt ihm zum Schimpf und Hohne?
Wachtmeister. Da will ich Euch dienen. [4] Es ist nicht ganz
  ohne! [5]

---

drait du grec καθαρός, le *th* grec s'étant changé en *tz* (comp. le mot italien *gazari*). On sait que la secte des Cathares ou des « purs » se répandit dès le XIe siècle dans l'Europe occidentale et s'y organisa fortement au siècle suivant; elle était devenue dans le midi de la France presque la religion nationale. (Ch. Schmidt, *Hist. de l'église d'Occident*, 224.)

[1] Le jeu de mots sur Wallenstein qui est « pour tous une pierre d'achoppement et de scandale », ne peut se traduire en français. — Comp. à l'expression « ein Stein des Anstoßes und Aergernisses les mots de la Bible « ein Stein des Anstoßens und ein Fels der Aergerniß » (Isaïe, VIII, 14).

[2] Nouveau jeu de mots intraduisible. C'est comme si l'on avait dit en Espagne que tant que régnerait le duc de la Paix (Godoï), il n'y aurait pas de paix; mais ici le *Wortspiel* ne porterait que sur le mot « paix », et en allemand il porte sur les deux mots Fried et Land dont se compose le titre ducal porté par Wallenstein.

[3] Göckelhahn, on dit plus communément Gockelhahn et Gickelhahn.

[4] Da will ich euch dienen; le maréchal des logis voit tout et sait tout; il n'est jamais en défaut; pas une question à laquelle il ne laisse aussitôt réponse; il réplique donc « je vais vous servir », c'est-à-dire j'ai la réponse à votre service, je puis vous fournir le renseignement et le fournirai volontiers. On dit de même : ich kann Ihnen nicht dienen, je ne saurais vous renseigner, vous servir (par un renseignement), vous être utile.

[5] Es ist nicht ohne, comme s'il y avait Es ist nicht ohne Grund, ohne Ursache; rapprocher de cette locution elliptique la phrase latine où le verbe n'est pas exprimé : *conditio sine qua non*. L'expression es ist nicht ohne, encore usitée, par

Der Feldherr ist wundersam geboren,
Besonders hat er gar kitzlichte Ohren.[1]
Kann die Katze nicht hören mauen,
Und wenn der Hahn kräht, so macht's ihm Grauen.[2]
Erster Jäger. Das hat er mit dem Löwen gemein.[3]
Wachtmeister. Muß Alles mausstill[4] um ihn sein.
Den Befehl[5] haben alle Wachen,

---

exemple dans le dialecte de Leipzig, se trouve souvent chez les auteurs du XVII⁰ siècle. Comp. ce passage d'Opitz (von der deutschen Poeterei, p. 14) : « Es ist nicht ohn, daß.... die Ursache kan wol sein, daß... » ainsi que Weise die drei ärgsten Erznarren, p. 14. 49, 94, 160, 176 ; Schupp, der Freund in der Not, p. 23, 25, 30 ; Grimmelshausen, das Vogelnest, XIV où l'on trouve à la fois Es ist nicht ohn et Ohn ist's nicht. Voir encore Kortum, Jobsiade, I, XXIX, 2921

« Zwaren ist es dermalen nicht ohne ». Aldringen dit dans une lettre à l'empereur « Nun ist nit ohne daß... » (Hallwich, Wallenstein, p. 1103).

[1] Il les oreilles très chatouilleuses ;kitzlicht et plus souvent kitzlig).

[2] Murr dont Schiller a consulté les Contributions à l'histoire de la guerre de Trente-Ans (p. 361) raconte qu'on fit sur Wallenstein les vers suivants en guise d'inscription tumulaire :

Hahnen, Hennen, Hund' er bandisirt
Aller Orten wo er logirt.
Doch muß er gehen des Todes Stra-
[ßen,
D' Hahn krähen, b' Hund bellen
[laßen.

« Il prend coqs, poules, chiens partout où il loge. Et pourtant il doit aller le chemin de la mort, laisser chanter le coq, laisser aboyer le chien. » Dans le même recueil (p. 363) Schiller lut une

inscription latine sur Wallenstein :

Qui galli cantus, illyci de more leonis,
Horruit...;

[3] On sait tous les récits fabuleux qui ont couru sur le lion ; on croyait qu'il était, de tous les animaux sauvages, le seul sensible aux prières ; qu'il se montrait généreux envers les femmes et les enfants ; qu'il méprisait les petits animaux ; que le chant du coq lui inspirait de la crainte.

[4] Mausstill, et aussi mausestill (comp. mäuschenstill, Schiller, les Piccolomini, IV, 5, et stockmäuschenstill, Bürger, Frau Schnipps, v. 45), très tranquille, très silencieux, parfaitement coi. Le mot signifie-t-il proprement silencieux comme une souris ou d'un tel silence qu'on pourrait entendre une souris ? Il faut opter pour le premier sens ; Hans Sachs ne dit-il pas

So wisch ich's Maul, schweig wie
ein Mauß?

(Die drei Klaffer, v. 36) et ne lit-on pas dans Hamlet, I,1 : Bernardo : Have you had quiet guard? — Francisco : Not a mouse stirring. Comp. encore Simplicissimus, p. 138 ich hielt mich stiller als eine Maus, et Vie de Courage, XXI, so still wie ein Mäusel ; Goethe, der getreue Echart, schweiget wie Mäuselein.

[5] Telle est la consigne de toutes les sentinelles. Comp. ce que dit Schiller de la retraite de Wallenstein à Prague, dans l'intervalle entre le premier et le second

Denn er denkt gar zu tiefe Sachen. [1]

Stimmen (im Zelt; Auflauf). [2]

Greift ihn, den Schelm! Schlagt zu! [3] Schlagt zu!

Des Bauern Stimme. Hilfe! Barmherzigkeit!

Andere Stimmen.   Friede! Ruh!

Erster Jäger. Hol' mich der Teufel! Da setzt's Hiebe. [4]

Zweiter Jäger. Da muß ich dabei sein! [5] (Laufen ins Zelt).

Marketenderin. (kommt heraus).   Schelmen [6] und Diebe!

---

commandement : « Zwölf Patrouillen mußten die Runde um seinen Palast machen, um jeden Lärm abzuhalten. Sein immer arbeitender Kopf brauchte Stille; kein Geraffel der Wagen durfte seiner Wohnung nahe kommen, und die Straßen wurden nicht selten durch Ketten gesperrt ». (Guerre de Trente-Ans) Ranke dit de même « Wenn er sich in sein Quartier zurückzog, so hielt er drüber, daß Niemand in der Nähe desselben mit Pferden und Hunden erscheinen, mit klirrenden Sporen daherschreiten durfte. » Hist. de Wallenstein, p. 238) et ailleurs lorsqu'en 1628, le généralissime refuse de recevoir Adam Schwarzenberg, er war, dit encore l'historien (p. 84), in einer seiner bizarrsten Aufwallungen, in der er nicht nur keinen Lärm, sondern keinen Laut vernehmen wollte; man durfte die Glocken nicht ziehen; die Hunde, deren Gebell ihm besonders verhaßt war, mußten von der Straße geschafft werden; und wehe denen, die auch dann mit ihm in Berührung kommen mußten! Das geringste Versehen bestrafte er mit Schlägen. »

[1] On trouve quelquefois denken avec l'accusatif sans préposition : Gleim, Kriegslieder, « Und dachte seine Schlacht »; Bürger: « Und seinen Ritter dachte » (die Entführung. v. 96); Gœthe : « Oefters dacht' ich mir die Flucht » (Hermann et Dorothée, II, 88); denkt Kinder und Enkel (Iphigénie, IV, 5), wie ich den Verlust gedacht, so dacht ich nunmehr alles... (Camp. de France, p. 149).

[2] Auflauf, rassemblement de gens qui courent, attroupement.

[3] Schlagt zu, frappez dessus.

[4] Da setzt's Hiebe, il y a là des coups, on se tape là dedans, on échange des horions ; es setzt comme es gibt; comp. les phrases es setzte Mühe, on eut de la peine à... ; es setzte was ou was Warmes, comme es gibt Prügel; es wird etwas setzen, ce sera une chaude affaire, et dans Götz, V, 2 « wenn's Händel setzt », s'il y a des chicanes, des querelles... ; dans Egmont, I, 1 « und da setzt's allen Augenblick Verdruß und Händel »; dans Reineke Fuchs, IX, 328-329. « setzt es denn einmal tüchtige Schläge »; dans le Citoyen général, 8 « das hätte schöne Händel gesetzt! ».

[5] Le second chasseur est tout l'opposé de Panurge qui craignait les coups naturellement; s'il y a a rixe, il faut qu'il y soit.

[6] Schelmen; le pluriel serait aujourd'hui Schelme. Schiller et Gœthe emploient l'une et l'autre forme (Mort de Wallenstein, III, 8 pflichtvergessene Schelmen ! ». Reineke Fuchs, VI, 120 « Thränen liefen dem Schelmen ».) C'était l'injure la plus familière aux soldats de l'époque, et les Français même avaient fini par se servir du mot ; chelme, dit M. de L'Hermine dans la relation déjà citée (p. 143) « grosse injure en allemand, que les soldats français disent aussi en

Trompeter. Frau Wirthin, was setzt Euch so in Eifer?[1]

Marketenderin. Der Lump! der Spitzbub! der Straßenläufer![2]

   Das muß mir in meinem Zelt passieren! [3]

   Es beschimpft[4] mich bei allen Herrn Offizieren.

Wachtmeister. Bäschen,[5] was gibt's denn!

Marketenderin.   Was wird's geben?

   Da erwischten[6] sie einen Bauer eben,

   Der falsche Würfel thät bei sich haben[7].

Trompeter. Sie bringen ihn hier mit seinem Knaben.

Zehnte Scene.

Soldaten bringen den Bauer geschleppt.

Erster Jäger. Der muß baumeln![8]

---

ce pays-là. » Ilow, annonçant à François-Albert de Lauenbourg la rupture entre Wallenstein et l'empereur, espère dans le succès et ajoute « die Schelme sind verloren » (Dudik, p. 438).

[1] Qui vous met tant en colère? Eifer, ordinairement « zèle », a ce sens de « colère » dans plusieurs autres expressions : in Eifer gerathen, entrer en colère ; ohne Eifer, sans colère ; cp. eifern (« und ich eiferte » Götz. IV, 4); sich erreifern, s'emporter ; Erreiferung, emportement.

[2] Le gueux, le coquin, le vagabond ; la vivandière n'y va pas de main-morte. On sait que Lump signifie à la fois « haillon » et « homme en haillons » ou « gueux » ; que Spitzbube, déjà employé au v. 154, (spitz, pointu, fin, subtil ; Bube, garçon, jeune homme) signifie proprement « un drôle, rusé garçon » ; que Straßenläufer se traduirait littéralement par « coureur de routes » (comp. Landstreicher, Landläufer).

[3] Passieren, ce verbe déjà employé plus haut (v. 275) a ici le même sens que geschehen.

[4] Cela me couvre de honte, me déshonore auprès de MM. les officiers.

[5] Bäschen, diminutif de Base, petite cousine, c'est ainsi que la vivandière disait au premier chasseur (v. 133) « Herr Vetter ».

[6] Erwischen, prendre, attraper rapidement ; comp. entwischen, s'échapper avec rapidité ; de wischen qui signifie non seulement « essuyer, trotter » (passer rapidement le linge ou l'éponge). mais « passer légèrement, se glisser, s'échapper » : sie begehrten den Sträuchräuber nicht anzupacken, sonder ließen ihn in Wald wischen (Grimmelshausen, das Vogelnest, VIII).

[7] Der falsche Würfel bei sich hatte.

[8] Der muß baumeln, il doit pendiller, gigotter, il faut le pendre, ihn an den nächsten besten Galgen knüpfen, comme dit Spiegelberg dans les Brigands, I, 2. « Laßt die Bestie hängen, écrit Schiller dans sa Guerre de Trente-Ans, était un des mots favoris de Wallenstein, et il ajoute « der Strang war jedem gedroht, den man auf einem Diebstahl betreten würde ». Gœthe raconte, dans sa Campagne de France,

Scharfschütz und Dragoner. Zum Profoß![1] Zum Profoß!
Wachtmeister. Das Mandat[2] ist noch kürzlich ausgegangen[3].
Marketenderin. In einer Stunde seh' ich ihn hangen!
Wachtmeister. Böses Gewerb bringt bösen Lohn.[4]
Erster Arkebusier. (zum andern). Das kommt von der Despe-
ration.[5]

que les hussards de l'avant-garde prussienne, marchant sur Verdun, s'emparèrent d'un paysan qui avait tiré sur eux un coup de pistolet; on voulut le pendre, mais il n'y avait pas d'arbre dans le voisinage « er sollte gehängt werden und man fand keinen Baum, woran man ihn hätte hängen können » (ce dernier détail tiré d'une conversation de Böttiger, *Gœthe-Jahrbuch*, 1883, p. 323).

[1] Zum Profoß, au prévôt. Le mot a la même origine que notre mot *prévôt*, mais tandis que le français *prévôt*, autrefois *prevost* (préposé du roi) vient, ainsi que l'italien *prevosto* du latin *præpositus*, Profoß dérive de *propositus*, d'où dérive pareillement Probst ou Propst, prieur. Le prévôt était alors chargé de la police du régiment; il avait le rang de capitaine et c'était lui qui fixait le prix des denrées dans le camp, poursuivait les déserteurs et maraudeurs, réprimait les crimes et les délits, dirigeait les exécutions; il avait sous ses ordres des *Stockmeister* ou geôliers, des *Steckenknechte* ou sergents à baguette, des exécuteurs (*Scharfrichter*); lui-même était soumis au prévôt-général de l'armée (Generalprofoß ou Generalgewaltiger ou encore Generalauditor).

[2] Das Mandat, ordre, ordonnance. Le mot avait déjà été employé par Schiller dans sa *Guerre de Trente-Ans* « sein Bekehrungsmandat zurücknehmen » et dans son récit *Le criminel par honneur perdu* « das Mandat gegen die Wilddiebe » « geschärftere Mandate zu strenger

Untersuchung der Reisenden » Cp. Guill. Tell, III, 3 « Ihr habt's Mandat verletzt. » « Toutes les proclamations et sommations que lance Kohlhaas dans le célèbre récit de Henri de Kleist, portent le nom de Mandat. Voir à la note suivante le vers de Hans Sachs.

[3] A paru, a été publiée; comp. Hans Sachs (*der Knab Lucius Papirius Cursor*. v. 111) « S morgen das mandat auß geh »; Isaïe, LI, 4 « von mir wird ein Gesetz ausgehen »; Gœthe, *Campagne de France*, 107 « da ging ein Armeebefehl aus » et l'expression ausgehen lassen, publier, proclamer.

[4] Proverbe que le maréchal des logis prononce doctoralement; à mauvais métier, mauvais salaire. Cp. le dernier vers de *Zaïda à Zaïd* (Chants popul. de Herder, édit. Suphan, 160)
　　Wer so macht, wird so gelohnet.
Schiller dira dans la *Mort de Wallenstein* (c'est Gordon qui parle de Terzky et d'Illo, IV, 6)
　. . . . . mag sie
Des bösen Dienstes böser Lohn er-
　　[eilen!
et on lit dans un chant du XVI° siècle
　Falsch Lieb' gibt bösen Lohn.

[5] Τοιαῦτ' ὁ τλήμων πόλεμος ἐργά-
　　[ζεται.
Le mot Desperation, venu soit du français (notre Monluc emploie dans ses mémoires le mot *désespé-ration*) soit plutôt de l'italien (Wallenstein dit dans ses lettres qu'il faut « à la desperata gehen »), est employé par Grimmelshausen (*Simplicissimus*, p. 152 « in die

Denn seht, erst thut man sie ruinieren,[1]
Das heißt sie zum Stehlen selbst verführen.[2]
Trompeter. Was? Was? Ihr red't ihm das Wort noch gar?[3]
Dem Hunde! Thut euch der Teufel plagen?[4]
Erster Arkebusier. Der Bauer ist auch ein Mensch — so zu
   sagen.[5]
Erster Jäger. (zum Trompeter.) Laß sie gehen![6] sind Tie-
   fenbacher,[7]
   Gevatter Schneider und Handschuhmacher![8]
   Lagen in Garnison zu Brieg,[9]

äußerste Noth und Desperation,
par Weise (*Die drei ärgsten Erznarren*, p. 41); par Wallenstein
(« auf daß die Soldaten in Desperation zu gerathen nicht Ur ach hät-
ten »), dans une délibération du
conseil de guerre de Vienne (17
déc. 1633, qui craint en ne payant
pas l'armée, de l'amener au désespoir « gar zur Desperation verursa-
chen »), Schebek, *Wallenstein-
frage*, p. 12 et 218), etc. On dit
encore aujourd'hui desperat et on
disait alors desperiren.
« On commence par les ruiner;
ruiniren, expression du temps, empruntée au français « bis in Grund
ruiniret » (*Simplicissimus*, p. 148);
« ganz in Grund ruiniren » (*Philander*, sixième vision), et dont
Schiller s'est déjà servi dans la
Guerre de Trente-Ans (personne
ne s'entendait comme Galles « die
Armee zu ruinieren ») Philander
rapporte ce mot que lui disait une
des victimes de cette époque « milites esse rusticorum diabolos », et
cet autre d'un paysan « Das muß
ja zu Erbarmen sein daß wir arme
Leut allerseits den Schaden haben
und aller Krieg allein über die armen Bauern muß ausgehen! »
[2] Das heißt.., n'est-ce pas les
induire nous-mêmes à voler?
Mangel auf der einen Seite und
Völlerei auf der andern, dit justement Schiller dans sa *Guerre de
Trente-Ans*.

[3] Ihr red't ihm das Wort noch
gar? Vous allez encore le défendre; einem das Wort reden, prendre la parole en faveur de quelqu'un, le soutenir par sa parole,
prendre sa défense.
[4] Pour plagt euch der Teufel?
Etes-vous tourmenté, possédé du
diable?
[5] So zu sagen, si l'on peut
dire.
[6] Laß sie gehen, expression de
mépris, laisse-les aller, ne te
soucie pas de l'opinion de ces
deux hommes (les deux arquebusiers).
[7] Des soldats de Tiefenbach.
[8] « Compères tailleurs et gantiers! », c'est-à-dire des soldats
qui ne sont pas soldats dans l'âme,
dignes d'être *philistins* et de faire
du commerce, mais non de par-
courir la noble carrière des armes;
Gevatter est déjà un terme qui
sent la « vile bourgeoisie » et les
métiers de tailleur et de gantier
sont des métiers très pacifiques. Ce
vers se cite encore aujourd'hui
lorsqu'on parle avec mépris des
petits bourgeois.
[9] Brieg, en Silésie, chef-lieu du
cercle du même nom, sur la rive
gauche de l'Oder (19,000 habitants). Brieg, élevé au rang d'une
ville en 1250, fut de 1311 à 1675
la résidence des ducs de Brieg-
Liegnitz; l'Autriche l'acquit en
1675 et la perdit en 1741.

Wiffen viel was der Brauch ift im Krieg.!¹

Elfte Scene.

Vorige. Küraffiere.²

Erfter Küraffier. Friede! Was gibt's mit dem Bauer da?
Erfter Scharffchütz. 's ift ein Schelm, hat im Spiel be=
    trogen!
Erfter Küraffier. Hat er dich betrogen etwa?
Erfter Scharffchütz. Ja, und hat mich rein ausgezogen.³
Erfter Küraffier. Wie? Du bift ein Friebländifcher Mann,
    Kannft dich fo wegwerfen⁴ und blamieren,⁵
    Mit einem Bauer dein Glück probieren?
    Der laufe, was er laufen kann.⁶
            (Bauer entwifcht, die andern treten zufammen.)
Erfter Arkebufier. Der macht kurze Arbeit,⁷ ift refolut,⁸

---

¹ Ironique. « Oui, vraiment ils connaissent bien les usages de la guerre! » Ils ont mené, en effet, la vie de garnison, et, pour employer un mot de Simplicissimus (p. 246) haben nicht lange zugefehen wie es im Kriege hergehet. La tournure viel wiffen suivie d'une proposition interrogative indirecte, a souvent un sens ironique; souvent aussi on y joint auch, et on dira, par exemple, d'un malotru : ber weiß auch viel, wie man fich in feiner Gefellfchaft zu benehmen hat!

² Les cuirassiers étaient entièrement couverts de fer, comme les chevaliers du moyen âge : casque à plumes; cuirasse composée d'un plastron, d'une dossière, d'un hausse-col, de tassettes, toutes pièces attachées par des courroies; brassards et gantelets de fer; cuissards ou culotte de cuir revêtue de plaques en fer; bottes à revers.

³ Complètement dépouillé, détroussé.

⁴ Sich wegwerfen (comp. Cabale et amour, II, 3 « fich an einen Bürften wegwerfen » et Fiancée de Mes-sine, I, 4 « bich wegzuwerfen an ben fchlechtern Mann »), s'abaisser, se ravaler.

⁵ Dich blamieren, te déshonorer. L'allemand nous a pris ber Blam, blâme et blamabel, blâmable; mais ces deux mots sont moins usités encore que blamieren qui signifie non seulement tabeln, mais encore et surtout befchimpfen, in üble Nachrede bringen, discréditer, décrier; fich blamieren aura donc le sens de compromettre fa réputation. fe rendre ridicule : on a même formé le mot bie Blamage, honte, et on dira er bat fich eine Blamage zugezogen, il s'est compromis, il s'est rendu ridicule.

⁶ Ce qu'il pout courir, tant qu'il peut courir. Comp. Gleim, Kriegslieder (il s'adresse au Pandour) « Du liefeft was man laufen kann ».

⁷ Ou, comme on dirait aussi, ift flink bei ber Hand, en voilà un qui va vite en besogne, qui ne barguigne pas.

⁸ Refolut, voir la note 4 de la page 23.

Das ist mit solchem Volke gut.
Was ist's für einer? Es ist kein Böhm.
Marketenderin. 's ist ein Wallon![1] Respect vor dem![2]
Von des Pappenheims[3] Kürassieren.
Erster Dragoner. (tritt dazu).
Der Piccolomini, der junge,[4] thut sie jetzt führen[5].

---

[1] Un Wallon. On sait qu'on nomme Wallons les habitants des provinces méridionales de la Belgique (Namur, Liège, Hainaut, Luxembourg et sud du Brabant)

die Lütticher, Luxemburger,
Die Hennegauer, die vom Lande
        [Namur,
Und die das glückliche Brabant be-
        [wohnen.

(*La Pucelle d'Orléans*, Prol. III.)
Le prince de Ligne, dans son mémoire sur la guerre de Trente-Ans, rappelle que Bucquoy, Tilly, Merode étaient Wallons, et il ajoute « pour les soldats de ce pays-là, les services qu'ils rendirent ne sont point à décrire. Après avoir fait la force des armées de Charles V, ils restèrent fidèles à Philippe II, quoiqu'il ne les aimât guère, et décidèrent partout la victoire sous Ferdinand II : on les verra brillants sous Waldstein et tous les généraux, depuis l'Océan jusqu'aux portes de la Turquie... Rien ne dégoûta les Wallons de faire leur devoir : aussi l'on se fiait à eux seuls ». Ailleurs, dans ses *remarques sur l'armée autrichienne*, il dit aussi que « les Wallons joignent l'honneur des Français et leur gaîté dans le plus grand feu, à la patience des Allemands. »

[2] Respect à lui, chapeau bas (Hut ab!); expression qu'on retrouve dans le *Napoléon* de Grabbe, où la vieille marchande à la toilette, montrant la table du Palais-Royal, s'écrie « Respect vor ihm! » et où le peuple dit du duc d'Orléans « Respect vor ihm! » (I, 1 et 4).

[3] Pappenheim (Gottfried-Henri),

né à Pappenheim sur l'Altmühl, le 29 mai 1594, avait suivi les cours des universités d'Altdorf et de Tubingue. Il se fit catholique et entra au service de la Ligue; colonel après la bataille de la Montagne-Blanche (1620) où il reçut vingt blessures, nommé en 1623 chef du célèbre régiment des cuirassiers de Pappenheim, il combattit (1623-1625) en Lombardie, écrasa en 1626 une révolte des paysans dans la Haute-Autriche, aida Tilly à battre Christian IV (1627) et à emporter Magdebourg (1629), le força à livrer la bataille de Breitenfeld qui fut perdue et tomba mortellement blessé à la fin de la journée de Lützen ; il mourait le lendemain (17 novembre 1632) au Ploissenbourg, à Leipzig.

[4] On a cru que Max Piccolomini, aujourd'hui immortel, grâce à Schiller, n'avait jamais existé. On sait maintenant que ce personnage n'est pas une fiction poétique. Il s'appelait Joseph-Silvio-Max Piccolomini. Mais il n'est pas, comme l'a dit Schiller, le fils d'Octavio Piccolomini ; son père était Aeneas-Silvio Piccolomini, colonel impérial et frère aîné d'Octavio; il mourut prématurément, et Octavio adopta son neveu. Max qui, selon Schiller, succomba quelques jours avant Wallenstein, devait mourir le 24 février 1645 à la bataille de Jankowitz, livrée contre les Suédois de Torstenson. Il commandait, en qualité de colonel, un régiment de cuirassiers.

[5] Führt sie jetzt, les commande à présent; führen, comme le latin *ducere* et *ductare*.

Den haben sie sich aus eigner Macht [1]
Zum Oberst gesetzt in der Lützner Schlacht,
Als der Pappenheim umgekommen.

Erster Arkebusier. Haben sie sich so was 'rausgenommen? [2]

Erster Dragoner. Dies Regiment hat was voraus. [3]
Es war immer voran bei jedem Strauß, [4]
Darf auch seine eigne Justiz ausüben,
Und der Friedländer thut's besonders lieben [5].

Erster Kürassier (zum andern). Ist's auch gewiß? Wer bracht' es aus? [6]

Zweiter Kürassier. Ich hab's aus des Obersts [7] eignem Munde.

Erster Kürassier. Was Teufel! Wir sind nicht ihre Hunde! [8]

---

[1] C'est ainsi que les soldats de Villars le proclamèrent maréchal de France sur le champ de bataille de Friedlingen (14 octobre 1702), et Louis XIV, dit Voltaire (*Siècle de Louis XIV*, XVIII), confirma quinze jours après ce que la voix des soldats lui avait donné.

[2] Ont-ils vraiment pris cette liberté ? Ont-ils osé prendre ce droit ? Sich herausnehmen, prendre pour soi, de son chef, sans y être autorisé.

[3] Hat was voraus, mot-à-mot, a quelque chose d'avance ; a des privilèges comme, sous Louis XIV, « le régiment du Roi, le régiment modèle » (Rousset, *Louvois*, I, 186). Comp. la même expression dans *Fiesco*, III, 6 ; le comte de Lavagna dit de Doria et de Gianettino « Was haben denn diese zwei Bürger voraus... ? » et rapprocher *Marie Stuart*, II, 2 « Hat die Königin doch nichts voraus vor dem gemeinen Bürgerweibe ? »

[4] Bei jedem Strauß, dans chaque combat ; der Strauß a trois sens : 1° bouquet ; 2° autruche ; 3°, comme ici, lutte, querelle. Streit und Strauß est une allitération qu'on

rencontre quelquefois en poésie.

[5] Thut's besonders lieben, l'aime surtout, par dessus tous les autres. Wallenstein dira aux délégués des cuirassiers de Pappenheim (*Mort de Wallenstein*, III, 15)

Drum hab' ich euch, ihr wißt's,
[auch ehrenvoll
Stets unterschieden in der Heeres-
[woge....
„Hab' ich als freie Männer euch be-
[handelt,
Der eignen Stimme Recht euch zu-
[gestanden

et le caporal lui répond :

Ja, würdig hast du stets mit uns
[verfahren,
Mein Feldherr, uns geehrt durch
[dein Vertrauen,
Uns Gunst erzeigt vor allen Regi-
[mentern.

[6] Ausbringen, répandre, faire connaître ; « qui en a apporté la nouvelle ? »

[7] Des Obersts, on dirait aujourd'hui des Obersten.

[8] Nous ne sommes pas leurs chiens, les chiens des courtisans de Vienne.

Erſter Jäger. Was haben bie da? Sinb voller Gift[1].
Zweiter Jäger. Iſt's was, Ihr Herrn, bas uns mitbetrifft?
Erſter Küraſſier. Es hat ſich keiner brüber zu freuen.
(Solbaten treten herzu.)
Sie wollen uns in bie Nieberlanb' leihen;[2]
Küraſſiere, Jäger, reitenbe Schützen,
Sollen achttauſenb Mann auffitzen.
Marketenberin. Was? Was? Da ſollen wir wieber wanbern?
Bin erſt ſeit geſtern zurück aus Flanbern.
Zweiter Küraſſier. *(zu ben Dragonern).*
Ihr Buttleriſchen ſollt auch mitreiten.
Erſter Küraſſier. Unb abſonberlich[3] wir Wallonen.
Marketenberin. Ei, bas ſinb ja bie allerbeſten Schwabronen!
Erſter Küraſſier. Den aus Mailanb[4] ſollen wir hinbegleiten.
Erſter Jäger. Den Infanten![b] Das iſt ja curios![5]

---

[1] **Gift**, poison, signifie dans le langage familier et populaire colère ou rancune violente. Cp. l'expression **Gift unb Galle ſpeien** (vomir venin et bile), jeter feu et flamme, le verbe **ſich giften**, employé au sens de **ſich erboſen** dans certaines parties de l'Allemagne, et l'adjectif **giftig** que Gœthe emploie souvent dans le sens de « plein de colère » : **als euer Biſchof ſo giftig über mich wurde** *Götz*, I. 3 ; **barüber wurb' ich ganz raſenb unb giftig wie eine Otter**, trad. de Cellini, 1, 3 ; **barüber wurde er noch giftiger**, *id.* I, 4). Schiller a dit dans la ballade du *Comte Eberhard* :

Die Reutlinger, auf unſern Glanz
Erbittert, fochten **Gift**.

et dans les *Brigands* (IV 5), « **bem Hauptmann immer giftig** ».

[2] Remarquez **in** et l'accusatif ; ils veulent nous envoyer, a titre de prêt, comme troupes prêtées, dans les Pays-Bas.

[3] **Abſonberlich**, particulièrement, mot encore employé aujourd'hui,

et que Schiller avait pu lire dans l'*Auf, auf ihr Christen*, d'Abraham à Sancta Clara (p. 29, 49, 66, 74, 76, 86, 87, 91, 93, 94, 101, 106, 110, 113, 125, etc. de l'édition Sauer).

[4] **Den aus Mailanb**, le gouverneur de Milan. C'était le cardinal-infant don Fernando. Il devait, de Milan, se rendre dans les Pays-Bas avec un corps de troupes espagnoles commandé par Feria. L'ambassadeur d'Espagne à Vienne, Ognate, demanda qu'un « secours » fût détaché de l'armée de Wallenstein et envoyé au devant du cardinal-infant. Le généralissime refusa. Ce fut alors (5 janvier 1634) que le Père Quiroga arriva au camp de Pilsen pour prier le généralissime de fournir six mille hommes de cavalerie légère au cardinal-infant.

[5] **Das iſt ja kurios!** « Voilà qui est curieux ! » Le mot furios avait déjà été employé par Gœthe (*Götz*, I. 3) « **unb ba war's kurios** » (*Le Juif errant*, v. 256) « **Was thät ber Mann Kurioſes ſagen** »; (*Le citoyen général*, 6 et 8) « **furios!** »,

Zweiter Jäger. Den Pfaffen! Da geht der Teufel los![1]
Erster Kürassier. Wir sollen von dem Friedländer lassen,[2]
   Der den Soldaten so nobel[3] hält,
   Mit dem Spanier ziehen zu Feld,
   Dem Knauser[4], den wir von Herzen hassen!
   Nein, das geht nicht! Wir laufen fort.
Trompeter. Was, zum Henker! sollen wir dort?
   Dem Kaiser verkauften wir unser Blut
   Und nicht dem hispanischen rothen Hut.[5]

« Das ist kurios! » « Es ist doch kurios! » Grimmelshausen l'emploie dans le sens de « neugierig » (*das Vogelnest*, I, xii ; ich war curios worden) ainsi que Blumauer (*Enéide*, 11, 63 « In Wien, heißt's, ist man kurios ») Kortum dit du héros de sa *Jobsiade* que c'était « ein rechter kurioser Hieronimus ». Lessing emploie la forme kuriös (*Weiber sind Weiber*) ainsi que Christian Reuter, qui, selon son expression, a fait dans son *Schelmuffsky* une curiöse Beschreibung et s'adresse an den curiösen Leser, et Chr. Weise qui publie en 1692 ses *Curiöse Gedanken von Deutschen Wersen*. Curiös nous semble dater du xviiᵉ siècle et s'être introduit dans la langue en même temps que sententiös, nervös, precieß, etc.

[1] Da geht der Teufel los, alors le diable est déchaîné ou, comme dit Crispin dans le *Curieux impertinent* de Destouches, lorsqu'il apprend à Damon que tout est découvert « Le diable est aux champs » (IV, 10). Comp. *Fiesco*, II, 14 (Gianettino apprend que le Mauro s'est laissé prendre) : « Was! sind heute alle Teufel los? » L'expression vient, comme tant d'autres expressions, de la Bible. *Apocal.* xx. 7 « und wenn tausend Jahre vollendet sind, wird der Satanas los werden aus seinem Gefängniß. »

[2] Bon... lassen, abandonner, quitter, renoncer à, se séparer de ; lassen, en ce sens, s'emploie aussi avec un nom de chose, et on dit bien von einer Meinung lassen, quitter une opinion.

[3] Qui entretient si généreusement le soldat; nobel signifie non seulement noble, mais généreux, libéral, qui donne volontiers. Wallenstein, écrivait Schiller à Böttiger (1ᵉʳ mars 1799). « war gegen die Soldatesca splendid und königlich freigebig »; Khevenhiller dit du général « ein freigebiger, großmüthiger Herr »; — « libéral au dernier point », lisons-nous également dans les mémoires de Richelieu, « jusqu'à avoir distribué en présents plus de dix millions, ce qui le faisait aimer des siens. »

[4] Der Knauser, l'avare, non pas au sens général (comme Geizhals), mais l'avare mesquin et sordide, qui lésine indignement et rogne sans cesse, le ladre, le grippe-sou, le grigou, le pince-maille, le ménager de bouts de chandelles. Knauser vient évidemment d'un verbe knausen aujourd'hui inusité, lequel se rapporte à knauen ou kauen, ronger. Comp. une métaphore semblable dans les verbes abzwacken, abkneipen, knickern (de kniken, comme knausern de knausen) et dans les mots Schaber et schäbig.

[5] Au chapeau rouge espagnol, c'est-à-dire au cardinal-infant.

Zweiter Jäger. Auf des Friedländers Wort und Credit
allein

Haben wir Reitersdienst genommen;

Wär's nicht aus Lieb' für den Wallenstein,

Der Ferdinand hätt' uns nimmer bekommen.

Erster Dragoner. Thät uns der Friedländer nicht formie=
ren?[1]

Seine Fortuna soll uns führen.

Wachtmeister. Laßt euch bedeuten,[2] hört mich an.

Mit dem Gered' da ist's nicht gethan.

Ich sehe weiter als ihr alle,

Dahinter steckt eine böse Falle.[3]

Erster Jäger. Hört das Befehlbuch![4] Stille doch!

Wachtmeister. Bäschen Gustel, füllt mir noch

Ein Gläschen Melnecker[5] für den Magen,

Alsdann will ich euch meine Gedanken sagen.[6]

Marketenderin (ihm einschenkend).

Hier, Herr Wachtmeister! Er macht mir Schrecken.

Wird doch nichts Böses dahinter stecken!

---

[1] Thät... formieren, comme for= mierte; le verbe formieren avait déjà été employé par Gœthe (*Hans- wursts Hochzeit*) : Alles, dit Kilian Brustfleck, kommt in euer Haus,

Formiert den schönsten Hochzeit= schmaus

et Hanswurst répond qu'il veut ... sie zur Thür hinaus formieren.

[2] Bedeuten, avec l'accusatif de la personne, signifie « montrer »; einem bedeuten, c'est indiquer le chemin à quelqu'un, lui expliquer une chose; laßt euch bedeuten, lais- sez-moi vous expliquer la chose, vous dire le fin mot. Comp. *Picco- lomini*, IV, 7; Terzky dit à Octa- vio, en parlant de Max qui hésite à signer « Bedeutet ihn » Gœthe, *die Geschwister* « bedeut' ihn » *Camp. de France*, 154 « bedeutete uns wie wir fahren sollten » et Les-

sing, *Nathan le sage*, V, 8 « Dich muß ich bedeuten ».

[3] « Il y a là derrière quelque mauvais piège; nous disons aussi : il y a quelque chose là dessous, il y a anguille sous roche.

[4] Das Befehlbuch, on dit aussi et plus souvent Befehlsbuch, le livre d'ordre.

[5] Un petit verre de Melnik. Le vrai nom du cru est, en effet, Mel= nik, et non Melneck. Melnik est une vieille ville de Bohême (2,100 hab.), sur la rive droite de l'Elbe, en face de l'embouchure de la Moldau. Son vin est très renommé, et l'on rapporte que ce fut l'empereur Charles IV qui fit planter à Mel- nik les premières vignes, venues de Bourgogne.

[6] W. Scherer dit très bien du ma- réchal des logis qu'il est lehrhaft und sich besonders eingeweiht dünkt. (*Hist. de la litt. allemande*, p. 594.)

Wachtmeister. Seht, ihr Herrn, das ist all recht gut,
Daß jeder das Nächste bedenken thut;[1]
Aber, pflegt der Feldherr zu sagen[2],
Man muß immer das Ganze überschlagen.[3]
Wir nennen uns alle des Friedländers Truppen.
Der Bürger, er nimmt uns ins Quartier
Und pflegt uns und kocht uns warme Suppen.
Der Bauer muß den Gaul und den Stier
Vorspannen an unsre Bagagewagen,[4]
Vergebens wird er sich drüber beklagen.
Läßt sich ein Gefreiter[5] mit sieben Mann
In einem Dorfe von weitem spüren,[6]
Er ist die Obrigkeit drinn und kann
Nach Lust drinn walten und commandieren.
Zum Henker! Sie mögen uns alle nicht[7]
Und sähen des Teufels sein Angesicht[8]
Weit lieber als unsre gelber Kolletter[9];

---

[1] Tout cela, c'est très bien que chacun songe (bedenkt) à ce qui est le plus près...

[2] Il cite ses autorités, ou mieux son autorité, l'autorité par excellence, le général en chef.

[3] Ueberschlagen, ici examiner; embrasser du regard ; le sens littéral serait « évaluer approximativement, supputer » ; cp. der Ueberschlag, évaluation, supputation, devis. H. de Kleist emploie le mot dans le même sens « er (Kohlhaas) überschlug eben wie er den Gewinnst anlegen wolle... »

[4] C'est ainsi que Gœthe avait agi pendant la campagne de France, et il raconte que deux jeunes paysans réquisitionnés par lui, avaient dû trainer sa chaise de poste avec leurs quatre chevaux, als Requirirte mit vier Pferden seine leichte Chaise durchschleppen; son domestique Paul Götze avait fait de même, et de Grandpré à Consenvoye, immer verlangt, begehrt, fouragirt, requirirt.

[5] Ein Gefreiter, un premier soldat; il avait la hallebarde, tandis que le simple soldat portait la pique, et il était délivré des corvées, comme l'indique son nom (Gefreit, participe passé de freien; comp. notre mot *exempt*). Le Gefreite d'aujourd'hui est encore un simple soldat, un Gemeiner, mais qui remplace quelquefois les sous-officiers; les *Gefreiten*, pris parmi les soldats les plus instruits, sont la pépinière de la classe des *Unteroffiziere*.

[6] Pas même voir, mais *sentir de loin*.

[7] Ils n'aiment personne d'entre nous ; ich mag... leiden ou simplement ich mag signifie je puis souffrir..., par suite, j'aime: ich mag ihn nicht, je ne l'aime pas.

[8] Des Teufels sein Angesicht, voir note 2. page 66 de cette édition.

[9] Das Kollet ou Kollett, de notre mot *collet*; Gœthe emploie le pluriel Kollets (Camp. de France, novembre). Le mot est ici synonyme de Koller (voir la note du v. 359) et de Wamms (voir la note du v. 254). Il désigne aujourd'hui une veste de fatigue en drap.

Warum schmeißen[1] sie uns nicht aus dem Land? Potz
   Wetter!
Sind uns an Anzahl doch überlegen,
Führen den Knüttel[2], wie wir den Degen.
Warum dürfen wir ihrer[3] lachen?
Weil wir einen furchtbaren Haufen ausmachen![4]
Erster Jäger. Ja, ja, im Ganzen, da sitzt die Macht![5]
   Der Friedländer hat das wohl erfahren,
   Wie er dem Kaiser vor acht — neun Jahren
   Die große Armee zusammenbracht.[6]
   Sie wollten erst nur von zwölftausend hören;
   Die, sagt' er, die kann ich nicht ernähren;
   Aber ich will sechzigtausend werben,
   Die, weiß ich, werden nicht Hungers sterben.[7]
   Und so wurden wir Wallensteiner.
Wachtmeister. Zum Exempel,[8] da hack' mir einer

---

[1] Schmeißen, jeter, pousser dehors, chasser; le mot bien plus
usité que werfen, signifie proprement « fienter »; comp. das Ge-
schmeiß, fiente, excrément (Ge-
schmeiße, dit le cheval au paon
dans une fable de Gellert, comme
le lion au moucheron dans la fable
de La Fontaine).

[2] Der Knüttel, le gourdin, bâton
noueux (comp. der Knoten, le
nœud).

[3] Ihrer lachen, se rire d'eux, se
moquer d'eux; lachen veut le génitif (ou l'accusatif avec über), de
même que spotten, railler et les verbes réfléchis sich erbarmen, sich
freuen, sich rühmen, sich schämen.

[4] Se rappeler comment Schiller
caractérise l'armée du duc d'Albe
dans son *Histoire du soulèvement
des Pays-Bas* « fürchterlich durch
Ungebundenheit, fürchterlicher noch
durch Ordnung ».

[5] Musset fait dire au chœur, ré-
pondant à Frank (*La coupe et les
lèvres*, I, 1)

C'est la communauté qui fait la force hu-
[maine.

[6] Tel a été surtout le talent de
Wallenstein; ce fut un grand assembleur d'armée, un merveilleux
organisateur, et ce n'est pas lui
qui se serait écrié avec désespoir,
comme le Charles VII de Schiller
(*Pucelle d'Orléans*, I, 3) :
Kann ich Armeen aus der Erde
[stampfen?
Wallenstein « hat Armeen aus der
Erde gestampft » et réalisé le mot
de Pompée.

[7] Hungers sterben, mourir de
faim. Ce génitif était déjà usité au
moyen âge. On dit également na-
türlichen Todes sterben, mourir
d'une mort naturelle.

[8] Zum Exempel... Comp. dans le
Citoyen général, 9, les paroles
qu'échangent Schnaps et Märten.
Schnaps (wichtig) : Den guten un-
studirten Leutchen, die man sonst den
gemeinen Mann zu nennen pflegt—
Märten. Nun? — *Schnaps.* Trägt
man eine Sache besser durch Exempel, durch Gleichnisse vor. —*Märten.* Das läßt sich hören. —*Schnaps.*
Also zum Exempel...

Von ben fünf Fingern, bie ich hab',
Hier an ber Rechten ben kleinen ab.
Habt ihr mir ben Finger bloß genommen?
Nein, beim Kuckuck![1] ich bin um bie Hand gekommen!
's ist nur ein Stumpf[2] und nichts mehr werth.
Ja, und biese achttausend Pferb,
Die man nach Flandern jetzt begehrt,
Sind von ber Armee nur ber kleine Finger.
Läßt man sie ziehn, ihr tröstet euch,
Wir seien um ein Fünftel nur geringer?
Pros't Mahlzeit![3] da fällt bas Ganze gleich.
Die Furcht ist weg, ber Respect, bie Scheu[4],
Da schwillt bem Bauer ber Kamm[5] aufs neu,

---

[1] Beim Kuckuck; le mot Kuckuck, de même que Geier, désigne le diable dans la langue populaire; voir l'article du Dictionnaire de Grimm.

[2] Der Stumpf, le moignon; c'est ce qui reste d'une chose tronquée: tronçon, bout, souche, etc.

[3] Pros't Mahlzeit, pour Prosit Mahlzeit. Cette expression composée d'un mot latin et d'un mot allemand (littér. que soit utile le repas) signifie « bon appétit » et par suite wohl bekomm's, « que bien vous fasse! », « à vos souhaits! »; on peut la rendre ici par « bien du plaisir! » ou « je vous en souhaite! »

[4] Just, le domestique de Tellheim, exprime les mêmes sentiments lorsqu'il dit « Warum waret ihr benn im Kriege so geschmeidig, ihr Herren Wirthe? Warum war benn ba jeder Offizier ein würbiger Mann, und jeber Soldat ein ehrlicher, braver Kerl? Macht euch bas Bißchen Frieden schon so übermüthig. » (Minna de Barnhelm, I, 2).

[5] Da schwillt.. ber Kamm, la crête lui gonfle, il commence à lever la crête, il se dresse sur ses ergots. Uhland emploie cette expression dans sa ballade du comte Eberhard, 59 : Ulrich voit venir les soldats des villes et dit : « Ich weiß, ihr Uebermüth'gen, wovon ber Kamm euch schwoll ! »; de même P. Heyse, dans Colberg, I, 10 « Und wenn ber Kamm ihm schwoll, so war es menschlich ». On trouve aussi dans le même sens, ber Kamm wächst, ber Kamm steigt; Thümmel dit dans son Voyage (1839, p. 127) :

Ihm stieg ber Kamm, sein Auge
　　　Schwamm im Glanz

et le soir du 20 septembre 1792, le vieux général-major Wolfradt devinant l'orgueil des Français, les véritables vainqueurs de Valmy, s'écriait « Sie werden sehen wie ben Kerlchens ba brüben ber Kamm wächst! ». (Massenbach, Mém. I, 94). Comp. l'expression suivante d'Abraham à Sancta Clara; il parle de David qui a vaincu Goliath und solchem stolzen Hann ben Kam gestutzet Auf, auf ihr Christen, p. 65).

Da schreiben sie uns in der Wiener Kanzlei [1]
Den Quartier- und den Küchenzettel [2],
Und es ist wieder der alte Bettel [3].
Ja, und wie lang wird's stehen an [4],
So nehmen sie uns auch noch den Feldhauptmann [5] —
Sie sind ihm am Hofe so nicht grün [6],
Nun, da fällt eben alles hin! [7]

---

[1] On se rappelle avec quel mépris Götz de Berlichingen parle et dans sa propre Chronique (p. 64) et dans le drame de Gœthe (III, 4) des instructions qu'il reçoit de la chancellerie du Palatin « da legt er mir einen Zettel aus der Kanzlei vor, etc. ».

[2] Der Quartierzettel, le billet de logement; der Küchenzettel, le menu, la carte (on dit aussi die Speisekarte et der Speisezettel, parfois même das Menü!); on sait que der Zettel, autrefois zedele, vient comme notre mot cédule, du latin schedula, page.

[3] Et c'est encore la vieille histoire, mot à mot la vieille gueuserie; der Bettel, signifie une chose de peu de valeur, une bagatelle, une vétille; on dira également, lorsqu'il s'agit d'une affaire insignifiante, das ist der ganze Bettel, voilà tout; dans les Brigands (IV, 5) Schweizer tue Spiegelberg et dit à ses compagnons « laß euch den Bettel nicht unterbrechen »; dans le Jeune savant de Lessing (II, 3), Antoine répond à Lisette « Besinnen? Ein Mann, der in Geschäften sitzt, der einen Tag lang so viel zu reden hat, wie ich, soll sich der auf allen Bettel besinnen? »; dans Minna de Barnhelm (I, 7) Tellheim dit en déchirant les lettres qui prouvent sa créance « Ich muß nicht vergessen den Bettel zu vernichten», et dans la même pièce, Werner et Franciska parlent ainsi de la bague que le major a dû engager; Werner: vielleicht daß er den Bettel hat gern wollen los sein. Franciska: es ist kein Bettel. Dans Weiber sind Weiber, 8, Segarin offre à Lisette, pour tout présent, son éternelle bienveillance, à quoi la soubrette répond « O gehen Sie mit dem Bettel! »

[4] Anstehen, tarder; on dit: die Sache kann noch eine Weile anstehen, l'affaire peut se remettre encore quelque temps.

[5] Feldhauptmann (comp. Mort de Wallenstein, III, 15, les soldats espèrent que Wallenstein restera « Oesterreichs rechtschaffener Feldhauptmann », c'était le titre même que portait Wallenstein, et on y ajoute encore le mot oberster; voir la note 1 de la page 70.

[6] Einem grün sein signifie dans la langue populaire être favorable, être propice à quelqu'un; c'est un synonyme de gewogen.

[7] Comp. les vers de Démétrius (I, 1):
wo alles eines, eines alles hält,
wo mit dem Einen alles stürzt und
[fällt.
et ce passage de Faust (II, 5866-5867) sur le chef sans qui les soldats ne sont rien
Wird es verletzt, gleich sind alle ver-
[wundet,
Erstehen frisch, wenn jene rasch ge-
[sundet.
ainsi que de La fille naturelle (I, 5)
Denn wo er wankt, wankt das ganze
[meine Wesen,
Und wenn er fällt, mit ihm stürzt
[Alles hin.

Wer hilft uns dann wohl zu unserm Geld?[1]
Sorgt[2], daß man uns die Contracte hält?
Wer hat den Nachdruck und hat den Verstand[3],
Den schnellen Witz und die feste Hand,
Diese gestückelten Heeresmassen
Zusammen zu fügen und zu passen?[4]
Zum Exempel — Dragoner — sprich:
Aus welchem Vaterland schreibst du dich?[5]
Erster Dragoner. Weit aus Hibernien[6] her komm' ich.
Wachtmeister. (zu den beiden Kürassieren).

Ihr, das weiß ich, seid ein Wallon;
Ihr ein Welscher[7]. Man hört's am Ton.

---

[1] La vivandière a employé (scène v, v. 149) la même expression « ob mir der Fürst hilft zu meinem Geld ».

[2] Sorgt.... c'est-à-dire Wer sorgt ... — Die Contracte, les engagements qu'on a pris avec nous.

[3] Questenberg, le commissaire impérial, dira lui-même (les Piccolomini, I, 2) qu'il a vu au milieu du camp lui apparaître

... Der Ordnung hoher Geist...
Durch die er, weltzerstörend, selbst
             [besteht.

[4] Zusammenfügen, joindre ensemble, assembler (comme on assemble les rouages d'une machine); zusammenpassen, ajuster, accorder, faire cadrer ensemble. Comp. le discours de Buttler à Questenberg (les Piccolomini, I, 2) :

Doch alle führt an gleich gewalt'gem
             [Zügel
Ein Einziger, durch gleiche Lieb und
             [Furcht
Zu einem Volke zusammenbin-
             [denb.

[5] De quel pays viens-tu? sich schreiben, proprement écrire son nom, se qualifier, s'intituler (wie schreiben Sie sich, comment écrivez-vous votre nom?), puis se donner telle ou telle origine, se dire issu de tel ou tel pays, par suite, provenir, descendre de... On dit plus souvent sich herschreiben; comp. Lessing *Minna de Barnhelm*, II, 3 « wo sich der Ring herschreibt ».

[6] Hibernien, du latin *Hibernia*, nom que les Romains avaient donné à l'Irlande actuelle. Ce dragon est donc un compatriote de son chef, le général-major Buttler.

[7] Ein Welscher ou Wälscher, un Welche, c'est-à-dire un Italien (ou voit plus loin, en effet, qu'il est Lombard). Le mot welsch, au moyen âge *welhtsch* ou *walhisc* et plus anciennement *walhisc*, est l'adjectif dérivé du nom *Walch* ou *Walh*, en anglo-saxon *Wealh*, qui signifiait « Celte » (comp. les noms du pays de Galles et de la Cornouaille, en anglais « Wales » et « Cornwallis » et notre mot *welche* qui signifie Gaulois, et, par extension, barbare). Plus tard le mot *Walh* désigna les Romans de France et d'Italie. Aujourd'hui encore wälsch signifie italien; comp. Wälschland, Italie; Wälschtirol, le Tyrol italien ; wälsche Sprache, langue italienne : wälscher Hahn, coq d'Italie; wälsche Nuß, etc. Dans la *Mort de Wallenstein* (V, 7), Illo se plaint que le généralissime ait

Erster Kürassier. Wer ich bin? ich hab's nie können erfahren:
Sie stahlen mich schon in jungen Jahren.
Wachtmeister. Und du bist auch nicht aus der Näh?
Erster Arkebusier. Ich bin von Buchau am Federsee[1].
Wachtmeister. Und Ihr, Nachbar?[2]
Zweiter Arkebusier. Aus der Schwyz[3],
Wachtmeister (zum zweiten Jäger).
Was für ein Landsmann[4] bist du, Jäger?
Zweiter Jäger. Hinter Wismar ist meiner Eltern Sitz[5].
Wachtmeister (auf den Trompeter zeigend).
Und der da und ich, wir sind aus Eger[6].

---

toujours préféré les Piccolomini, er hat die Wälschen immer vorgezogen. On disait alors der welsche Krieg pour la guerre de Mantoue. Blumauer (*Enéide*, V, 2, 3451) a réuni le Français et l'Italien dans ce vers: der Franzmann mit dem Wälschen.

[1] Il y a plusieurs Buchau, entre autres Buchau en Bohême, à trois lieues de Carlsbad et le Buchau, dont il est question ici, dans le Würtemberg (cercle du Danube), au sud du Federsee ou lac Feder, aujourd'hui bien diminué de la grandeur qu'il avait autrefois, et en partie desséché.

[2] Après le Wallon, le Suisse:
Les uns étaient venus des campagnes belgi-
[ques;
Les autres, des rochers et des monts helvéti-
[ques,
Barbares dont la guerre est l'unique métier,
Et qui vendent leur sang à qui veut le payer.
(Voltaire, *Henriade*, X).

[3] Schwyz pour Schweiz, à cause de la rime. Mais on sait que Schwyz est la forme primitive qui subsiste encore aujourd'hui et désigne le canton de Schwyz proprement dit. Comp. le *Guillaume Tell* (scène du Rütli)
Des Schwerts Ehre werde Schwyz
[zu Theil;
Denn seines Stammes rühmen wir uns Alle.
On a remarqué à ce propos que le nom général, le nom de pays, le *Gesammtname* se transforme (Schweiz), tandis que le nom particulier et spécial, le nom du bourg, du canton, garde sa forme primitive (Schwyz). Comp. lateinisch et lateinisch, Lateiner et Latiner, le premier relatif à tout le monde latin ou romain, le second au Latium seul.

[4] Landsmann (synon. Vaterlandsgenoß, Kompatriot), compatriote; Was für ein Landsmann bist du? De quel pays es-tu? Expression très usitée et qu'on trouve déjà dans *Simplicissimus* (p. 250) « was ich vor ein Landsmann wäre »

[5] Wismar, un des meilleurs ports de la Baltique, dans le grand-duché de Mecklenbourg-Schwerin (15,000 habitants). Le traité de Westphalie céda cette ville à la Suède qui l'engagea pour 1.258,000 thalers au Mecklenbourg-Schwerin, le 26 juin 1803, à condition de pouvoir reprendre son gage un siècle plus tard, en payant cette somme et les intérêts à trois pour cent par an. La Suède peut, en conséquence, revendiquer Wismar en 1903.

[6] Eger, ou comme nous disons, Egra, ville de Bohême sur l'Eger et au pied du Fichtelgebirge, compte, avec ses faubourgs, plus de 17,000 habitants. Elle fut prise par les Hussites, puis par les Sué-

Nun! Und wer merkt uns das nun an,
Daß wir aus Süden und aus Norden [1]
Zusammen geschneit und geblasen worden? [2]
Sehn wir nicht aus, wie aus einem Span? [3]
Stehn wir nicht gegen den Feind geschlossen [4],
Recht wie zusammen geleimt und gegossen? [5]

---

dois en 1641, puis par les Français en 1742 et en 1745. C'est dans l'hôtel de ville d'Eger que fut assassiné Wallenstein (25 février 1634). Gœthe a dit d'Eger « man kann nicht Eger betreten, ohne daß die Geister Wallensteins und seiner Gefährten uns umschweben. »

[1] Comp. encore le discours de Buttler à Questenberg (les Piccolomini, I, 2).

Fremdlinge stehn sie da auf diesem
[Boden;
Der Dienst allein ist ihnen Haus und
[Heimath.
Sie treibt der Eifer nicht fürs Vater-
[land,
Denn Tausende, wie mich, gebar die
[Fremde.

Ranke dit dans son Histoire de Wallenstein, p. 235. « Die Armee war aus allen Nationen zusammengesetzt; in einem einzigen Regiment wollte man zehn verschiedene Nationalitäten unterscheiden. Die Obersten waren Spanier, Italiener, Wallonen, Deutsche; W. liebte auch böhmische Herren herbeizuziehen, um sie an den kaiserlichen Dienst oder auch an seine eigenen Befehle zu gewöhnen; wir finden Dalmatiner und Rumänen. Besonders war das norddeutsche Element stark bei ihm vertreten: man findet Brandenburger, Sachsen, Pommern, Lauenburger, Holsteiner. » Comp. le mot de Seume sur le corps hessois auquel il appartenait « ein wahres Quodlibet von Menschenseelen zusammengeschichtet, gute und schlechte, und andere, die abwechselnd Beides waren. »

[2] .... Zusammengeschneit und geblasen (que nous venons du sud et du nord), poussés par le souffle du vent et amassés comme la neige? Il compare les soldats à des flocons de neige, venus de tous les points de l'horizon, comme dans Demetrius, Marfa appelant tous les peuples :

... kommt von Morgen und Mittag
Und dränget euch zu eures Königs
[Fahnen,
Wie Flocken Schnees . . . .
tous ces flocons finissent par faire, comme nous disons, boule de neige, einen Schneehaufen. Comp. la lettre, déjà citée, de Théodore Körner décrivant à son ami le corps de Lützow (13 mai 1813) « Zusammengeschneit aus aller Herren Ländern sind wir. »

[3] N'avons-nous pas l'air (d'être) du même bois, d'être taillés dans le même bois?

[4] Geschlossen indique que les soldats de Wallenstein forment une masse compacte et marchent les rangs serrés contre un même ennemi.

[5] Zusammengeleimt und gegossen; le premier verbe signifie coller ensemble, conglutiner (der Leim, collo); le second, verser ensemble, fondre ensemble (das Gießen ou der Guß, la fonte), comme si nous étions absolument collés et fondus ensemble ». On trouve zusammengeleimt dans la correspondance de Grimm avec Catherine II, 1886, p. 223, la tsarine disant qu'elle n'est qu'un composé de bâtons rompus, Grimm lui répond « mais

Greifen wir nicht, wie ein Mühlwerk, flink
In einander auf Wort und Wink?[1]
Wer hat uns so zusammen geschmiedet[2],
Daß ihr uns nimmer unterschiedet?[3]
Kein andrer sonst als der Wallenstein![4]
Erster Jäger. Das fiel mir mein Lebtag[5] nimmer ein,

---

le tout est d'examiner la nature de chacun de ces bâtons rompus qui se trouvent là en faisceau, et quand on les a considérés chacun à part, on dit de nouveau « Aber um tausend Gottes Willen, wie hat Er denn das zusammengeleimt? » Comp. le mot du chancelier L'hospital décrivant les réformés « aguerriz, resoleuz, se tenant *collez et conjoinctz ensemble*, sans endurer qu'on les désunisse par moyens et artifices quelconques ».

[1] In einander greifen, s'engrener, cp. la même comparaison dans *Faust*, I, 1570–1574,

..... ein Webermeisterstück,
Wo ein Tritt tausend Fäden regt,
Die Schifflein herüber hinüber [schießen,
Die Fäden ungesehen fließen,
Ein Schlag tausend Verbindungen [schlägt.

et dans le *Procès* de Benedix le mot comique de Kropp « in einem wohlgeordneten Staate greift Alles hübsch ineinander.

— Auf Wort und Wink; comp. *Guerre de Trente-Ans* (cette armée nouvellement créée) erwartete nur den Wink ihres Anführers..... Seine Winke waren Aussprüche des Schicksals für den gemeinen Soldaten, et le mot de Jordanès sur les soldats d'Attila, 38 « nutibus Attilae attendebant et, ubi oculo annuisset, quod jussus fuerat, exequebantur ». L'expression Wort und Wink

se trouve assez fréquemment; Gellert dit dans sa fable de *Damohlès*:

Ein Wink, so eilen zwanzig Hände
Des hohen Winkes werth zu sein;
Ein Wort, so fliegt die Menge schö- [ner Knaben
Und sucht den Ruhm, dies Wort [vollstreckt zu haben.

[2] Zusammenschmieden (cp. plus haut zusammenleimen et zusammengießen', souder en forgeant.

[3] Daß ihr uns nimmer unterschiedet. Le prince de Ligne dit dans ses *Remarques sur l'armée autrichienne*. « Qu'on ne distingue ni Turcs, ni Français, ni Polonais, ni Allemands dans les rangs autrichiens, que tout soit soumis au même traitement, et qu'il n'y ait qu'un seul esprit vivifiant qui de son souffle anime ce qui n'est sans cela que *rudis indigestaque moles*; j'ai peut-être déjà exprimé ce latin-là, mais c'est que rien n'exprime mieux une mauvaise armée ».

[4] Dans la *Guerre de Trente-Ans* Schiller dit de Wallenstein « So viele Tausende hatte die Zauberkraft seines Namens, seines Goldes und seines Genies unter die Waffen gerufen! » Comp. les versoù V. Hugo montre Napoléon:

De son âme à la guerre armant six cent mille [âmes.

[5] Mein Lebtag (On trouve aussi dein Lebtag, ihr Lebtag, auf ihr Lebtag, etc.), de ma vie; c'est en réalité le pluriel: mein' Lebtag' pour meine Lebtage.

Daß wir so gut zusammen paſſen;[1]
Hab' mich immer nur gehen laſſen[2].
Erſter Küraſſier. Dem Wachtmeiſter muß ich Beifall geben.
Dem Kriegsſtand kämen ſie gern aus Leben;[3]
Den Soldaten wollen ſie niederhalten[4],
Daß ſie alleine können walten.
's iſt eine Verſchwörung, ein Complott[5].
Marketenderin. Eine Verſchwörung? Du lieber Gott
Da können die Herren ja nicht mehr zahlen.
Wachtmeiſter. Freilich! Es wird alles bankerott[6].
Viele von den Hauptleuten und Generalen
Stellten[7] aus ihren eignen Caſſen

---

[1] Zuſammenpaſſen est pris ici au sens neutre, tandis que plus haut, au vers 782, il était pris au sens actif (zuſammen zu fügen und zu paſſen); il signifiera donc en ce passage « s'adapter les uns aux autres, s'accorder, cadrer ensemble. »

[2] Je n'ai toujours fait que me laisser aller. On dit aujourd'hui das Sichgehenlaſſen, le laisser-aller.

[3] Aus Leben kommen (comme nach dem Leben trachten), attenter à la vie. Comp. à propos de cette expression, la plaisanterie de Lessing dans le conte de l'*Ermite :*

... ol dem kommt man nicht ans
                [Leben,
Der es unzähligen zu geben
So rühmlich ſich befliſſen hat.

[4] ... Niederhalten, rabaisser, mot qu'on trouve encore dans *la mort de Wallenstein*, I, 5 où le généralissime dit au Suédois Wrangel : « Helft mir den gemeinen Feind niederhalten ».

[5] Das Komplott, du français *complot*, c'est le mot que Schiller emploie dans sa *Guerre de Trente-Ans* en parlant de la conjuration de Wallenstein contre l'empereur « die Enthüllung ſeines ganzen Komplotts » et du dessein conçu par l'empereur d'attirer à lui l'armée bavaroise (II, 5 « das angeſponnene Komplot), ainsi que dans les *Piccolomini* (V, 1 das ſchwärzeſte Komplott entſpinnet ſich ».

[6] Bankerott est à la fois adjectif et substantif ; on dit bankerott werden et Bankerott machen ; le mot vient de l'italien « la vieille France, dit Michelet (*Hist. de France*, xix, 343), n'eut jamais le mot de banqueroute et emprunta aux Lombards le mot vil de banca rotta ».

[7] Stellen signifie ici « mettre sur pied », aufbringen, comme on disait alors, ou encore werben und auf den Fuß bringen. Comp. ce passage de la *Guerre de Trente-Ars* (il est question du second commandement de Wallenstein et de la levée de l'armée) « Die ärmeren Offiziere unterſtützte er aus ſeiner eigenen Kaſſe, und durch ſein Beiſpiel, durch glänzende Beförderungen und noch glänzendere Verſprechungen reizte er die Vermögenden, auf eigene Koſten Truppen anzuwerben ». Ranke a très bien exposé le système d'organisation militaire qu'avait établi Wallenstein (*Wallenstein*, p. 234). Il montre que la composition de l'armée avait un caractère financier « les colonels levaient leurs régiments, et les capitaines leurs compagnies de leur propre chef et à

Die Regimenter, wollten sich sehen lassen[1],
Thäten sich angreifen über Vermögen[2],
Dachten, es bring' ihnen großen Segen.
Und die alle sind um ihr Geld[3],
Wenn das Haupt, wenn der Herzog fällt[4].

Marketenderin. Ach, du mein Heiland![5] Das bringt mir Fluch!
Die halbe Armee steht in meinem Buch.
Der Graf Isolani[6], der böse Zahler,
Restiert mir allein noch zweihundert Thaler[7].

---

leurs frais... Les colonels formaient une corporation de créanciers de l'Etat; à la tête de cette corporation était le général, qui avait fait les plus grandes dépenses et qui paraissait comme l'entrepreneur et l'*impresario* de la guerre. »

[1] Sich sehen lassen, se faire voir, se montrer, se signaler. Simplicissimus raconte (p. 294) qu'il servit à Paris chez un riche médecin qui était très hoffärtig und wolte sich sehen lassen; lui-même confesse (p. 237) qu'il voulait mit seinen schönen Haaren, Kleidern und Federbüschen prangen et sich sehen lassen.

[2] Pour greifen sich über Vermögen an; — sich angreifen équivaut à sich anstrengen (*Guerre de Trente-Ans* « Nürnberg hatte sich über Vermögen angestrengt»). Comp. Thümmel, *Voyage*, II, p. 146 « der Speisewirth hatte sich angegriffen »; Gœthe, *Reineke Fuchs*, VI, 80, « doch griff sie sich an » (la louve fait un effort pour parler au renard); Kortum *Jobsiade*, I, xv, 1152, le père écrit à son fils « Doch mußt du dich nicht so sehr angreifen ». Le verbe équivaut ici à notre expression « se mettre en frais ».

[3] « En sont tous pour leur argent », kommen nicht zu ihren vorgeschossenen Geldern, comme dit Wallenstein dans *les Piccolomini*, (II, 7), sind nicht als ruinirte Cavaliers, comme disait Illo aux commandants (*ausführlicher Bericht*, p. 245).

[4] Geschehen war es um das Glück jedes Einzelnen, sobald derjenige zurücktrat, der sich für die Erfüllung desselben verbürgte » (*Guerre de Trente-Ans*).

[5] Mein Heiland, mon Sauveur. On n'emploie plus le mot qu'en parlant du Christ. C'est l'ancienne forme du participe présent de heilen, proprement « celui qui guérit, qui sauve », *Salvator*.

[6] Isolani (Jean-Louis-Hector), né à Görz en 1580, combattit contre les Turcs (1599-1603) et reçut le commandement d'un régiment de Croates. Il servit ensuite dans la guerre de Trente-Ans contre Mansfeld, puis contre Savelli en Poméranie. Nommé général, battu à Sihlbach (1631), entraîné dans la défaite de Lützen (1632), où il commandait vingt-huit escadrons de l'aile gauche, vainqueur à Egra (1633) où il défit Taupadel, il devait devenir feldzeugmestre et général de toutes les troupes croates (1634), comte (1635), prendre part à la bataille de Nördlingen, combattre avec Piccolomini dans les Pays-Bas, avec Gallas en Picardie et en Bourgogne, avec Jean de Werth en Hesse (1637), puis en Poméranie (1638), sur le Rhin supérieur contre Bernard de Weimar et Guébriant (1639). Il mourut à Vienne au mois de mars 1640.

[7] Restieren (avec l'accusatif ou avec mit), être en reste de... devoir... « ist im Rückstand mit... »

Erſter Küraſſier. Was iſt da zu machen, Kameraden?
Es iſt nur eins, was uns retten kann:
Verbunden[1] können ſie uns nichts ſchaden;
Wir ſtehen alle für einen Mann[2].
Laßt ſie ſchicken und ordenanzen[3],
Wir wollen uns feſt in Böhmen pflanzen[4],
Wir geben nicht nach und marſchieren nicht,
Der Soldat jetzt um ſeine Ehre ficht[5].

Zweiter Jäger. Wir laſſen uns nicht ſo im Land 'rum führen![6]
Sie ſollen kommen[7] und ſollen's probieren!

Erſter Arkebuſier. Liebe Herren, bedenkt's mit Fleiß,
's iſt des Kaiſers Will' und Geheiß[8].

Trompeter. Werden uns viel um den Kaiſer ſcheren.

Erſter Arkebuſier. Laß Er mich das nicht zweimal hören.

Trompeter. 's iſt aber doch ſo, wie ich geſagt.

Erſter Jäger. Ja, ja, ich hört's immer ſo erzählen,
Der Friedländer hab' hier allein zu befehlen[9].

Wachtmeiſter. So iſt's auch, das iſt ſein Beding und Pact[10].
Abſolute Gewalt hat er, müßt ihr wiſſen,

---

[1] Verbunden, (si nous sommes) unis...

[2] Alle für einen ſtehen ou, comme on dit aussi, einer für alle und alle für einen ſtehen, répondre tous de l'un et un de tous, être tous solidaires, ne faire tous qu'un seul homme. Se rappeler le mémoire de l'armée suédoise qui réclame impérieusement en 1633 l'arriéré de sa solde et par lequel tous les soldats déclarent einer für alle und alle für einen Mann ungetrennt und unabgeſetzt ſtehen und verbleiben wollen.

[3] Ordenanzen ou Ordinanzen, forme du temps pour ordonanzen, ordonnancer, faire des ordonnances. On disait aussi Ordenanz ou Ordinanz, et c'est ainsi que Buttler nomme l'instruction qu'il a reçue de Gallas et qu'il montre à Gordon et à Leslie (voir le *Gründlicher Bericht*).

[4] Nous implanter en Bohême, y tenir ferme, y prendre racine.

[5] En prose, ficht jetzt um ſeine Ehre.

[6] 'rumführen pour herumführen, trainer, promener, mener par le nez. Le mot est encore employé plus loin, v. 893.

[7] Qu'ils viennent. Comp. dans *Götz* (III, 4), le mot du chevalier, sur le point d'être assiégé : « Erſt ſollen ſie dran ».

[8] La volonté et l'ordre... das Geheiß (de heißen), signifie proprement un ordre verbal.

[9] Questenberg, le commissaire impérial, dira dans *les Piccolomini* (I, 3) qu'il a vu Wallenstein den allvermögenden in ſeinem Lager.

[10] Der Beding (ou die Bedingung), condition, stipulation ; on trouve souvent l'expression suivante: « mit dem Beding, daß... », sous condition que... — der Pakt, même sens que der Vertrag, le traité.

Krieg zu führen und Frieden zu schließen [1],
Geld und Gut kann er confiscieren [2],
Kann henken lassen und pardonnieren [3],
Offiziere kann er und Obersten machen,
Kurz, er hat alle die Ehrensachen [4].
Das hat er vom Kaiser eigenhändig [5].

Erster Arkebusier. Der Herzog ist gewaltig und hochverständig;
Aber er bleibt doch, schlecht und recht [6],
Wie wir alle, des Kaisers Knecht.

Wachtmeister. Nicht wie wir alle! [7] Das wißt Ihr schlecht [8],
Er ist ein unmittelbarer [9] und freier

---

[1] Il avait, dit Schiller dans la *Guerre de Trente-Ans*, une unumschränkte Oberherrschaft... und unbegrenzte Vollmacht, zu strafen und zu belohnen... Keine Stelle solle der Kaiser bei der Armee zu vergeben, keine Belohnung zu verleihen haben, kein Gnadenbrief desselben ohne Wallensteins Bestätigung gültig sein. Ueber alles was im Reich confisciert und erobert werde, solle er allein zu verfügen haben ».

[2] Konfiscieren, confisquer (synonyme einziehen; on dit aussi Konfiscation (synonyme Einziehung).

[3] Faire pendre et pardonner; henken est le même mot que hängen, mais il faut remarquer que henken n'a guère d'autre sens que « suspendre à une potence, pendre »; — pardonnieren, de notre mot *pardonner;* on dit aussi en allemand der Pardon.

[4] Toutes les prérogatives, tout ce qui concerne les honneurs, les grades, les récompenses.

[5] Il tient tout cela de la main même de l'empereur; eigenhändig veut dire que le traité a été signé de la main propre de Ferdinand II.

[6] Schlecht und recht, bel et bien, purement et simplement, tout net et tout plat, comme écrit notre La Fontaine (Fables, VII, 1), plain and homely, dirait-on en anglais (voir

sur l'expression allemande, *Athenaeum* du 23 janvier 1886). On sait que schlecht a d'abord signifié droit, aplani, simple et qu'il avait primitivement le même sens que schlicht; cp. encore dans la pièce de Goethe sur *Hans Sachs*, v. 48 « in allem Ding sein schlicht und schlecht ». Luther dit (Isaïe, XXVI, 7), « des gerechten Weg ist schlecht », et M. de Ste-Hermine, dans la relation déjà citée (p. 104) assure avoir lu sur la porte d'une chambre dans l'auberge où il logeait à Bâle « Leben schlecht, zu sterben recht ». Dans le *Sprüchlein* « schlecht und recht », les deux mots sont donc synonymes, et schlecht a le même sens que recht (eben, gerade).

[7] Et Questenberg dira même, après avoir parcouru le camp et entendu les généraux : « Hier ist kein Kaiser mehr. Der Fürst ist Kaiser! » (*Les Piccolomini*, I, 3).

[8] Il est, ce nous semble, regrettable que schlecht au sens de « mal », soit à si petite distance de schlecht, au sens de « simplement » (voir vers 855 schlecht und recht).

[9] « Immédiat », c'est-à-dire qui n'est soumis qu'à l'empereur, qui ne reconnaît aucune autre *Landeshoheit* ou souveraineté que celle du *Reichsoberhaupt*.

Des Reiches Fürst, so gut wie der Bayer [1].
Sah ich's etwa nicht selbst mit an,
Als ich zu Brandeis die Wach' gethan' [2],
Wie ihm der Kaiser selbsten [3] erlaubt,
Zu bedecken sein fürstlich Haupt? [4]
Erster Arkebusier. Das war für das Mecklenburger Land [5],
Das ihm der Kaiser versetzt als Pfand.

---

[1] Le Bavarois, ou l'électeur de Bavière, Maximilien.

[2] Brandeis ou Brandys est une ville de Bohême qui compte 4,000 habitants. Elle est située sur la rive gauche de l'Elbe, dans le cercle du Karolinenthal. Les empereurs y résidèrent parfois. Mathias y convoqua (janvier 1614) la diète provinciale de Bohême. Elle fut occupée en 1631 par les Saxons et en 1639 par les Suédois. Ranke (*Hist. de Wallenstein*, 74) confirme le fait « Seinem Ehrgeiz wurde die hohe Befriedigung zu Theil, daß ihn der Kaiser bei einer Zusammenkunft zu Brandeis aufforderte, sich zu bedecken. Das war das Vorrecht der deutschen Fürsten in Gegenwart des Kaisers. »

[3] Selbsten, ancienne forme pour selbst; on la rencontre souvent au xviie siècle, chez Grimmelshausen, Moscherosch, Schupp (*Der Freund in der Not*, p. 16, « du bist selbsten naß... » et quelques lignes plus loin, « da ich selbsten reich war »; dans Schelmuffsky, pp. 49 et 89; au xviiie siècle, Stranitzky l'emploie dans son *Ollapatrida* (p. 23, « der Teufel selbsten » et p. 24, weiß ich selbsten nicht »; au xviiie siècle, Jung Stilling dans son autobiographie « mußte auch wohl selbsten), Blumauer dans l'*Eneide*, etc. Klopstock écrivait à Gœthe que Frédéric Stolberg n'irait pas à Weimar, « wenn er mich hört oder wenn er sich selbsten hört).

[4] On se rappelle les vers des *Piccolomini*, IV, 5

Des Menschen Zierath ist der Hut;
[denn wer
Den Hut nicht sitzen lassen darf vor
[Kaisern
Und Königen, der ist kein Mann der
[Freiheit.

[5] Les deux ducs de Mecklenbourg avaient pris parti pour le roi de Danemark. Après la défaite de Christian IV, leur pays fut envahi par les troupes impériales et les deux princes se virent mis au ban de l'empire et chassés de leurs états. Ce fut alors que Wallenstein réclama et garda le pays de Mecklenbourg, comme gage des sommes qu'il avait avancées à l'empereur, er verlangte für sich, dit Schiller dans la *Guerre de Trente-Ans*, das eben eroberte Mecklenburg zum einstweiligen Unterpfand, bis die Geldvorschüsse, welche er dem Kaiser in dem bisherigen Feldzug gethan, erstattet sein würden. L'empereur prononça la déposition des ducs et donna à Wallenstein le duché de Mecklenbourg avec la principauté de Wenden, le comté de Schwerin, les pays de Rostock et de Stargard. (Ranke, *Wallenstein*, 97.) Mais, à l'époque où se passe le drame de Schiller, le généralissime avait perdu son duché, occupé par l'invasion suédoise; toutefois l'empereur lui en avait promis la restitution et lui avait donné, en attendant, la principauté de Glogau, également à titre de gage (voir l'acte dans Förster, *Wallensteins Process*, no 18 « haben wir... bis sie zu vielgedachtes Herzogthums Mechelburg und dessen Ver-

Erster Jäger. (zum Wachtmeister). Wie? in des Kaisers Gegenwart?

Das ist doch seltsam und sehr apart![1]
Wachtmeister (fährt in die Tasche).
Wollt ihr mein Wort nicht gelten lassen,
Sollt ihr's mit Händen greifen und fassen.[2] (Eine Münze zeigend.)
Weß[3] ist das Bild und Gepräg?[4]
Marketenderin.   Weist her!
Ei, das ist ja ein Wallensteiner![5]
Wachtmeister. Na[6], da habt ihr's[7], was wollt ihr mehr?
Ist er nicht Fürst so gut als einer?
Schlägt er nicht Geld, wie der Ferdinand?[8]

---

tinentien vorhin gehabter völligen und wirklichen possession gelangt. ...unser Fürstenthumb Glogau pfandweis eingesetzt. » Daus les lettres du temps, Wallenstein est nommé Herzog zu Mecheelburg-Friedland.

[1] Apart, n'a pas le même sens qu'au vers 475 et signifie ici sonderbar, eigenthümlich: comp. dans les *Clubistes* de König, I, p. 10 le mot sur le P. Garzweiler qu'on pourrait appliquer à Wallenstein « Es ist so was Geheimes um den Mann, so was Apartes! » dans les *Mém.* de Rist, I, 98 « die dem Neuen nicht abhold war und das Aparte liebte; » *id.*, 106 « Vorliebe für das Neue und Aparte »; dans une lettre de Gutzkow à Schücking(*Souvenirs de ce dernier*, II, p. 55) « die Kritiker fragen immer nach dem Aparten »; dans le *Scherenberg* de Fontane, p. 153 « schon die Vorbereitungen zu diesen Plauderabenden waren ganz apart.»

[2] Mit Händen greifen und fassen; vous ne voulez pas croire à ma parole, vous allez la saisir et la prendre avec les mains, vous allez en avoir une preuve palpable à vos mains; comp. l'adj. handgreiflich et ce vers de Henri de Kleist (*La cruche cassée*, IX, v. 1176)

Was ich mit Händen greife, [glaub' ich gern.

Goethe dira dans sa *Camp. de France* (il est à Etain, sur la place du marché, et assiste à la retraite de 1792) « nun aber konnten wir... unmittelbar das grenzenlose Getümmel beinahe mit Händen greifen. »

[3] Même mouvement dans cette interrogation et mêmes expressions que dans le passage connu de l'Evangile (Mathieu, XXII, 20) : « Weß ist das Bild und die Ueberschrift. »

[4] Das Gepräg, empreinte, de prägen, empreindre, imprimer, qui était au moyen âge *praechen* ou *braechen* et dérive de brechen.

[5] On se rappelle que le camp de Wallenstein avait d'abord pour titre die Wallensteiner.

[6] Na a ici le sens de « eh bien !.»

[7] Da habt ihr's, nous y voilà, vous y êtes, voilà l'affaire.

[8] Une bulle datée de Prague du 16 février 1628, avait donné à Wallenstein le *jus monetandi, nobilitandi et erigendi pagos in civitates* dans son duché de Friedland, et on lit dans les *Beiträge* de Murr, p. 384, que lorsqu'il fut duc de Mecklenbourg, le général fit mettre

Hat er nicht eigenes Volk und Land?
Eine Durchlauchtigkeit[1] läßt er sich nennen!
Drum muß er Soldaten halten können.

Erster Arkebusier. Das bisputiert[2] ihm niemand nicht.
　　Wir aber stehen in des Kaisers Pflicht[3],
　　Und wer uns bezahlt, das ist der Kaiser.

Trompeter. Das leugn' ich Ihm, sieht Er, ins Angesicht.
　　Wer uns ni ch t zahlt, d a s ist der Kaiser!
　　Hat man uns nicht seit vierzig Wochen
　　Die Löhnung immer umsonst versprochen?[4]

Erster Arkebusier. Ei was! Das steht ja in guten Händen.

Erster Kürassier. Fried', ihr Herrn! Wollt ihr mit Schlägen
　　enden?
　　Ist denn darüber Zank und Zwist,
　　Ob der Kaiser unser Gebieter ist?
　　Eben drum, weil wir gern in Ehren
　　Seine tüchtigen Reiter wären[5],
　　Wollen wir nicht seine Herde sein[6],
　　Wollen uns nicht von den Pfaffen[7] und Schranzen[8]

---

dans ses armes, à côté de l'ange de Friedland et de l'aigle de Sagan, la tête de taureau de Mecklenbourg et le griffon de Rostock, le tout entouré de la toison d'or (dès 1629).

[1] Eine Durchlauchtigkeit, une Altesse. On dit aussi, dans le même sens, Durchlaucht. Ce mot Durchlaucht, au moyen âge durhliuhtet, est proprement le participe passé de durhliuhten, aujourd'hui durchleuchten. Il a donné durchlauchtig, très gracieux (die durchlauchtigste Republik Venedig. la Sérénissime république; Allerdurchlauchtigster, dit le marchand à l'empereur Maximilien, Götz, III, 1). Comp. Erlaucht, du moyen haut-allemand erliuht, participe passé de erliuhten, aujourd'hui erleuchten.

[2] Disputiren, ici contester, bestreiten.

[3] Stehen in des Kaisers Pflicht, le mot Pflicht n'a pas ici le sens or-

dinaire de « devoir »; il signifie foi, serment de fidélité; l'empereur a, comme on disait, die Soldaten in Pflicht (ou encore in Eid und Pflicht) genommen, il a reçu leur engagement, leur serment.

[4] Die Gage blieb zurück, comme dit le personnage de Christian Weise cité p. 52, note.

[5] C'est justement parce que nous serions volontiers et en tout honneur ses braves cavaliers...

[6] On peut citer à ce propos, mais en lui donnant un tout autre sens, le vers de Victor Hugo:
Hier la grande armée, et maintenant tron-
　　　　　　　　　　　　　　　[peau.

[7] Pfaffe a presque toujours un sens défavorable; la prétraille.

[8] Der Schranze, courtisan, mais courtisan qui flatte et rampe schmeichelnd und kriechend. Le mot a passé par les sens suivants: 1° déchirure, fente, trou; 2° habit à fentes et à taillades; 3° celui qui porte

Herum lassen führen[1] und verpflanzen[2].
Sagt selber! Kommt's nicht dem Herrn zu gut[3],
Wenn sein Kriegsvolk[4] was auf sich halten thut?[5]
Wer anders macht ihn, als seine Soldaten,
Zu dem großmächtigen Potentaten?[6]
Verschafft und bewahrt[7] ihm weit und breit
Das große Wort in der Christenheit?
Mögen sich die sein Joch aufladen[8],
Die mitessen von seinen Gnaden[9],
Die mit ihm tafeln im goldnen Zimmer[10].
Wir, wir haben von seinem Glanz und Schimmer
Nichts als die Müh' und als die Schmerzen,

---

cet habit, fat, freluquet (il est question dans les *Marienlieder* du frère Jean, xivᵉ siècle, d'un personnage qui vient « gesprenzet zärtlich sam ein junger schranz »; 4° parasite, flagorneur, plat valet. On trouve fréquemment le composé Hoffschranze (*Götz*, I, 3 et *Emilia Galotti*, V, 4). Dans les *Piccolomini* (I, 2) Schiller montre Isolani faisant antichambre à la cour de Vienne, unter den Schranzen.

[1] Herumführen, le premier cuirassier a déjà employé ce mot vers 837.

[2] Verpflanzen, transplanter; le premier cuirassier, se servant déjà de la même image, a dit précédemment que l'armée devait et voulait s'implanter festpflanzen, en Bohême. Le mot verpflanzen est employé par Schiller dans la *Guerre de Trente-Ans*, II, 5, den Krieg in die Erbstaaten Oesterreichs zu verpflanzen.

[3] Zu gut ou zu gute kommen, être utile à, être à l'avantage de.

[4] Kriegsvolk, c'est l'expression du temps. Voir la note du vers 7.

[5] Pour was auf sich hält, fait quelque cas de soi-même. se tient en quelque estime; viel halten auf..., estimer beaucoup; wenig halten auf..., estimer peu; nichts halten auf..., n'estimer en aucune manière, ne faire aucun cas de...

[6] Potentat est encore un mot du temps employé par Moscherosch, par Grimmelshausen, par Christian Weise, par Schupp, par les négociateurs de l'époque; *Simplicissimus* (p. 250), fait prisonnier, voit le peuple accourir pour le voir als ob ein großer Potentat seinen Einzug gehalten hätte.

[7] Verschafft und bewahrt... le sujet est wer Anders ...Das große Wort..., c'est grâce à ses soldats qu'il peut avoir la parole haute, parler haut dans le monde, dire le grand mot ou le mot décisif.

[8] Que ceux-là se chargent de son joug...

[9] Isolani emploie une expression semblable (*Les Piccolomini*, I, 2) lorsqu'il se représente attendant des heures entières la réponse des bureaux de la guerre. comme s'il était là, ums Gnadenbrod zu betteln.

[10] Buttler s'emporte pareillement dans *los Piccolomini* (I, 2) contre les parasites « les Laufschmarutzer »

...die die Füße
Beständig unterm Tisch des Kaisers
    [haben,
Nach allen Benefizen hungrig schnap-
    [pen.

Und wofür wir uns halten in unserm Herzen[1].
Zweiter Jäger. Alle großen Tyrannen[2] und Kaiser[3]
Hielten's so[4] und waren viel weiser.
Alles andre thäten sie hudeln und schänden[5],
Den Soldaten trugen sie auf den Händen[6].

---

[1] Et notre propre estime, le cas que nous faisons de nous-mêmes au fond de notre cœur.

[2] Tyrannen a ici le même sens que Herrscher ou que Dynasten; c'est ainsi que Voltaire dit que la mort renversa la tyrannie de Cromwell (Siècle de Louis XIV, 6) et que Blumauer fait dire aux Troyens par Latinus qui cite à ce propos le Père La Rue (Enéide, VII, 4280-4284)

« Er komme nur, mein Mitty-
    [rann,
Daß ich die Hand ihm gebe;
Denn wisset per parenthesim,
Auch gute Fürsten hieß man kühn
Tyrannen, sagt Knäus. »

[3] Voir sur ce point les Annales et les Histoires de Tacite; on ne citera que ce seul trait; Hist., I, 36, Tacite représente Othon tendant les mains vers les soldats, saluant respectueusement, envoyant des baisers, faisant, pour devenir maître, toutes les bassesses d'un esclave « protendens manus, adorare vulgum, jacere oscula et omnia serviliter pro dominatione ».

[4] Hielten' s so, en faisaient autant; es halten, agir, se conduire; ich pflege es so zu halten, j'ai coutume d'en user ainsi; wie nun unser Fürst gern Alles mittheilte, so hielten' s auch seine Leute (Goethe, Camp. de France, 132); « so hält es der Pfaffe » (Reineke Fuchs, VIII, 192); so hab' ich' s gehalten von Jugend an (Schiller, Le comte de Habsbourg, v. 28); so wißt ihr, hab's nicht mit euch gehalten (Mort de Wallenstein, III, 15); comp. le latin habebat hoc, telle était son habitude.

[5] Hudeln (déjà employé par Schiller dans les Brigands, I, 2, « und hudeln den armen Schelm, den sie nicht fürchten »), tourmenter, vexer, tracasser; — schänden, ici insulter, honnir. Düntzer dit, non sans raison, que schänden est ici pour la rime (Händen) et que Schiller voulait sans doute employer schinden.

[6] Ils le portaient sur leurs mains, ils le caressaient. Comp. le même emploi de cette expression figurée dans Forster (VII, 93; il raconte l'accueil que lui fit Jacobi) von allen auf den Händen getragen; dans Lessing (les Juifs, 4) einen Ort, wo wir fast auf den Händen getragen werden; dans Bürger (das Lob Helenens, 53-54)

Doch wirst du künftig ohne Leid
Sie auf den Händen tragen;

dans Goethe (Egmont, I, 1) Warum ist alle Welt dem Grafen Egmont so hold? Warum trügen wir ihn alle auf den Händen? et (id., II, 1) Wenn sie uns unsere Rechte und Freiheiten aufrecht erhält, wollen wir sie auf den Händen halten; dans Henri de Kleist (La marquise d'O...), so will ich dich auf Händen tragen; dans Platen (La fourchette fatale, I), « weil ihn die Natur als ihren Liebling auf den Händen trägt ». L'expression vient de la Bible (Psaumes, XCI, XI et XII): denn er hat seinen Engeln befohlen über dir, daß sie dich behüten auf allen deinen Wegen, daß sie dich auf den Händen tragen und du deinen Fuß nicht an einen Stein stößest

Erſter Küraſſier. Der Soldat muß ſich können fühlen[1].
   Wer's nicht edel und nobel[2] treibt,
   Lieber weit von dem Handwerk bleibt[3].
   Soll ich friſch um mein Leben ſpielen[4],
   Muß mir noch etwas gelten mehr[5].
   Oder ich laſſe mich eben ſchlachten
   Wie der Croat[6] — und muß mich verachten.
Beide Jäger. Ja, übers Leben noch geht die Ehr'![7]
Erſter Küraſſier. Das Schwert iſt kein Spaten, kein Pflug[8],
   Wer damit ackern wollte, wäre nicht klug.

(comp. Math., iv, 6 et Luc, iv, 11 où il est également question des anges), et signifie, par suite, « mit Engelsgüte behandeln ». Le prince de Ligne a dit de même (*sur l'enthousiasme*, œuvres mêlées, VIII, 221). « On y applaudit, on entoure, on *porte sur les mains* un général victorieux. »

[1] Doit pouvoir se sentir ; avoir le Selbſtgefühl, le sentiment de ce qu'il est, le sentiment de sa dignité.

[2] Nobel, ici synonyme de edel, « noblement et fièrement ».

[3] W. Scherer, citant ces deux vers (*Hist. de la littér. allemande*, p. 594) ajoute que le premier cuirassier est der Idealiſt unter all den Realiſten.

[4] Si l'on veut que je joue bravement ma vie ; um mein Leben ſpielen, jouer pour ma vie, mettre ma vie au jeu ; comp. plus loin, dans la dernière strophe du chant des soldats, l'expression das Leben einſetzen.

[5] ...Il me faut quelque chose qui ait encore plus de valeur à mes yeux, qui soit pour moi d'un prix encore plus grand que la vie.

[6] Les Croates d'Isolani étaient, disait-on alors, hart an den Eiſen (Hallwich, *Aldringen*, 137) ; mais, selon le premier cuirassier, ils ne connaissent pas le point d'honneur, et dans la guerre de Sept-Ans, en

son ode à l'armée prussienne, Ewald de Kleist les flétrit comme pillards éhontés :

Das Rauben überlaß den Feigen und
   [Kroaten.

[7] Les deux chasseurs prononcent le mot que n'a pas dit le cuirassier : *l'honneur*. « Oui l'honneur passe encore avant la vie », Ehre gilt mehr als Leben. « Le soldat, a écrit Alfred de Vigny, l'homme des armées, a besoin de prendre confiance en lui-même... Cette foi, qui me semble rester à tous encore et régner en souveraine dans les armées, est celle de l'Honneur... Une vitalité indéfinissable anime cette vertu bizarre, orgueilleuse, qui se tient debout au milieu de tous nos vices, s'accordant même avec eux au point de s'accroître de leur énergie... Comment se fait-il que tous les hommes aient le sentiment de sa sérieuse puissance ?... Chacun devient grave lorsque son nom est prononcé. »

[8] Das Schwert iſt kein Spaten, kein Pflug, l'épée n'est pas une bêche ni une charrue ; Schiller connaissait-il ces vers que Moscherosch met dans la bouche d'un de ses héros ?

Friſch, unverzagt, beherzt und wacker,
Der ſchärfſte Säbel iſt mein Acker,
Und Beuten machen iſt mein Pflug.

Es grünt uns kein Halm, es wächst keine Saat,
Ohne Heimat[1] muß der Soldat
Auf dem Erdboden flüchtig schwärmen[2],
Darf sich an eignem Herd[3] nicht wärmen,
Er muß vorbei an der Städte Glanz,
An des Dörfleins lustigen, grünen Auen[4],
Die Traubenlese[5], den Erntekranz[6]

---

[1] Dans la *Mort de Wallenstein* (I, 5) le généralissime dira lui-même au Suédois Wrangel que son armée n'a pas de patrie, pas de *Vaterland*

Doch dieses Heer, das Kaiserlich sich [nennt,
Das hier in Böheim hauset, das hat [keins;
Das ist der Auswurf fremder Län- [der...

et, plus tard (III, 15), il rappellera aux cuirassiers de Pappenheim leur existence passée :

Ein ruheloser Marsch war unser [Leben,
Und, wie des Windes Sausen, hei- [matlos
Durchstürmten wir die kriegbewegte [Erde.

Gœthe écrit dans les *Années de voyage de Wilhelm Meister* (III, 9) « Zu einem eigenen Wanderleben ist der Soldat berufen;... er muß sich immer beweglich erhalten;... er wendet seinen Schritt allen Welttheilen zu, und nur Wenigen ist es vergönnt, sich hie oder da anzusiedeln ». Le plus grand soldat des temps modernes, le Corse qui devint empereur des Français et conquérant de l'Europe, a été nommé par Treitschke der große Heimatlose. On sait le vers, devise des condottieri :
Omne solum forti patria est, ut piscibus [æquor.

[2] Courir dans le monde comme un fugitif. Grimmelshausen avait dit de même d'Annibal (*Simplicissimus*, 125) daß er in der Welt landflüchtig herumschweifen mußte.

[3] Son propre foyer... Buttler dira de même (*les Piccolomini*, IV, 4) :
Ich steh' allein da in der Welt und [kenne
Nicht das Gefühl, das an ein theures [Weib
Den Mann und an geliebte Kinder [bindet.

[4] Le cuirassier dirait comme Max (*Les Piccolomini*, I, 4)
..o! das Leben...
Hat Reize, die wir nie gekannt, Wir [haben
Des schönen Lebens öde Küste nur
Wie ein umirrend Räubervolk be- [fahren.
...Was in den innern Thälern kö- [stliches
Das Land verbirgt, o! davon — da- [von ist
Auf unsrer wilden Fahrt uns Nichts [erschienen.

[5] La vendange ; c'est un des grands plaisirs de la vie allemande et Gœthe en a dignement parlé, soit dans *Hermann et Dorothée* (IV) où il décrit le jour de fête
au dem die Gegend im Jubel Trauben liefet und tritt. . . . . .
et tous les plaisirs auxquels donne lieu cette plus belle des moissons (der Ernten schönste), soit dans *Poésie et Vérité*, IV, p. 146, où il dit que ces jours de la vendange « eine unglaubliche Heiterkeit verbreiten ». Voir notre édition de *Hermann et Dorothée*, p. 69.

[6] Der Erntekranz (litro, — soit dit en passant — d'une opérette

Muß er wandernd von ferne schauen.
Sagt mir, was hat er an Gut und Werth,
Wenn der Soldat sich nicht selber ehrt?[1]
Etwas muß er sein eigen nennen,
Oder der Mensch wird morden und brennen[2].
Erster Arkebusier. Das weiß Gott, 's ist ein elend Leben![3]
Erster Kürassier. Möcht's doch nicht für ein andres geben.
Seht, ich bin weit in der Welt 'rum kommen[4].
Hab' alles in Erfahrung genommen[5].
Hab' der hispanischen Monarchie
Gedient und der Republik Venedig
Und dem Königreich Napoli[6];
Aber das Glück war mir nirgends gnädig.
Hab' den Kaufmann gesehn und den Ritter

---

de Chr.-Félix Weisse écrite en 1770 et jouée à Berlin en 1772), c'est la couronne d'épis qu'on porte en triomphe sur la dernière voiture qui rentre la moisson. Freiligrath fait allusion à cette coutume dans une pièce de vers qui a pour titre *Westfälisches Sommerlied* ; c'est en 1866, et la moisson dit au voyageur que celui qui la récoltait est parti pour la guerre :

Wer holt denn nun zum Erntetanz

Die schmucken Dirnen heuer?
O weh! wer schwingt den Erntekranz,
Wer pflanzt ihn auf die Scheuer?

Hölty avait déjà dit dans le *Schnitterlied* (éd. Halm. 163)
Ha! morgen bringen wir Leute
Geschmückt wie Freier und Bräute,
Der Ernte flitternden Kranz.

[1] Alfred de Vigny dit encore dans le passage déjà cité : « L'homme, au nom d'Honneur, sent remuer quelque chose en lui qui est comme *une part de lui-même*... L'Honneur, c'est le respect de soi-même... Toujours et partout il maintient dans toute sa beauté la dignité personnelle de l'homme »

(*Servitude et grandeur militaires*, p. 351-353).

[2] Ou bien cet homme ne sera qu'un meurtrier et un incendiaire, et, comme disoit plus haut le premier cuirassier, un Croate.

[3] Le premier arquebusier serait de l'avis de Hugo de Cotentin qui dit à Charlemagne (*Aymeriliot*, v. 104-106).
Sire, c'est un manant heureux qu'un laboureur,
Le drôle gratte la terre brune ou rouge,
Et quand sa tâche est faite, il rentre dans son bouge.

[4] Comme la vivandière, il est *weit herum gewesen*. — *Kommen* pour *gekommen*, de même que dans la Bible, dans le *Götz* de Gœthe et ses lettres de Francfort (il dit également *gangen* pour *gegangen*, *blieben* pour *geblieben*, *kriegt* pour *gekriegt*) et dans la langue populaire.

[5] *In Erfahrung nehmen*, expression assez rare; comp. *in Augenschein nehmen*.

[6] *Napoli*, Naples; c'est le mot italien; on dit en allemand *Neapel*, parfois même *Napel* (cp. Gœthe, *Faust*, I, 2629 et *Élégies romaines*); Lessing écrivait *Neapolis* (*Literaturbriefe*, XXXII).

Und den Handwerksmann und den Jesuiter[1],
Und kein Rock hat mir unter allen
Wie mein eisernes Wamms[2] gefallen.

Erster Arkebusier. Ne![3] das kann ich eben nicht sagen.

Erster Kürassier. Will einer in der Welt was erjagen[4],
Mag er sich rühren und mag sich plagen[5];
Will er zu hohen Ehren und Würden,
Bück' er sich unter die goldnen Bürden;
Will er genießen den Vatersegen,
Kinder und Enkelein um sich pflegen,
Treib' er ein ehrlich Gewerb' in Ruh[6].
Ich — ich hab' kein Gemüth dazu.
Frei will ich leben und also[7] sterben,
Niemand berauben und niemand beerben
Und auf das Gehudel unter mir
Leicht wegschauen von meinem Thier[8].

Erster Jäger. Bravo! just so ergeht es mir.

Erster Arkebusier. Lustiger freilich mag sich's haben,
Ueber anderer Köpf' wegtraben[9].

---

[1] Der Jesuiter est une forme bien moins usitée que der Jesuit (pluriel die Jesuiten); mais elle était employée au XVII° siècle et on la trouve dans le rapport de Sezyma Raschin; an XVI°, Fischart l'a transformée en Jesu=wider, jeu d'esprit ou Witz qui est resté populaire, et il n'est pas rare de lire le mot ainsi orthographié dans les lettres et documents de la Guerre de Trente-Ans.

[2] Mon pourpoint de fer; voir sur Wamms la note du vers 254.

[3] Ne, familier pour nein.

[4] Erjagen, attraper, atteindre, mot favori de Schiller et qu'il emploie, par exemple, dans Ritter Toggenburg (Ruhe kann er nicht erjagen), dans la Cloche (das Glück zu erjagen), dans la Pucelle d'Orléans (III, 4, um weltlich eitle Hoheit zu erjagen).

[5] Se remuer et prendre de la peine.

[6] In Ruh...; c'est-à-dire, comme on dirait en allemand, er wandert nicht aus, er bleibt auf seiner Scholle sitzen; se rappeler le psaume (XXXVII, 3) « bleibe im Lande und nähre dich redlich ».

[7] Also, de même : frei leben und frei sterben.

[8] Et, le cœur léger, regarder du haut de ma bête les misères d'ici-bas; das Gehudel ou die Hudelei (comp. die Schererei), vexations, tracasseries. Ce mot superbe nous rappelle la fin d'une lettre de Gœthe à M°° de Stein à qui il raconte son voyage à cheval dans le Harz (2 déc. 1777) « Gar hübsch ist's, auf seinem Pferde mit dem Mantelsäckchen, wie auf einem Schiffe, herumzukreuzen. »

[9] Trotter sur les têtes des autres (Köpf' pour Köpfe); comp. au vers 312 une expression semblable, über den Bürger kühn wegschreiten.

Erſter Küraſſier. Kamerad, die Zeiten ſind ſchwer,
Das Schwert iſt nicht bei der Wage mehr[1];
Aber ſo mag mir's keiner verdenken[2],
Daß ich mich lieber zum Schwert will lenken,
Kann ich im Krieg mich doch menſchlich faſſen[3],
Aber nicht auf mir trommeln laſſen[4].
Erſter Arkebuſier. Wer iſt dran ſchuld, als wir Soldaten
Daß der Nährſtand[5] in Schimpf gerathen?
Der leidige[6] Krieg und die Noth und Plag'
In die ſechzehn Jahr' ſchon währen mag[7].
Erſter Küraſſier. Bruder, den lieben Gott da droben,
Es können ihn alle zugleich nicht loben[8].

---

[1] « Le glaive n'est plus auprès de la balance », c'est-à-dire qu'il n'est plus au service de la Justice, qu'il n'est plus un symbole dans la main de Thémis. Malherbe dit (à *la Reine* pendant sa régence) dans une strophe, où il prononce le nom de Thémis

Et les lois qui n'exceptent rien
De leur glaive et de leur balance
Font tout perdre à la violence.
Qui veut avoir plus que le sien.

Les lois, pour parler comme Malherbe, n'ont plus que leur balance : leur glaive est dans les mains de la violence.

[2] Voici son raisonnement: on ne peut lui faire un crime de s'être mis du côté de l'épée, car, à la guerre, il se conduit humainement, sans pourtant se laisser houspiller.

[3] Sich faſſen, comme ſich betragen, se conduire, n'est plus usité dans ce sens, et ne signifie plus que « se remettre, se recueillir, reprendre de l'empire sur soi ».

[4] Mais je ne veux pas qu'on prenne ma peau pour un tambour; W. Scherer dit de ce personnage (*Hist. de la littér. allem.*, p. 594): Er will in den ſchweren Zeiten lieber Hammer als Amboß ſein ».

[5] Der Nährſtand. On sait que les conditions humaines étaient alors divisées en trois catégories : der Nährſtand (agriculture et métiers), der Lehrſtand (enseignement); der Wehrſtand (armée). Logau a dit des paysans dans une de ses épigrammes, intitulée *Landleute*:

Bauersleute ſind der Magen, der das
　　[ganze Land ernähret;
Dennoch iſt am allerſchlechteſten das,
　　[wo von er ſelbſten zehret

Comp. l'expression de Du Bellay qui nomme les laboureurs, sans qui la société ne peut marcher,

Le peuple nourricier qui fait le même office
Que des pieds et des mains le pénible exercice

[6] Leidig (de Leib), malheureux, déplorable; comp. *Nathan le Sage*, II, 1, « das leidige verwünſchte Geld! » Gœthe, *Poésie et Vérité*, VIII, p. 102, « dieſe leidigen Trümmer » (Dresde après le bombardement de 1760).

[7] Mag ſchon in die ſechzehn Jahre währen, peut durer déjà vers les seize ans ; voir une tournure semblable dans la *Mort de Wallenstein*, I, 5, « Ins zweite Jahr ſchon ſchleicht die Unterhandlung ».

[8] Aussi bien, rien n'est bon que par affection; Nous jugeons, nous voyons selon la passion. Le soldat aujourd'hui ne rêve que la guerre; En paix, le laboureur veut cultiver sa terre.

(Régnier, à Rapin.)

Einer will die Sonn', die den andern beschwert;
Dieser will's trocken, was jener feucht begehrt;
Wo du nur die Noth siehst und die Plag',
Da scheint mir des Lebens heller Tag!
Geht's auf Kosten des Bürgers und Bauern,
Nun, wahrhaftig, sie werden mich dauern;
Aber ich kann's nicht ändern[1] — seht,
's ist hier just, wie's beim Einhau'n[2] geht:
Die Pferde schnauben und setzen an[3],
Liege, wer will, mitten in der Bahn,
Sei's mein Bruder, mein leiblicher Sohn[4],
Zerriss' mir die Seele sein Jammerton,
Über seinen Leib weg muß ich jagen[5],
Kann ihn nicht sachte[6] beiseite tragen[7].

---

[1] G. Droysen dit très bien dans son *Hist. de Bernard de Saxe-Weimar*, I, 150, en parlant des soldats, « standen sie doch, ein wandernder Staat im Staate, im Gegensatze zur seßhaften Bevölkerung und außer aller bürgerlichen Ordnung ».

[2] Beim Einhau'n, dans la charge, lorsque la cavalerie attaque à coups de sabre. Ne pas oublier que c'est un cuirassier qui parle; il décrit une *procella equestris*, comme celle de Gravelotte :

Die Säbel geschwungen, die Zaume
     [verhängt
Tief die Lanzen und hoch die Fahnen.
     (Freiligrath).

On lit dans la *Vie de Courage* de Grimmelshausen (VII) l'expression im Nachhauen, dans la poursuite.

[3] Schnauben ou schnaufen, s'ébrouer (l'ébrouement est le ronflement par lequel le cheval exprime son émotion), souffler avec effort, haleter; — ansetzen, prendre son élan.

[4] Mon propre fils, mot-à-mot « mon fils corporel ».

[5] Jagen, aller au galop; comp. l'expression er kam daher gejagt, il arriva à bride abattue, et les vers de Th. Körner (*Harras*):

...auf feurig schnaubendem Roß
...Sie jagen...
...Und er jagt zurück...
Jagt irrend.....

Retten, dit Seume de lui-même dans son enfance, hieß bei mir jagen, daß die Mähnen flogen und die Haare saußten.

[6] Sachte ou sacht, tout doucement, sans secousse; c'est un mot bas-allemand, mais qui n'est autre que le haut-allemand sanft, devenu saft par la perte de la nasale, et ensuite sacht.

[7] Comp. les vers suivants de Wilhelm Jensen :

Daß die Kugel pfeift, daß der Schlacht=
     [ruf gellt,
Daß der liebste Freund an der Seite
     [dir fällt.
Daß weiter du mußt und ihn jam=
     [mernd ver.ießt.

et les vers de Schiller dans *la Bataille* :

Lebende wechseln mit Todten, der Fuß
Strauchelt über den Leichnamen.
« Und auch du, Franz ? » — « Grüße
     [mein Lottchen, Freund. »

Erster Jäger. Ei, wer wird nach dem andern fragen!¹
Erster Küraffier. Und weil sich's nun einmal so gemacht²

Daß das Glück dem Soldaten lacht,
Laßt's uns mit beiden Händen faffen³,
Lang werden sie's uns nicht so treiben laffen⁴;
Der Friede wird kommen über Nacht⁵,
Der dem Wefen ein Ende macht⁶:
Der Soldat zäumt ab, der Bauer spannt ein⁷;

Wilder immer wüthet der Streit.
« Grüßen will ich dein Löttchen,
[Freund,
Schlummre fanft! Wo die Kugelfaat
Regnet, stürz' ich Verlaffner hinein ».

Voir aussi la ballade du *comte
Eberhard* (après la mort du jeune
Ulrich).

Rasch über Leichen ging's daher.

et le récit de la mort de Max Piccolomini (*Mort de Wallenstein*, IV,
10):

Und hoch weg über ihn geht die Ge-
[walt
Der Rosse, keinem Zügel mehr ge-
[horchend.

Schiller avait écrit d'ailleurs dans
sa *Guerre de Trente-Ans*, en parlant de la mort de Gustave-Adolphe,
foulé aux pieds des chevaux « über
ihm hinweg wandelt das unempfind-
liche Schickfal ». Marinelli dit au
prince dans l'*Emilia Galotti*, de
Lessing (V, 1): « wozu diefer trau-
rige Seitenblick? Vorwärts, denkt
der Sieger : es falle neben ihm Freind
oder Freund ».

¹ Simplicissimus, dont la barque
chavire dans le Rhin, tient le
même langage: « Ich fahe mich nit
viel nach den andern um, fon-
dern gedachte auf mich felbst » (p.
319). Se rappeler le vers de *Hermann et Dorothée* (I, v. 144):

Nur sich felber bedenkend und hinge-
[riffen vom Strome.

On disait au temps de la Guerre

de Trente-Ans, « wer reit', der
reit'; wer liegt, der liegt ». (Droysen,
Bernard de Saxe-Weimar, II, 377.)
² Et puisque la chose s'est ainsi
arrangée, que...; puisque les affaires ont tourné de telle sorte
que...
³ Saisissons-la des deux mains;
expression qu'on retrouve dans l'ap-
préciation de *Hermann et Dorothée*,
par Humboldt ; Hermann, dit ce
dernier (lorsque la jeune fille croit
ingénûment que le fils de l'aubergiste lui offre une place de servante), Hermann devait diesen Ane-
weg mit beiden Händen ergreifen.
⁴ Sie, eux, toujours les gens de
Vienne, la chancellerie, les bureaux qui veulent la paix.
⁵ Ueber Nacht, pendant la nuit,
en une nuit (comp. vers 569), expression très usitée en allemand et
qu'on peut rendre en français par
« un beau matin ». Dans la *Mort
de Wallenstein* (I, 7), Schiller emploie l'adjectif übernächtig, qui naît
et disparaît en une nuit, « ein über-
nächtiges Geschöpf der Hofgunst ».
⁶ Qui met fin à la chose. Hernach
hat das Lied ein Ende, dirait-on
familièrement.
⁷ Le soldat débride (abzäu-
men, de der Zaum, bride) et le
paysan attelle (ses chevaux à la
charrue); vers qui fait souvenir
de l'élégie de Tibulle (I, x) sur la
paix,

. . . . Pax candida primum
Duxit araturos sub juga panda boves.
Pace bidens vomerque vigent, at tristia duri
Militis in tenebris occupat arma situs.

Eh man's denkt, wird's wieder das Alte[1] sein.
Jetzt sind wir noch beisammen[2] im Land,
Wir haben's Heft[3] noch in der Hand.
Lassen wir uns auseinander sprengen[4],
Werden sie[5] uns den Brodkorb höher hängen.

Erster Jäger. Nein, das darf nimmermehr geschehn!
Kommt, laßt uns alle für einen stehn[6]!

Zweiter Jäger. Ja, laßt uns Abrede nehmen, hört!

Erster Arkebusier (ein ledernes Beutelchen ziehend, zur Marketenderin).
Gevatterin[7], was hab' ich verzehrt?[8]

Marketenderin. Ach, es ist nicht der Rede werth![9] (Sie rechnen.)

Trompeter. Ihr thut wohl, daß Ihr weiter geht;
Verderbt uns doch nur die Societät[10]. (Arkebusiere gehen ab.)

Erster Kürassier. Schad' um die Leut'! Sind sonst wackre
Brüder!

---

[1] Das Alte, ou, comme disait plus haut le maréchal des logis, der alte Bettel. Tout aura repris le train d'autrefois, tout sera remis dans le même état, sur l'ancien pied.

[2] Beisammen, mieux que zusammen, tous réunis ensemble au même lieu, nous sentant les coudes ; comp. *Hermann et Dorothée*, IV, 98, «...wäre die Kraft der deutschen Jugend beisammen ».

[3] Das Heft, le manche, la poignée. C'est ainsi que Wallenstein dira à Questenberg (*Les Piccolomini*, II, 7) qu'on est fatigué :

     . . . Die Macht,
Des Schwertes Griff in seiner
         [Hand zu sehn.

Sur ce sentiment naturel au soldat voir Philandre de Sittewald qui rapporte dans sa sixième vision, que le soldat de son temps « nicht gern sihet daß Friede ist und ihm Leid ist, daß nicht Krieg ist ».

[4] Auseinandersprengen, disperser, disséminer, éloigner violemment les uns des autres.

[5] *Littér.* nous pendrons plus haut la corbeille à pain ; c'est-à-dire ils nous mettront le râtelier plus haut;

ils nous tailleront les morceaux bien courts ; ils nous tiendront serrés les cordons de la bourse. Buttler dira de même dans les *Piccolomini*, I, 2 :

Die wollen dem Soldaten . . . . . .
Das Brod vorschneiden und die Rech-
         [nung streichen.

[6] Alle für einen stehen, voir la note 2 du vers 832.

[7] Gevatterin, commère; on sait que le mot signifie également « marraine »; Gevatter, parrain, a été formé d'après le latin ecclésiastique, *compater*.

[8] Il paye à la vivandière ce qu'il a consommé (verzehrt) et il s'en va ; il est, dit W. Scherer, gut kaiserlich, deutsch treu und bürgerlich beschränkt.

[9] Ce n'est pas la peine d'en parler. On voit, par ce trait, remarque Düntzer, que ces deux arquebusiers sont des gens calmes, paisibles et très sobres, sehr genügsam.

[10] Ce sont, comme on dirait encore, des Lustverderber, des Freudenstörer, rabat-joie et trouble-fête.

Erster Jäger. Aber das [1] denkt wie ein Seifensieder [2].

Zweiter Jäger. Jetzt sind wir unter uns, laßt hören,
  Wie wir den neuen Anschlag stören.

Trompeter. Was? Wir gehen eben nicht h'n.

Erster Kürassier. Nichts, ihr Herrn, gegen die Disciplin! [3]
  Jeder geht jetzt zu seinem Corps,
  Trägt's den Kameraden vernünftig vor [4],
  Daß sie's begreifen und einsehen lernen.
  Wir dürfen uns nicht so weit entfernen.
  Für meine Wallonen sag' ich gut [5].
  So [6], wie ich, jeder denken thut.

Wachtmeister. Terzkas Regimenter zu Roß und Fuß
  Stimmen alle in diesen Schluß.

Zweiter Kürassier (stellt sich zum ersten).
  Der Lombard sich nicht vom Wallonen trennt [7].

Erster Jäger. Freiheit ist [8] Jägers Element.

---

[1] Das, çà..., terme de mépris.

[2] « Çà pense comme un savonnier ». Que fait le savonnier en cette affaire? Faut-il penser au savonnier que Hagedorn met en scène, à la place du savetier, dans la fable de La Fontaine, du *Savetier et du Financier?* Ou faut-il penser au savonnier d'Egmont? Il y a, en effet, dans cette pièce de Gœthe (II, 1) un *Seifensieder* assez ridicule; il a peur, il se déclare fidèle sujet du roi et sincère catholique « ein treuer Unterthan, ein aufrichtiger Katholike »; il conseille aux Bruxellois de se tenir tranquilles pour ne pas être regardés comme émeutiers, il ne veut pas entendre parler des anciennes libertés, il menace et frappe Vansen qui explique au peuple ses privilèges. C'est peut-être ce personnage, à l'esprit étroit et borné, que Schiller avait en vue. Quoi qu'il en soit, le savonnier passe en Allemagne pour le roi des philistins, et de même qu'on dit chez nous *raisonner comme un savetier*, de même on dit er denkt wie ein Seifensieder, es ist ein Seifensieder. Le savonnier, dont le métier n'est pas rude et laisse du loisir, passe pour un homme qui voit tout, qui sait tout et qui parle de tout sans rien connaître, qui ne fait que trätschen ou jaboter. Remarquons, en passant, qu'on emploie dans le même sens Leimsieder (fabricant de colle).

[3] Die Disciplin, mot très usité à l'époque ; on recommandait constamment gute Kriegsordnung und Disciplin.

[4] Expose sensément la chose, fait raisonnablement son rapport aux camarades.

[5] Ich sage ou ich stehe gut für... je réponds pour...., je donne caution, me constitue garant pour...

[6] So wie ich, denkt jeder.

[7] Der Lombard trennt sich nicht vom Wallonen; nous savons que le second cuirassier est un *Welscher.*

[8] Jägers pour des Jägers; les poètes suppriment quelquefois l'article; comp. le poème d'Uhland, *Unstern.*

Zweiter Jäger. Freiheit ist bei der Macht allein: [1]
   Ich leb' und sterb' bei dem Wallenstein.

Erster Scharfschütz. Der Lothringer geht mit der großen Fluth[2],
   Wo der leichte Sinn[3] ist und lustiger Muth.

Dragoner. Der Irländer folgt des Glückes Stern.

Zweiter Scharfschütz. Der Tiroler dient nur dem Landesherrn[4].

Erster Kürassier. Also laßt jedes Regiment
   Ein Pro Memoria[5] reinlich schreiben:
   Daß wir zusammen wollen bleiben[6].
   Daß uns keine Gewalt, noch List
   Von dem Friedländer weg soll treiben,
   Der ein Soldatenvater ist[7].

...... ein dummer Teufel...
.... Teufel meint. . . . . . .

l'*Alpenjäger* de Schiller :

Willst du nicht das Lämmlein hüten?
Lämmlein ist so fromm und sanft.

la *Fiancée de Corinthe* de Gœthe:

Klag= und Wonnelaut
Bräutigams und Braut.

[1] « N'est qu'avec la force ; » la force seule donne la liberté; c'est en s'attachant à Wallenstein que le soldat sera libre, aura, comme on disait alors, *Freiheit und Liberät.*

[2] Ou, comme on dirait encore, fährt mit der Strömung dahin, schwimmt mit dem Strom, suit le courant.

[3] Il touche à la France, il est par conséquent, leichtsinnig ou mieux leichtlebig, car ce que nous reprochent volontiers les Allemands, est en réalité bien moins le Leichtsinn, la Leichtsinnigkeit que la Leichtlebigkeit.

[4] Ne sert que son souverain. Comp. v. 45.

[5] Un *pro memoria* (pour mémoire ou zur Erinnerung), mémoire, pétition, Eingabe.

[6] Rester ensemble, et comme dit Schiller assez joliment dans un passage de sa *Guerre de Trente-Ans*, standhaft zusammenhalten und unser gemeinschaftliches Interesse mit wechselseitigem Antheil, mit vereinigtem Eifer besorgen. Lorsque l'armée suédoise fit mine de se révolter le 20 avril 1633, une sorte de « pro memoria » fut rédigé au nom de tous, « Großhans und Kleinhans, also den Kriegsleuten insgesammt, » et on y disait qu'avant le règlement de la solde, tous les soldats étaient résolus in einem corpore zu verbleiben und sich nicht zu separiren, noch von einander führen zu lassen.

[7] Qui est un père pour ses soldats. Illo dit de même dans les *Piccolomini* (II, 1) :

Der Fürst trägt Vaterforge für die
    [Truppen.

L'expression Soldatenvater était encore usitée au temps de Schiller parmi les troupes autrichiennes, comme nous le prouve ce passage du *Journal* de Fersen, écrit le 10 avril 1792 et daté de Bruxelles (il s'agit de la mort de l'empereur Léopold à qui succède François II): « Une sentinelle qui vit du mouvement le lundi soir, demanda ce que c'était ; on le lui dit. Réponse : « oh! oh! er ist todt, no, so vivat *Franciscus der Soldatenvater!* »

Das reicht man in tiefer Devotion[1]
Dem Piccolomini — ich meine den Sohn —
Der versteht sich auf solche Sachen,
Kann bei dem Friedländer alles machen,
Hat auch einen großen Stein im Brett[2]
Bei des Kaisers und Königs Majestät.
Zweiter Jäger. Kommt! Dabei bleibt's![3] Schlagt alle ein![4]
Piccolomini soll unser Sprecher[5] sein.

---

[1] Devotion signifie ici Ergeben-
heit, Unterwürfigkeit, une soumis-
sion mêlée de respect. Schiller
emploie également devot (Cabale et
Amour, II, 6, «mein devotestes Compliment») et ce mot devot a pareillement le même sens que ergeben, ehrfurchtsvoll. Il est assez curieux de remarquer que Devotion
avait déjà été condamné par Opitz
comme un mot étranger (von der
deutschen Poeterei). Il ne faut pas,
dit-il, mêler des mots français et
italiens à notre texte, comme si je
disais, par exemple:

Nemt an die courtoisie und die de-
                                [votion,
Die euch ein chevalier, ma donna.
                               [thut erzeigen.

Néanmoins Devotion resta, et on
disait couramment, durant la lutte
trentenaire, « in ihrer kaiserl. Majestät Devotion verbleiben »,
« mit Devotion erwarten », « meine Devotion im Dienste der Kaiserl. Majestät », etc. Comp. Simplicissimus, p. 101, « seine DEVOTION
gegen ihm zu bezeugen ». Gallas,
après la mort de Wallenstein, s'efforce de contenir les troupes « in
officio und des Kaisers Devotion
zu erhalten » (Droysen, Bernhard
von Sachsen-Weimar, I, p. 370);
l'empereur écrit au comte Schlick
qu'il faut s'assurer de ce Gallas, de
Piccolomini et des autres, « deren
standhafter Treue und Devotion »

(Schebek, p. 183); les frères de
Bernard, voulant le réconcilier
avec l'empereur, lui disent qu'il
doit « wieder in des Kaisers und
Reiches Devotion treten » (Droysen,
II, 410).

[2] Il est aussi en grande faveur
près de Sa Majesté l'empereur et
roi, il tient le haut bout chez...;
littér., il a une belle dame sur le
damier. On dit aussi er steht hoch
am Brette bei... (er ist gut ou hoch
angeschrieben, er gilt viel). Comp.
Moscherosch, Philander, « weil er
bei uns am Brette war »; Jung
Stilling, « die sah er gern hoch aus
Brett kommen »; Gœthe, le Juif
errant, v. 268, « war selber nicht so
hoch am Brett », Abraham à
Sancta Clara n'a pas manqué de
faire un jeu de mots, en se servant
de cette expression (Judas der
Erzschelm, édit. Bobertag, p. 150)
« ...daß etliche in großer Fürsten Hof
beim Brett sitzen, dero Vater Tisch-
ler waren ».

[3] Dabei bleibt's, cela reste convenu, c'est convenu. On a vu plus
haut que le second chasseur pro-
posait de se concerter; laßt uns
Abrede nehmen; les soldats se sont
concertés, et es bleibt bei der Abrede.

[4] Touchez tous là; einschlagen,
frapper dans la main en signe d'ac-
cord.

[5] Notre orateur, celui qui por-
tera la parole en notre nom.

9

Trompeter. Dragoner. Erſter Jäger. Zweiter Küraſſier. Scharfſchützen (zugleich).

Piccolomini ſoll unſer Sprecher ſein. (Wollen fort.)
Wachtmeiſter. Erſt noch ein Gläschen, Kameraden! (Trinkt.)
Des Piccolomini hohe Gnaden![1]
Marketenderin (Bringt eine Flaſche).
Das kommt nicht aufs Kerbholz[2]. Ich geb' es gern[3].
Gute Verrichtung[4], meine Herren!
Küraſſier. Der Wehrſtand[5] ſoll leben!
Beide Jäger. Der Nährſtand ſoll geben!
Dragoner und Scharfſchützen. Die Armee ſoll florieren![6]
Trompeter und Wachtmeiſter. Und der Friedländer ſoll ſie re=
gieren!

Zweiter Küraſſier (ſingt).

Wohl auf, Kameraden, aufs Pferd, aufs Pferd![7]

---

[1] « A la haute grâce du Picco-lomini », à sa Grâce, Max Piccolomini!

[2] Das Kerbholz (bois entaillé), la taille, la planche dans laquelle les marchands font les incisions pour établir leurs comptes ; « cette bou-teille-là n'aura pas sa coche sur la taille », wird nicht auf die Rechnung geſetzt. Comp. dans le Colberg de P. Heyse (I, 11), ces mots du « Ge-freiter » à Würges qui, comme lui, met l'épée à la main, « Ihr habt noch was auf meinem Kerbholz von vorhin », vous avez encore un vieux compte à régler avec moi.

[3] C'est la vivandière elle-même qui paie bouteille.

[4] Gute Verrichtung, bonne chance! (mot-à-mot « bonne fonction », « bonne occupation ».) Götz fait le même souhait au frère Martin (Götz, 1, 2) : « Noch eins! gute Verrich=tung! »

[5] Der Wehrſtand, l'état militaire, les gens de guerre, la Soldatesca, comme on disait alors. Nous avons montré plus haut (v. 967) que la société était alors divisée en trois classes ou Stände : Erasmus Albe-rus écrivait : der Prieſter muß le h=ren, die Oberkeit wehren, die Bauerſchaft nähren, et encore

Ein Stand muß lehren, der andre [nähren,
Der britt' muß böſen Buben wehrn.

(cp. Büchmann, Geflügelte Worte, p. 54).

[6] Florieren, fleurir, prospérer ; on disait aussi au XVIIe siècle in floribus gehen : « da ging's in flori-bus her » (Simplicissimus, 296) ; « und ging alles daher in floribus » (Philander, sixième vision) ; Les-sing dans Nathan le Sage (IV, 2), fait souhaiter au Templier par le patriarche
Daß so ein frommer Ritter . . .
. . . blühn und grünen möge.

[7] Ce Reiterlied était le chant fa-vori des chasseurs noirs de Lützow en 1813, et Förster écrivait à sa

Ins Feld[1], in die Freiheit gezogen,
Im Felde, da ist der Mann noch was werth[2],
Da wird das Herz noch gewogen[3].
Da tritt kein anderer für ihn ein[4],
Auf sich selber steht er da ganz allein[5].
(Die Soldaten aus dem Hintergrunde haben sich während des Gesangs herbeigezogen und machen den Chor.)

Chor. Da tritt kein anderer für ihn ein,
Auf sich selber steht er da ganz allein.

Dragoner.

Aus der Welt die Freiheit verschwunden ist[6],

---

sœur après avoir disputé au bivouac sur Gœthe et Schiller «Schade daß du diesmal nicht Zeuge davon sein konntest, wie ich zur Vernichtung der Freunde die keinen andern Dichter als Schiller gelten lassen wollten, » Frisch auf, Kameraten, ! » aus Wallenstein anstimmte worauf Schiller ein dreifaches Lebehoch ausgebracht wurde » (Lettre du 20 avril 1813).

[1] Ins Feld, en campagne, en guerre. Un chant militaire du XVIᵉ siècle, un chant de lansqueuets ou *Marschlied* (Gœdeke-Tittmann, n° 107), commence ainsi:

Wir zogen in das Feld.
Wir zogen in das Feld.

[2] Se rappeler les mots d'Egmont: « und rasch aufs Pferd!.. Ins Feld... wo der Soldat sein angebornes Recht auf alle Welt mit raschem Tritt sich anmaßt und in fürchterlicher Freiheit wie ein Hagelwetter durch Wiese, Feld und Wald verderbend streicht und keine Gränzen kennt, die Menschenhand gezogen ».

[3] Gewogen, ici participe passé de wiegen, peser, là on estime encore le cœur, on le pèse à son poids; comme la vieille monnaie à laquelle Nathan le Sage compare la vérité (*Nathan*, III, 6):

....Wahrheit
...so baar, so blank, as ob
Die Wahrheit Münze wäre! — Ja,
[wenn noch
Uralte Münze, die gewogen ward!

[4] Personne ne se présente pour lui, ne le remplace.

[5] Il ne repose là que sur lui-même, il ne peut là compter que sur lui-même. Cette expression est très rare; on dit plutôt er ist auf sich selbst gestellt (même sens que auf sich allein angewiesen). Le père de Théodore Körner citait ces deux vers à son fils (Jonas, *Christian Gottfried Körner*, 1882, p. 229), et disait qu'on pouvait les appliquer plus justement à la science et à l'art qu'à la guerre, telle qu'elle se fait aujourd'hui. « Wie anders im Reiche der Wissenschaft und Kunst! Hier waltet die Freiheit des Geistes, hier öffnet sich ein unermeßliches Feld für die rastloseste Thätigkeit... »

[6] Aus der Welt ist die Freiheit verschwunden, mais elle s'est réfugiée dans les camps et au milieu des soldats.

....extrema per illos
... .excedens terris vestigia fecit.

Man sieht nur Herrn und Knechte;
Die Falschheit herrschet, die Hinterlist
  Bei dem feigen Menschengeschlechte [1].
Der dem Tod ins Angesicht schauen kann,
Der Soldat allein, ist der freie Mann [2].

Chor. Der dem Tod ins Angesicht schauen kann,
  Der Soldat allein, ist der freie Mann.

Erster Jäger.

Des Lebens Ängsten [3], er wirft sie weg,
  Hat nicht mehr zu fürchten, zu sorgen;
Er reitet dem Schicksal entgegen keck [4],
  Trifft's heute nicht, trifft es doch morgen,
Und trifft es morgen [5], so lasset uns heut
Noch schlürfen die Neige der köstlichen Zeit [6].

---

[1] Les sentiments qu'exprime le dragon sont les mêmes qui animaient le rude et belliqueux chevalier à la main de fer ; le vieux Götz qui, selon le mot de Mᵐᵉ de Staël, regrette la guerre plus que la vie, dit, à ses derniers instants, que le monde est corrompu, verderbt, et il ajoute « es kommen die Zeiten des Betrugs, ...die Nichtswürdigen werden regieren mit List ».

[2] Simplicissimus veut un instant quitter le métier de soldat, mais renonce à son dessein « da ich bedachte was vor ein freies Leben ich hätte » (p. 244).

[3] Angst a deux pluriels Aengsten et Aengste ; comp. Nöthen et Nöthe, pluriels de Noth ; mais Aengsten est très rarement employé.

[4] Keck, audacieux ; le mot signifiait primitivement vif, plein de vie ; comp. les formes accessoires queck (qui est demeuré dans Quecke, plante vivace, chiendent, dans Queckbeere ou Vogelbeere, corme, sorbe sauvage, et dans Quecksilber, vif argent, mercure) et quick (erquicken, vivifier, ranimer).

[5] Pensée que Schiller a souvent exprimée et qu'on trouve déjà dans le chant des Brigands (IV, 5) :

Morgen hangen wir am Galgen,
Drum laßt uns heute lustig sein.

dans la conclusion du poème intitulé das Siegesfest :

Morgen können wir's nicht mehr,
Darum laßt uns heute leben.

et dans les Malteser : « Wer weiß ob wir morgen noch sind, so laßt uns heute noch leben! » Théodore Körner citait ces deux vers de Schiller dans une lettre du 26 mars 1813 : « Denken sie sich, écrivait-il à Mᵐᵉ de Pereira, einen Haufen von jungen Leuten, die letzten sorglosen Minuten des ruhigen Lebens keck und frei genießend. Das Schiller'sche (vers 1071-1072) wird geehrt und befolgt.

[6] Il compare la vie à un vin exquis (köstlich, à la fois exquis et précieux), qu'il a bu plus qu'à moitié ; il faut savourer le reste ; schlürfen et rarement schlurfen, boire avec lenteur, savourer ; die Neige, déclin, fin, signifie également ce qui reste au fond d'un vase ou d'une bouteille que l'on

Chor. Und trifft es morgen, so lasset uns heut
Noch schlürfen die Neige der köstlichen Zeit.

(Die Gläser sind aufs neue gefüllt worden, sie stoßen an und trinken.)

Wachtmeister.

Von dem Himmel fällt ihm sein lustig Loos,
    Braucht's nicht mit Müh' zu erstreben;
Der Fröhner[1], der sucht in der Erde Schooß,
    Da meint er den Schatz zu erheben.
Er gräbt und schaufelt[2], solang er lebt,
Und gräbt, bis er endlich sein Grab sich gräbt[3].
Chor. Er gräbt und schaufelt, solang er lebt,
Und gräbt, bis er endlich sein Grab sich gräbt.

Erster Jäger.

Der Reiter und sein geschwindes Roß,
    Sie sind gefürchtete Gäste;
Es flimmern die Lampen im Hochzeitsschloß[4],

---

penche (neigen), cp. les mots d'Elisabeth dans *Götz* (III, 18) « mit dem Wein sind wir schon auf der Neige » et de Méphistophélès dans *Faust* (I, 3741-3742) :
Und weil mein Fäßchen trübe läuft,
So ist die Welt auch auf der Neige.
« …Laissez-nous donc aujourd'hui savourer les dernières gouttes d'un temps précieux ». Comp. encore ces mots de Novalis dans *Heure d'Ofterdingen*, I, 3 : « Man genoß das Leben mit langsamen kleinen Zügen wie einen köstlichen Trank », et les paroles ironiques d'Eugénie (la *Fille naturelle*, V, 5) :
Wohlan : Getrost, mein Herz, und
    [schaudre nicht,
Die Neige dieses bittern Kelchs zu
    [schlürfen.

[1] Der Fröhner, le paysan, celui qui fait corvée (die Frohne ou der Frohndienst, la corvée ; fröhnen, faire corvée). Schiller avait écrit d'abord der Philister.

[2] Schaufeln, travailler avec la pelle (die Schaufel, pelle, d'une racine *skub* d'où vient également schieben, pousser ; Schaufel, dit Kluge, eigtl. Werkzeug, worauf man etwas schiebt, um es fortzuwerfen).

[3] Comp. la même image dans *Guillaume Tell*, V, 1 ; Melchthal dit en parlant de l'empereur assassiné par son neveu : « so hat er nur sein frühes Grab gegraben » et le proverbe latin du moyen âge
Effodit foveam vir iniquus, et incidit illam.

[4] Flimmern, briller, mais briller d'une lumière vacillante, comme celle des bougies. Comp. Henri Heine, *Schelm von Bergen*, v. 3, « Da flimmern die Kerzen ». Le mot avait été employé par Schiller dans la pièce de vers *die Erwartung*,
Nein, es ist der Säule Flimmern
An der dunkeln Taxuswand.

Le dictionnaire de Grimm le rend par *coruscare* et ajoute que flimmern équivaut à zitternder, be

Ungeladen kommt er zum Feste[1].
Er wirbt nicht lange[2], er zeiget nicht Gold,
Im Sturm erringt er den Minnesold[3].
Chor. Er wirbt nicht lange, er zeiget nicht Gold,
Im Sturm erringt er den Minnesold.

Zweiter Küraſſier.

Warum weint die Dirn'[4] und zergrämet ſich[5] ſchier?

---

weglicher Schimmer. On a vu (note 2 de la page 25) que flimmern est à flimmen comme flinkern à flinken, comme blinkern à blinken. Flimmen est souvent uni à flammen, et l'allitération flimmt und flammt se rencontre fréquemment dans la poésie allemande.

— Im Hochzeitſchloß, le château où l'on célèbre la noce. Comp. dans la poésie de Scherenberg, *der verlorene Sohn*, les vers suivants :

In der Nacht, in der Nacht, in der
[ſingenden Nacht
Da flimmert der Saal, da ſchäumt
[der Pokal.

[1] Geibel a-t-il imité Schiller dans une de ses plus belles poésies, *Cita mors ruit*, lorsqu'il représente la mort, entrant dans le palais au milieu d'un repas de noces :

Er tritt herein in den Prunkpalaſt...
Er tritt zum luſtigen Hochzeitſchmaus,
...Gleich lehnt ſich die Braut im
[Stuhle ;

ces vers pourraient s'appliquer au soldat dont le premier chasseur célèbre les prouesses à la fois amoureuses et guerrières.

[2] Er wirbt nicht lange... im Sturm, etc.; comp. le *Lied* des soldats dans *Faust*, I, 2, v. 538 :

Und die Trompete
Laſſen wir werben
Wie zu der Freude,
So zum Verderben.

Das iſt ein Stürmen!
Das iſt ein Leben!
Mädchen und Burgen
Müſſen ſich geben,
Kühn iſt das Mühen,
Herrlich der Lohn !

C'est tout le contraire de ce que dit Méphisto à Faust, en lui parlant de Marguerite (2303-2305) :

... Mit dem ſchönen Kind
Geht ein-für allemal nicht geſchwind.
Mit Sturm iſt da nichts einzu-
[nehmen ;
Wir müſſen uns zur Liſt bequemen!

Gellert avait déjà dit (*der erhörte Liebhaber*),

Ihr kommt, und ſeht, und nehmt ſie
[ein.

[3] Der Minnesold ou Minnelohn, la récompense, le prix de l'amour. Bürger a fait une poésie de huit strophes intitulée *Minnesold*, où il dit (v. 3-4) Keinen beſſern Lohn erringet Wer dem größten Kaiser frohnt.

[4] Die Dirne, ici la jeune fille, la fillette, même sens qu'au vers 447. Le mot n'a pas toujours un sens défavorable ; les Grimm commencent ainsi le conte de *Chaperon rouge* : « Es war einmal eine kleine süße Dirne » ; Becker célèbre dans son *Rhin allemand* la jeunesse de l'Allemagne, kühne Knaben et ſchlanke Dirnen, etc.

[5] Sich zergrämen, se déchirer de douleur ; comp. les verbes zerquälen et zermartern, qui sont formés

Laß fahren dahin, laß fahren![1]
Er hat auf Erden kein bleibend Quartier[2],
Kann treue Lieb' nicht bewahren[3].
Das rasche Schicksal, es treibt ihn fort,
Seine Ruh läßt er an keinem Ort[4].
Chor. Das rasche Schicksal, es treibt ihn fort,
Seine Ruh läßt er an keinem Ort.

Erster Jäger

(faßt die zwei Nächsten an der Hand: die übrigen ahmen es nach; alle,
welche gesprochen, bilden einen großen Halbkreis).

Drum frisch, Kameraden, den Rappen[5] gezäumt,

---

de même (sich grämen, être miné par un profond chagrin; der Gram, affliction profonde, chagrin qui dure longtemps]. Louise disait déjà dans *Cabale et amour* (III, 4) : « Das betrogene Mädchen verweine seinen Gram ». Comp. encore dans la chanson des *Brigands*, V, 1, le vers « das Winseln der verlassnen Braut ».

[3] Bürger avait dit avant Schiller, dans *der Bruder Graurock und die Pilgerin* (v. 68-70) :

Was halten wir das Leib so fest,
Das, schwer wie Blei, das Herz zer-
[preßt?
Laß fahren! Hin ist hin!

et Hans Sachs (*von der Bulschaft*, v. 484) :

Laß faren, hastus schon genummen.

Comp. *Schelmuffsky*, p. 38, « die charmante fahren zu lassen ». L'expression est déjà dans Luther, *Ein feste Burg ist unser Gott*, où on lit :

Nehmen Sie den Leib,
Gut, Ehr, Kind und Weib:
Laß fahren dahin!
Sie haben kein Gewinn.

Voir aussi dans Gœdeke-Tittmann n° 95, le chant *am Brunnen* (troisième strophe)

Far hin, far hin mein Meidlein fein,

....
Laß fahren! laß fahren!
[2] Nous avons lu plus haut qu'il est ohne Heimath et qu'il doit auf dem Erdboden flüchtig schwärmen. — L'expression kein bleibend Quartier est biblique (Hébr. XIII. 14 « denn wir haben hie keine bleibende Statt. »)

[3] Se rappeler ce que dit un soldat dans la sixième vision de *Philander de Sittewald* (p. 310-311) « Freyen ist gut, wans frey und täglich new... wie will einer redlich fechten können, wan er ein solch Geschläpp umb sich hat heucken ? Der ist des Teufels, der Eine länger als ein Stund lieb hat. » Le *Lied* des soldats dans le *Faust* de Gœthe se termine ainsi :

Und die Soldaten
Ziehen davon.

[4] Il dirait, comme le *Dietrich de Berne*, de Gottfried Kinkel :

Die Ruhe
Ist meinem Marke verhaßt.

et comme le *chevalier Karl d'Eichenhorst* de Bürger :

Daß ich mir Ruh' erreite!
Es wird mir hier zu eng im Schloß.
Ich will und muß ins Weite!

[5] Der Rappe, le cheval moreau ou noir; se rapporte à der Rabe, le corbeau, comme der Knappe, le page, à der Knabe, le garçon;

Die Brust im Gefechte gelüftet! [1]
Die Jugend brauset, das Leben schäumt,
   Frisch auf! eh' der Geist noch verdüftet [2].
Und setzet ihr nicht das Leben ein,
Nie wird euch das Leben gewonnen sein [3].
Chor. Und setzet ihr nicht das Leben ein,
Nie wird euch das Leben gewonnen sein.

(Der Vorhang fällt, ehe der Chor ganz ausgesungen.)

---

comme trappen, marcher lourde-ment, à traben, aller au trot. Rappe aura signifié d'abord « cheval noir comme le corbeau » (se rappeler le cheval noir de Bernard de Saxe-Weimar qui se nommait *der Rabe* et que Bernard en mourant donna au maréchal de Guébriant qui, à son tour, le légua à Louis XIV, encore enfant, en le priant de le faire nourrir avec soin dans la grande écurie). Comp. Fuchs, alezan, cheval qui a la couleur du renard, et *pie* ou cheval qui a, comme la pie, le poil blanc et noir.

[1] Gelüftet, ne peut signifier ici que « exposé à l'air, nu », entblösst, allons au devant de l'ennemi la poitrine nue, sans crainte des bles-sures (adversum vulnus); werfen wir, pour parler comme Wallenstein (*Mort de Wallenstein*, III, 15):

    « .... werfen wir die nackte Brust der Partisan' ent-gegen.

On trouve la même expression à la fin du *Napoléon* de Grabbe; c'est Blücher qui parle, fatigué de la journée « Ich kann nicht weiter rücken bis ich mir die Brust gelüftet, meine Feldmütze abgezogen ». — On sait que das Gefecht signifie un combat quel qu'il soit, et plus par-ticulièrement un combat où cha-cune des forces engagées comprend à peine une division, ce qu'on ap-pelle encore Engagement et ce qu'on nommait autrefois Affaire.

[2] Verdüften ou verdüsten, s'éva-porer, s'exhaler.

[3] Il faut mettre la vie au jeu (ein-setzen) pour la gagner. Théodore Körner cite ces trois vers dans sa lettre du 18 mai 1813 à son ami Förster et ajoute que ses camarades du corps de Lützow les chantent « beim Champagner aus vollem Herzen ».

APPENDICE

—

I.

Soldatenchor zu Wallensteins Lager.

Gœthe avait promis à Schiller de lui donner pour le commencement de son *Camp de Wallenstein* un « Chant de soldats ». Il envoya ce chant à son ami le 6 octobre 1798. Schiller goûta le poème; mais il le trouvait un peu court, et il voulut augmenter le nombre des strophes. Il ajouta la strophe quatrième, peut-être aussi les strophes troisième, sixième et septième. Gœthe fit mettre en musique la pièce de vers ainsi remaniée et grossie[1].

> Es leben die Soldaten!
> Der Bauer giebt den Braten,
> Der Gärtner giebt den Most:
>   Das ist Soldatentrost!
>   Tra ra ra la la la la!
>
> Der Bürger muß uns backen,
> Den Adel muß man zwacken,
> Sein Knecht ist unser Knecht:
>   Das ist Soldatenrecht!
>   Tra ra ra la la la la!

---

[1] Voir Düntzer, *Gœthes Gedichte*, collection Kürschner (Berlin et Stuttgart, Spemann). Vol. II, p. 146.

In Wäldern gehn wir birschen
Nach allen alten Hirschen
Und bringen frank und frei
    Den Männern das Geweih.
   Tra da ra la la la la!

Heut schwören wir der Hanne
Und morgen der Susanne;
Die Lieb' ist immer neu:
    Das ist Soldatentreu'!
   Tra da ra la la la la!

Wir schmausen wie Dynasten
Und morgen heißt es fasten;
Früh reich, am Abend bloß:
    Das ist Soldatenlos!
   Tra da ra la la la la!

Wer hat, der muß uns geben;
Wer nichts hat, der soll leben.
Der Eh'mann hat das Weib,
    Und wir den Zeitvertreib!
   Tra da ra la la la la!

Es heißt bei unsern Festen:
Gestohlnes schmeckt am besten.
Unrechtes Gut macht fett:
    Das ist Soldatengebet!
   Tra da ra la la la la!

II.

Die Zerſtörnng Magdeburgs.

Le 5 octobre 1798 Schiller écrivait à Gœthe que, s'il en
trouvait le temps et l'humeur, il ferait, pour l'insérer
dans son *Camp de Wallenstein*, un chant sur la prise de
Magdebourg ; si le temps lui manquait, il priait Gœthe
de « substituer quelque chose d'autre » (etwas anders
ſubſtituieren). Or, on a trouvé dans les papiers de Gœthe
une pièce de vers comprenant onze strophes et intitulée :
« La destruction de Magdebourg ». La pièce est d'une
autre main que celle de Gœthe ; mais le poète a écrit au
crayon quelques mots qui manquaient. Serait-ce le *Lied-
lein von Magdeburg* dont parlait Schiller ? Serait-ce plutôt
un *Volkslied*, un chant populaire, qu'on aurait commu-
niqué à Gœthe sous une forme incomplète ?

> O Magdeburg, die Stadt
> Die ſchöne Mädchen hat,
> Die ſchöne Frau'n und Mädchen hat,
> O Magdeburg, die Stadt!
>
> Da alles ſteht im Flor,
> Der Tilly zieht davor.
> Durch Garten und durch Felder Flor
> Der Tilly zieht davor.
>
> „Der Tilly ſteht dadraus;
> Wer rettet Stadt und Haus?
> Geh, Lieber, geh zum Thor hinaus,
> Und ſchlag dich mit ihm draus!"

„ „Es hat noch keine Noth,
So sehr er tobt und droht.
Ich küsse deine Wänglein roth,
Es hat noch keine Noth." "

„Die Sehnsucht macht mich bleich;
Warum bin ich denn reich!
Dein Vater ist vielleicht schon bleich.
Du Kind, du machst mich weich."

„ „O Mutter, gieb mir Brot!
Ist denn der Vater todt?
O Mutter, gieb ein Stückchen Brot!
O welche große Noth!" "

„Dein Vater lieb ist hin.
Die Bürger alle fliehn.
Schon fließt das Blut die Straße hin.
Wo fliehn wir hin? wohin?

Die Kirche stürzt in Graus;
Da droben qualmt das Haus.
Es flammt das Dach, schon flammt's heraus;
Nun auf die Straß' hinaus!"

Ach, keine Rettung mehr!
In Straßen rast das Heer.
Es rast mit Flammen hin und her.
Ach, keine Rettung mehr!

Die Häuser stürzen ein.
Wo ist das Mein und Dein!
Das Bündelchen, es ist nicht dein,
Du flüchtig Mägdelein.

Die Weiber bangen sehr,
Die Mägdlein noch viel mehr.
Was lebt, ist keine Jungfer mehr!
So raset Tillys Heer.

III.

Schlußstrophe des Soldatenliedes.

A l'occasion d'une des dernières représentations du *Camp de Wallenstein*, Schiller avait composé cette strophe finale.

> Auf des Degens Spitze die Welt jetzt liegt.
> Drum froh, wer den Degen jetzt führet!
> Und bleibet nur wacker zusammengefügt,
> Ihr zwinget das Glück und regieret.
> Es sitzt keine Krone so fest, so hoch,
> Der muthige Springer erreicht sie doch.

IV.

Parodie.

Le *Reiterlied* de Schiller fut parodié après les batailles d'Iéna et d'Auerstädt où la cavalerie prussienne ne s'était pas comportée aussi vaillamment qu'on l'aurait cru. Cette parodie se trouve dans le VIIIᵉ fascicule des *Neue Feuerbrände* (1807, p. 47-48) à la suite d'un article intitulé « Relationen aus Berlin vom 16 ᵗᵉⁿ Juny 1807 ». L'article se termine ainsi : „ Die Muthlosigkeit der Cavallerie — wenigstens einiger — in der Schlacht bei Jena und Auerstädt ist so berüchtigt daß hier Einer auf den Einfall gekommen ist, das Schillersche Reuterlied aus Wallensteins Lager zu parodieren. Da ich vermuthe, daß Du das erstere nicht memorirt haft und Dich die Parodie interessirt, so schreibe ich Dir beide her. Vergleiche sie. Wenigstens wirst Du, unter den Umständen, die Parodie gewiß nicht übel finden. Zur Sache!"

Wohl auf, Kameraden, aufs Pferd, aufs Pferd
Schnell hinter die Fronte gezogen!
Im Felde, da sind wir durchaus nichts werth,
Uns sind nur Prügel gewogen.
Da tritt kein anderer für uns ein;
Die Prügel behalten wir ganz allein.

Aus der Welt die Bravheit verschwunden ist,
Nichts zeigt sich als muthlose Knechte,
Die Feigheit herrscht, die Hinterlist,
Wir sind von demselben Geschlechte.
Wer unter's Depot jetzt kommen kann,
Der Offizier allein ist ein freier Mann.

Mich faßt eine Angst, ich laufe weg: —
Für sein Leben muß man jetzt sorgen.
Es giebt wohl schon heute — seid nicht leck —
Blessuren! Sie schlagen sich morgen.
Drum lasset uns fliehen und zwar noch heut',
Wir sind Offiziere — in Friedenszeit.

Es war uns nicht Ernst, das jetzige Loos
Mit großem Geschrei zu erstreben.
Wir konnten daheim, dem Glück im Schooß,
Uns über das Volk erheben.
Was nützet dem Ruhm, wer nicht mehr lebt?
Ein Narr, wer ruhmvoll sein Grab sich gräbt!

Vertrauet auf euer geschwindes Roß,
Die Feinde sind furchtbare Gäste,
Und spähet, auf eurem verschuldeten Schloß,
Nach dem Jubel beim Friedensfeste.
Entsaget der Löhnung — dem Judengold!
Es sichert dem Kaufmann — Minnesold.

Warum weint die Dirn und zergrämet sich schier?
Wir werden so übel nicht fahren!
Bald sind wir wieder im alten Quartier;
Wir wollen den Leib schon bewahren.
Wo Franken sich zeigen, sind wir schon fort.
Wir halten nicht Stich an keinem Ort.

Drum frisch, Kameraden, den Rappen gezäumt!
Beim Reißaus den Koller gelüftet!
Die Franken brausen, Napoleon schäumt,
Der Wahn des Sieges verdüftet;
Und setzet ihr nicht die Sporen ein,
Nie wird euch das Leben gewonnen sein.

On a ajouté en note: „Daß den Offizieren, und besonders
der Kavallerie, zu viel geschieht, das ist gewiß; das kommt
aber vom Prahlen her. Die Herren sollten erst schlagen und
dann singen — nach Art des Wallensteins."

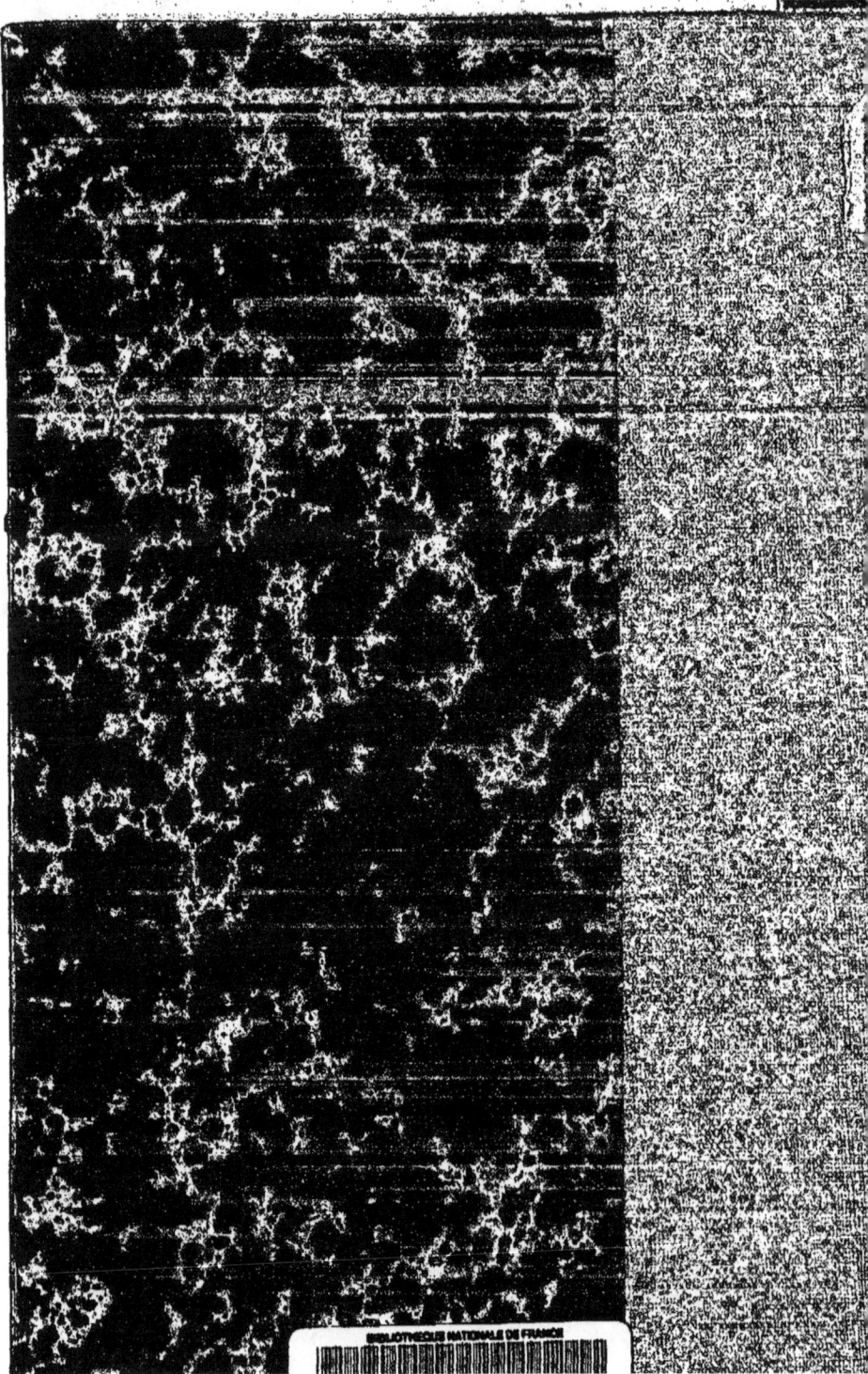

www.ingramcontent.com/pod-product-compliance
Lightning Source LLC
Chambersburg PA
CBHW052048090426
42739CB00010B/2094